中青年经济学家文库

南昌航空大学学术文库

教育部人文社会科学研究青年基金项目（10YJC630050）资助

江西省教育厅科技项目（GJJ10183）资助

南昌航空大学"卧龙之星"计划资助

服务型制造网络节点质量行为研究

冯良清　著

经济科学出版社

图书在版编目（CIP）数据

服务型制造网络节点质量行为研究/冯良清著. —北京：
经济科学出版社，2012.11
（中青年经济学家文库）
ISBN 978－7－5141－2677－8

Ⅰ.①服… Ⅱ.①冯… Ⅲ.①制造工业－经济发展－
研究 Ⅳ.①F407.4

中国版本图书馆 CIP 数据核字（2012）第 272695 号

责任编辑：李 雪
责任校对：徐领弟
版式设计：代小卫
责任印制：邱 天

服务型制造网络节点质量行为研究

冯良清 著

经济科学出版社出版、发行 新华书店经销
社址：北京市海淀区阜成路甲 28 号 邮编：100142
总编部电话：88191217 发行部电话：88191537
网址：www. esp. com. cn
电子邮件：esp@ esp. com. cn
北京季蜂印刷有限公司印装
710×1000 16 开 15.25 印张 250000 字
2012 年 12 月第 1 版 2012 年 12 月第 1 次印刷
ISBN 978－7－5141－2677－8 定价：48.00 元
（图书出现印装问题，本社负责调换。电话：88191502）

前　言

服务型制造网络（Service-oriented Manufacturing Network，SMN）是服务经济时代制造业与服务业融合发展的网络组织模式，也是服务科学领域研究的重要分支。研究服务型制造网络节点的质量行为问题对于网络组织质量管理具有重要意义，对服务科学的发展是一个重要的探索，对制造业与服务业融合发展的质量保证具有较好的现实意义。本书研究的主要内容分三大部分：

一是服务型制造网络的本质揭示。重新界定了 SMN 的概念、内涵与结构，认为 SMN 本质是一种能力需求导向的模块化服务网络，包括两种结构模式：有主导企业的支配型价值模块集成模式，无主导企业的平等型价值模块集成模式。两种模式均由服务性生产模块节点、生产性服务模块节点、顾客效用服务模块节点以及服务集成模块节点构成。运用系统动力学基模分析技术构建了 SMN 模块化服务的能力成长上限基模、质量水平成长上限基模、成长上限的对策基模以及模块化服务合作基模，从理论上进一步揭示 SMN 的本质。通过对沿海四省市及中部江西省的部分制造企业、服务企业的服务能力与质量行为调查，从实证的角度说明 SMN 的形成具有必然性，其节点能力与质量行为具有差异性特征，开展基于能力的 SMN 节点质量行为研究具有重要意义。

二是基于能力差异的服务型制造网络节点质量行为规律研究。该部分是全书的核心内容，提出了基于能力差异的 SMN 节点质量行为分析框架模型，并围绕该框架展开研究。（1）节点能力选择研究：分析了 SMN 节点能力选择的本质、原则及流程；借助可拓理论提出了一种 SMN 节点选择的综合评价方法，并用一个实例进行验证，结果表明此方法解决了对指标的模糊主观判断问题；建立了 SMN 的物流服务模块化外包决策的质量功能展开（Quality Function Deployment，QFD）模型，提出了与之相适应的网络合作关系决策方案，并通过实例分析说明其有效性。（2）基础能力优势节点的适应性质量协作研究：界定了适应性质量及适应性质量协作的内涵；分析了 SMN 基础能力优势节点在模块化服务外包与模块化服务延伸情况下的适应性质量协作情形；提出了能力需求变化情况下 SMN 节点的适应性质量协作的成本模型，分析模块化服务外包情况下服务模块提供商与服务模块集成商的适应性质量行为决策问题，以及模块化服务延伸情况下 SMN 节点的适应性质量行为决策问题，并以 Matlab 7.10.0 为工具，对质量行为的最优水平进行数值仿真分析。（3）竞争能力优势节点的合约化质量协调研究：界定了合约化质量及合约化质量协调的概念及内涵；运用合同理论设计完全信息下 SMN 节点合约化质量协调模型，不对称信息下节点质量水平为离散型的合约化质量协调模型，以及不对称信息下质量水平为连续型的 SMN 节点合约化质量协调模型，主要讨论了服务模块提供商的质量水平为离散型时，在考虑道德风险情况下，区分质量水平与不区分质量水平高低类型的质量合同设计问题，以 Matlab 7.10.0 进行数值仿真分析，结果显示区分质量水平时的质量合同对 SMN 整体质量水平的提高更有利。（4）核心优势节点的模块化质量协同研究：界定了模块化质量及模块化质量协同的概念及内涵；运用协同学理论改进建立了核心能力优势 SMN 节点模块化质量协同的概念模型、演化模型和力学模型；分析了三个模型之间的关系及其管理意义，从质量序参量、服务核心能力、局域涨落以及质量改进方向四个方面提出了 SMN 节点模块化质量协同行为的控制对策。

三是服务型制造网络节点质量行为案例分析。本书分析了波音公司的服务型制造模式及波音公司主导下的 SMN 结构体系，对该 SMN 中的中国提供商的质量行为进行了分析。分析表明，早期合作的简单三来加工是适应性质量协作行为，提升竞争能力的转包生产合作以及相关风险合作是合约化质量协调的过程，而未来参与世界航空工业的竞争，与波音公司的合作应是提升核心能力优势的模块化质量协同行为。

本书的主要创新归纳为如下三点：

一是提出了 SMN 节点质量行为理论分析框架。服务型制造理论的研究是一个全新的领域，对 SMN 质量管理的研究极少发现有文献报道，本书对 SMN 节点质量行为的研究是这一领域的新探索。本书提出了基于能力差异的 SMN 节点质量行为分析框架，给出了三组新的概念及其内涵解释，适应性质量与适应性质量协作、合约化质量与合约化质量协调、模块化质量与模块化质量协同。

二是从模块化服务的视角提出 SMN 的结构及本质特性。首次从模块化服务的视角对 SMN 进行界定，认为 SMN 的本质是一种模块化服务网络，并建立了 SMN 模块化服务的成长上限基模、对策基模及合作基模，揭示了 SMN 模块化服务的本质。

三是构建了"适应性质量协作——合约化质量协调——模块化质量协同"系列模型。提出了能力需求变化情况下 SMN 基础能力优势节点适应性质量协作的成本模型；运用合同理论设计了完全信息下 SMN 竞争能力优势节点合约化质量协调模型，不对称信息下节点质量水平为离散型与连续型的合约化质量协调模型；运用协同学理论改进建立了 SMN 核心能力优势节点模块化质量协同的概念模型、演化模型和力学模型，并分析了三者的关系及管理意义，提出了模块化质量协同控制对策。

通过研究，初步构建了 SMN 节点质量行为研究的理论体系，并通过波音公司 SMN 结构及中国航空制造企业与波音合作质量行为的案例分析，使研究更具有实践意义，对我国航空制造等战略性新兴产业的发展有一定的参考价值。

目　　录

第1章　绪论 ……………………………………………………… 1

  1.1　选题背景及意义 ……………………………………………… 1

    1.1.1　选题背景 ………………………………………………… 1

    1.1.2　研究意义 ………………………………………………… 3

  1.2　研究范围及概念界定 ………………………………………… 4

    1.2.1　研究范围界定 …………………………………………… 4

    1.2.2　概念界定 ………………………………………………… 4

  1.3　文献综述 ……………………………………………………… 5

    1.3.1　服务型制造网络相关理论研究 ………………………… 5

    1.3.2　模块化研究 ……………………………………………… 8

    1.3.3　网络组织质量管理研究 ………………………………… 9

    1.3.4　亟待解决的问题 ………………………………………… 13

  1.4　研究方案 ……………………………………………………… 14

    1.4.1　研究目标 ………………………………………………… 14

    1.4.2　研究内容 ………………………………………………… 15

    1.4.3　研究方法 ………………………………………………… 17

    1.4.4　技术路线 ………………………………………………… 17

  1.5　主要创新点 …………………………………………………… 18

第2章　服务型制造网络：能力需求导向的模块化服务网络 ……… 20

  2.1　服务型制造的含义、价值创造及业务模式 ………………… 20

    2.1.1　服务型制造的含义 ……………………………………… 20

    2.1.2　服务型制造的价值创造 ………………………………… 22

    2.1.3　服务型制造的业务模式 ………………………………… 25

2.2 服务型制造网络的体系结构与含义特征研究 …………… 26

   2.2.1 服务型制造网络的概念演化 ………………………… 26

   2.2.2 服务型制造网络的结构模型 ………………………… 29

   2.2.3 服务型制造网络的内涵特征 ………………………… 32

   2.2.4 服务型制造网络与其他网络组织的比较 …………… 33

2.3 服务型制造网络模块化服务的反馈分析 ………………… 36

   2.3.1 系统动力学基模分析技术 …………………………… 36

   2.3.2 服务型制造网络模块化服务成长上限基模分析 …… 37

   2.3.3 消除服务型制造网络模块化服务成长上限的对策基模 …… 41

   2.3.4 服务型制造网络模块化服务合作基模分析 ………… 43

2.4 服务型制造网络节点能力和质量行为调查 ……………… 45

   2.4.1 调查目的 ……………………………………………… 45

   2.4.2 调查方法与数据来源 ………………………………… 45

   2.4.3 调查内容与结果分析 ………………………………… 47

   2.4.4 调查结果的启示 ……………………………………… 52

2.5 本章小结 …………………………………………………… 53

第3章 基于能力差异的 SMN 节点质量行为分析框架 ……… 55

3.1 企业能力理论 ……………………………………………… 55

   3.1.1 企业能力理论的演进 ………………………………… 55

   3.1.2 企业能力的内涵 ……………………………………… 56

   3.1.3 企业能力的层次性差异 ……………………………… 57

3.2 SMN 节点能力差异分析 ………………………………… 59

   3.2.1 SMN 价值模块节点能力 …………………………… 59

   3.2.2 SMN 价值模块节点能力差异缘由 ………………… 60

   3.2.3 SMN 价值模块节点能力层次性差异 ……………… 61

3.3 SMN 节点质量行为的理论基础 ………………………… 62

   3.3.1 合作行为：协作 协调 协同 ……………………… 62

   3.3.2 质量理念的演进 ……………………………………… 64

   3.3.3 质量行为的内涵 ……………………………………… 66

3.4 能力差异的 SMN 节点质量行为框架模型 ……………… 69

   3.4.1 SMN 节点能力选择 ………………………………… 69

   3.4.2 SMN 基础能力优势节点的适应性质量协作 ……… 70

　　　3.4.3　SMN 竞争能力优势节点的合约化质量协调 ·············· 70

　　　3.4.4　SMN 核心能力优势节点的模块化质量协同 ·············· 71

　　3.5　本章小结 ·· 71

第 4 章　SMN 节点能力选择：评价与关系决策 ·············· 73

　　4.1　SMN 节点能力选择的内涵分析 ······················ 73

　　　4.1.1　SMN 节点能力选择的本质 ······················ 73

　　　4.1.2　SMN 节点能力选择的原则 ······················ 74

　　　4.1.3　SMN 节点能力选择的流程 ······················ 75

　　4.2　基于可拓理论的 SMN 节点选择评价

　　　　——以制造流程模块化外包为例 ···················· 76

　　　4.2.1　服务型制造网络的价值模块节点评价指标体系 ········ 77

　　　4.2.2　服务型制造网络节点选择的可拓综合评价方法 ········ 78

　　　4.2.3　实例分析 ·································· 82

　　4.3　基于 QFD 的 SMN 节点关系决策

　　　　——以物流服务模块化外包为例 ···················· 84

　　　4.3.1　QFD 基本原理 ····························· 85

　　　4.3.2　SMN 的物流服务模块化外包 ···················· 86

　　　4.3.3　SMN 的物流服务模块化外包关系决策 ·············· 87

　　　4.3.4　实例分析 ·································· 90

　　4.4　本章小结 ·· 96

第 5 章　SMN 基础能力优势节点质量行为：适应性质量协作 ···· 98

　　5.1　适应性质量协作的内涵 ···························· 98

　　　5.1.1　适应性质量 ································ 98

　　　5.1.2　适应性质量协作 ···························· 99

　　5.2　SMN 基础能力优势节点的适应性质量协作情形分析 ······· 100

　　　5.2.1　SMN 基础能力优势节点的适应性质量协作类型 ········ 100

　　　5.2.2　SMN 基础能力优势节点的适应性质量协作过程 ········ 101

　　5.3　能力需求变化下 SMN 节点的适应性质量协作模型 ········ 102

　　　5.3.1　符号说明与研究假设 ························ 102

　　　5.3.2　SMN 节点适应性质量协作的成本模型 ·············· 105

　　　5.3.3　模块化服务外包情况下 SMN 节点适应质量协作

行为决策 ·· 108

5.3.4 模块化服务延伸情况下 SMN 节点适应质量协作
行为决策 ·· 113

5.4 数值仿真算例与分析 ······························· 116

5.4.1 基础数据的假设 ································· 116

5.4.2 模块化服务外包情况下 SMN 节点适应质量协作行为
仿真分析 ·· 117

5.4.3 模块化服务延伸情况下 SMN 节点适应质量协作行为
仿真分析 ·· 127

5.4.4 各种情况下 SMN 节点适应性质量协作的数值仿真的
主要结论 ·· 131

5.5 本章小结 ·· 133

第 6 章 SMN 竞争能力优势节点质量行为：合约化质量协调 ······ 134

6.1 合约化质量协调的内涵 ····························· 134

6.1.1 合约化质量 ······································ 134

6.1.2 合约化质量协调 ································· 135

6.2 SMN 竞争能力优势节点合约化质量协调的运动规律 ··· 136

6.2.1 SMN 质量合同的设计 ························· 137

6.2.2 SMN 质量合同的监督 ························· 138

6.2.3 SMN 质量合同的激励 ························· 140

6.3 SMN 竞争能力优势节点合约化质量协调的合同设计 ···· 141

6.3.1 符号说明与研究假设 ························· 141

6.3.2 完全信息下 SMN 节点合约化质量协调 ········ 143

6.3.3 不对称信息下 q 为离散型的 SMN 节点合约化质量协调 ··· 145

6.3.4 不对称信息下 q 为连续型的 SMN 节点合约化质量协调 ··· 149

6.4 数值仿真算例与分析 ······························· 151

6.4.1 基础数据的假设 ································· 151

6.4.2 不区分质量水平类型的质量合同仿真分析 ····· 151

6.4.3 区分质量水平类型的质量合同仿真分析 ······· 153

6.4.4 SMN 节点合约化质量协调数值仿真的主要结论 ··· 156

6.5 本章小结 ·· 156

第7章　核心能力优势节点质量行为：模块化质量协同 ············ 158

　7.1　模块化质量协同的内涵 ·············· 158

　　7.1.1　模块化质量 ·············· 158

　　7.1.2　模块化质量协同 ·············· 159

　7.2　SMN 核心能力优势节点模块化质量协同的概念模型 ······· 160

　　7.2.1　SMN 节点模块化质量协同的序参量 ·········· 160

　　7.2.2　SMN 节点模块化质量协同的概念模型 ········· 162

　7.3　SMN 核心能力优势节点模块化质量协同的演化模型 ······· 163

　　7.3.1　主要符号说明与研究假设 ·········· 163

　　7.3.2　SMN 节点模块化质量协同的动力学模型 ········ 164

　7.4　SMN 核心能力优势节点模块化质量协同的力学模型 ······· 168

　　7.4.1　符号说明与基本假设 ·········· 168

　　7.4.2　SMN 节点模块化质量协同的理论力学模型 ······· 169

　7.5　模型分析与模块化质量协同行为控制对策 ··········· 171

　　7.5.1　三个模型间的关系与意义 ·········· 171

　　7.5.2　SMN 节点模块化质量协同行为控制对策 ········ 172

　7.6　本章小结 ·············· 174

第8章　波音公司的 SMN 结构及其节点质量行为案例分析 ········· 176

　8.1　波音公司的服务型制造模式 ············· 176

　　8.1.1　波音公司简介 ·············· 176

　　8.1.2　波音公司"产品+服务"的服务型制造模式 ·········· 177

　8.2　波音公司的服务型制造网络结构 ············ 177

　　8.2.1　波音模块化延伸的生产性服务提供商 ·········· 178

　　8.2.2　波音模块化外包的全球服务性生产模块提供商 ······· 181

　　8.2.3　波音模块化外包的中国服务性生产模块提供商 ······· 182

　8.3　波音公司与中国服务性生产模块提供商的质量行为 ······· 186

　　8.3.1　由早期合作到转包生产的适应性质量协作 ········ 186

　　8.3.2　由转包生产到风险合作的合约化质量协调 ········ 188

　　8.3.3　由风险合作到集成联盟的模块化质量协同 ········ 190

　8.4　本章小结 ·············· 191

第9章　结论和展望 ·············· 192

　9.1　主要结论 …………………………………………………… 192

　9.2　不足之处与展望 ……………………………………………… 195

附录 A　服务型制造网络节点服务能力及质量行为调查问卷 ………… 197

附录 B　适应性质量协作数值仿真程序 ………………………… 201

附录 C　合约化质量协调数值仿真程序 ………………………… 213

参考文献 …………………………………………………………… 215

后记 ………………………………………………………………… 229

第 *1* 章

绪　　论

本章主要介绍本书的选题背景与意义，界定研究范围与文章涉及的主要新概念，分析国内外研究现状并提出亟待研究的新问题，提出研究目标与研究内容，介绍全书的研究方法与技术路线，提炼出本书的创新之处。

1.1

选题背景及意义

1.1.1　选题背景

（1）制造业与服务业发展的融合，企业质量行为出现新特征，服务型制造网络节点质量行为研究是产业发展的客观要求。

伴随着全球化，服务业与制造业之间的相互渗透融合将越来越明显。服务业就像黏结剂，将社会化、国际化的研发、设计、制造、销售和服务整条价值链上的各个环节粘接起来，制造企业生产活动外置及服务外包已经成为一种服务业的商品形态，服务型制造将成为全球制造业发展的基本趋势，中国制造业也正在由生产型制造向服务型制造转变。2011 年 3 月 5 日，温家宝总理在 2011 年政府工作报告中提出"十二五"期间要"加快转变经济发展方式和调整经济结构"，要"改造提升制造业，培育发展战略性新兴产业"，要"加快发展服务业，服务业增加值在国内生产总值中的比重提高 4 个百分点"。2007 ~ 2010 年，郭重庆院士、汪应洛院士在多次学术论坛上指出，服务型制造是我国经济转型与结构调整的重要途径。在服务型制造模式下，通过分散化的制造企业、服务企业和顾客的协同，形成服务型制造网络（Service-oriented Manufacturing Network，SMN），网络节点的质量行为出现了新的特征，如"产品＋服务"的全面质量行为，"适应性＋主动性"的协作质量行为，"服务流＋信息流"的综合质量行为，"生产性服务＋服务性生产"的模块化行为等，其中模块化服务是其运作的典型表现，如何控制网络节点的模块化服务质量行为是 SMN 质量管理的关键，因此，服务型制造网络节点质量行为研究是要解决的重要科学问题。针对服务型制造质量行为的新特点，以制造业与服务业融合发展为背景，研究基于行为视角的 SMN 节点模块质量行为，是产业发展的客观要求。

（2）服务管理科学与行为运作管理的兴起，网络组织的质量行为科学亟待探索，服务型制造网络节点质量行为研究是学科发展的必然趋势。

服务科学的产生源于 IBM 公司的服务化倡导，近几年日益受到学界和业界的推崇。2004 年 12 月，美国竞争力委员会发布了题为《创新美国：在充满挑战和变化的世界中持续繁荣》的国家创新计划报告，其中"服务科学"概念，作为 21 世纪美国国家创新战略之一而被首次提出。2007 年 1 月 26 日，美国运筹与管理学会成立服务科学部，这标志着服务科学已作为未来重要研究领域而受到高度关注。在我国，以 2006 年 11 月教育部与 IBM 签署的《开展"现代服务科学方向"研究合作项目备忘录》为标志，服务科学研究在国内学界受到高度重视[1]。尤其是同济大学霍佳震教授主持的《服务运作管理理论、方法和关键技术研究》，复旦大学徐以汎教授主持的《服务运营管理理论和应用研究》获得 2008 年国家自然基金重点项目的资助，上海交通大学江志斌教授主持的《服务型制造运行机理与运作管理新方法研究》获得 2009 年国家自然基金重点项目的资助；2011 年 1 月 18 日，国家自科基金委召开重大项目《网络环境下的服务运作管理研究》开题报告会，项目负责人由中国科技大学管理学院华中生教授、西南交通大学贾建民教授、华南理工大学赵先德教授和同济大学苏强教授组成，表明国家对服务科学领域的研究给予了重点支持与投入。服务科学的研究就是要将行为科学引入到服务系统中，借鉴行为经济学的成功经验，进行具有行为特征的服务系统的性能分析、最优设计和最优控制[2]。近年来，行为运作管理在国外学术界也受到高度重视，一些管理科学类的权威杂志如 MSOM 还为此出版了专辑，正在积极推动行为运作管理的研究工作[3]，2009～2011 年国家自科基金委与清华大学工业工程系连续三年举办"行为运筹学与行为运作管理（BOR/BOM）"国际研讨会。2010 年清华大学赵晓波教授主持的《基于行为运筹学的供应链管理理论与方法研究》获得国家自然科学基金重点项目支助。未来的研究将更加关注于基于行为的最优化理论、基于行为的服务质量科学等，服务型制造网络的质量行为研究是这一国际前沿发展方向重要分支，亟待深入研究。

1.1.2　研究意义

（1）探索服务型制造网络质量行为问题，对丰富网络组织质量管理与服务科学理论有一定的理论意义。

服务型制造网络是先进制造模式下的新型网络组织，其质量管理问题与传统企业质量管理以及其他网络组织的质量管理存在差异性。现有的传统企业质量管理理论向集成化发展，对网络组织的质量管理有重要意义，在对其他网络组织，如虚拟企业以及供应链的质量管理研究中，相关研究已经较多，但没有形成完整的理论体系，对服务型制造网络质量管理相关问题的研究无疑是这一理论体系的重要补充。作为具有服务特性的服务型制造网络，其质量管理问题同样也属于服务运作管理的范畴。本书从 SMN 的本质揭示、SMN 节点能力选择、基于能力差异的 SMN 节点质量行为研究入手，引入模块化思想，构建 SMN 模块化服务的质量行为模型与分析框架，系统深入地研究网络组织服务质量行为科学的有关基础理论、方法，对服务科学的发展有积极意义。

（2）国家战略性新兴产业的发展，产业模块化行为与流程的优化有待改进，服务型制造网络质量行为的改进研究具有一定的社会应用价值。

"十二五"期间，国家层面与江西省均将发展战略性新兴产业作为重要方向，其中，高端装备制造（如航空制造）、汽车等产业均列入了国家和江西省战略性新兴产业发展的范畴。战略性新兴产业在产业融合的管理流程优化方面有更高的要求，服务型制造网络质量行为对其管理流程的优化具有重要影响。本书将案例与实证调研相结合，在问卷调查分析我国制造业与服务业融合发展的基础上，选择国际航空巨头波音公司与中航工业集团有限公司下属的洪都航空工业集团有限公司、中航工业西安飞机工业（集团）有限责任公司与中航工业哈尔滨飞机工业集团有限责任公司等航空制造企业的模块化国际转包生产为典型案例，使研究具有更高的应用价值，从案例实证角度研究 SMN 模块化服务的结构体系与质量行为问题，对国家制造业与服务业融合发展，尤其是战略性新兴产业的发展有实践参考价值。

1.2
研究范围及概念界定

1.2.1 研究范围界定

本书所研究的内容是服务型制造网络节点质量行为研究，它隶属于服务型制造理论体系的范畴，并从属于网络组织质量管理研究领域，考虑到服务型制造网络结构的复杂性、节点的能力差异性以及节点间质量合作需要，基于能力差异的节点质量行为研究成为本书研究的重点，具体的研究范围界定示意图如图 1-1 所示。

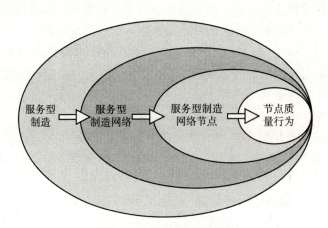

图 1-1　研究范围的界定

1.2.2 概念界定

由于服务型制造网络节点质量行为的相关研究为初次探索，其中涉及较多的新概念，本节先给出文中的具体定义，在后续章节中将进一步进行详细概念的辨析。涉及的主要新概念如下：

（1）服务型制造。服务型制造是一种服务经济环境下制造业与服务业融合发展的新制造模式，这一制造模式的典型表现是从传统的产品制造向提供产品服务系统和整体解决方案的转变。

（2）服务型制造网络。服务型制造网络是制造业和服务业融合发展过程中，在服务需求及服务能力驱动下，由制造企业、服务企业的相关部门或人员以及顾客组成的价值模块节点单元构成的一种能力与需求合作网络。

（3）价值模块节点。价值模块节点是 SMN 中的最小组织单元，来自于制造企业、服务企业及顾客的相关机构或人员，主要类型包括生产性服务模块节点、服务性生产模块节点、顾客效用模块节点及服务集成模块节点。

（4）模块化服务。SMN 中各节点间的合作形式是基于模块化的，本书将节点间制造业务模块化外包、服务业务模块化外包统称为模块化服务，即服务的内涵是广义的，制造企业生产活动外置及服务外包都是一种服务业的商品形态。

（5）质量行为。质量行为是 SMN 中模块化服务组织单元基于自身能力的差异性与环境变化匹配需求的服务质量规律性反应，具体表现为服务模块集成商或服务模块提供商对服务质量水平的提供、改进及控制的相关策略。

1.3

文献综述

目前国内外有关的研究主要包括：服务型制造理论研究，模块化研究，网络组织质量管理研究。

1.3.1 服务型制造网络相关理论研究

1.3.1.1 服务型制造及相关概念研究

服务型制造是一种全新的制造模式，其产生与发展可以追溯到生产性服务业的兴起，后来，Pappas N. （1998）[4] 等人提出服务增强（Service Enhancement，SE）概念，指出服务业在许多发达国家逐渐兴起，服务业功能增强。近几年，外界环境的变化与产业的服务增强使得制造业服务化成为全球发展的新趋势，表现为：消费行为越来越向多样化与个性化转变，促使制造业增加了对客户服务价值实现的追求；企业间合作与服务的趋势越来越明显，制造企业与服务企业间形成动态的服务网络关系；许多大型制造企业角色变化，转变为产品组合加全生命周期服务的解决方案商。主要发达国家围绕这些变化展开了相关研究[5]：如美国研究基于服务的制造（Service Based Manufacturing，SM），澳大利亚称研究服务增强型制造（Service Enhanced Manufacturing，SEM），日本研究服务导向型制造（Service Oriented Manufacturing，SOM），英国则开展产品服务系统（Product Service System，PSS）的相关研究，这些研究本质上都是研究制造与服务融合的一种制造模式。这些研究得到了不同程度上的支持，许多研究项目起到了开创性的作用，如美国自然科学基金从 2002 年起资助了"服务工程的探索"（Exploratory Research on Engineering the Service Sector，ER – ESS）等项目，欧盟支持了"网络化环境下协同设计与制造"项目，日本也支持了"智能制造系统"等类似的研究。

在国内，服务型制造的相关研究刚刚起步，赵晓雷（2006）[6]认为服务型制造业是指生产与服务相结合的制造业产业形态，其主要模式是业务流程外包，外包业务可以是生产、营销、设计、开发、信息、保养等各个经营环节。通过这些环节使得服务与制造有效融合，制造企业通过相互提供工艺流程级的制造过程服务，合作完成产品的制造；生产性服务企业通过为制造企业和顾客提供覆盖产品全生命周期的业务流程服务，共同为顾客提供产品服务系统。孙林岩等（2008）[7]认为这种更深入的制造和服务的融合模式，即为"服务型制造"。

1.3.1.2 服务型制造的价值创造研究

作为一种新型先进制造模式，服务型制造具有资源整合、延伸价值链、提升竞争力、降低消耗、创造顾客价值和绿色价值的作用。Måns Söderbom，Francis Tea（2004）[8]用劳动生产率和随机生产函数估计的技术效率验证了制造企业的效率和规模，对客观度量中国制造业的效率水平提供了参考。现代生产性服务业以知识作为主要生产要素，它与制造的融合有助于制造业生产效率的提升，降低对资源的消耗强度和促进节能减排。冯泰文、孙林岩（2009）[9, 10]以交易成本和制造成本为中介变量，对生产性服务业的发展对制造业效率的影响进行研究，结果表明生产性服务业的发展促进了制造业效率的提高，并就生产性服务业影响制造业能耗强度的路径进行了实证分析。蔺雷和吴贵生（2005，2006，2009）[11~13]对制造业服务增强的起源、现状与发展以及内在机理进行了系统分析，并构建了服务延伸产品差异化的完全信息动态博弈模型，且从资源配置视角对制造企业服务增强的质量弥补进行了实证研究。在嵌入全球价值链的环境下，越来越多的企业不再仅提供产品，而是提供"产品＋服务"，形成支持、自我服务和知识的集合体，并且面向产品全生命周期提供服务。何哲等（2011）[14]以山寨机产业为例，认为山寨机产业的价值创造是由快速的需求响应，完善的第三方服务和完备的价值诉求网络形成的，已经超出了原有的假冒仿冒产品的范畴，具有典型的服务型制造的特征。

1.3.1.3　服务型制造的产品模式研究

服务型制造的产品模式是"产品＋服务"，即产品服务系统（PSS）。PSS 这一产品形态早已存在，在近 10 年越来越普遍，且已引起研究者们的重视[15]。根据对 PSS 拥有所有权的多少以及 PSS 自身的服务化程度，Cook M. B.，Bhamra T. A. 等（2006）[16]将其分为面向产品的 PSS，面向应用的 PSS，面向效用的 PSS。PSS 的设计是将顾客需求的概念模型转化为可实现的过程或实体。顾新建等（2008）[17]就 PSS 及关键技术进行了初步探讨，提出 PSS 设计包含五种思想：模块化、智能化、个性化、标准化和集成化。认为 PSS 的创新不是简单的服务创新，也不是单纯的产品创新，而是服务创新与产品创新的结合，是商业模式的创新。

1.3.1.4　服务型制造的组织模式研究

李刚、孙林岩等（2010）[18]认为服务型制造组织模式是服务型制造网络，网络节点间是价值模块协作关系，即服务型制造的组织模式是由制造企业、服务企业和顾客自发聚集形成的网络聚合体，包括服务性生产模块（如制造过程的模块化外包）、生产性服务模块（如设计、物流等业务流程的模块化外包）以及顾客效用服务模块（如个性化定制等），其业务模式主要通过生产性服务的模块化外包与服务性生产的模块化流程协作进行。各价值模块自发形成网络组织，组织中各模块节点相互提供两种服务：面向制造的服务和面向服务的制造。同时，顾客参与"产品服务系统"的设计、制造和传递。由各价值模块节点形成的网络服务组织中，具有显著的协同效应，模块节点之间形成多重联结，这些网络节点具有高度的动态性和自治性，不同的节点之间在非线性互动中凸现出服务型制造网络的结构和协作模式，并随着外部环境的变化，实现服务型制造系统与环境的协同演化[19]。

1.3.2 模块化研究

早期国外模块化研究偏向于标准化和通用化，模块化研究的重心多放在产品的结构设计上，20 世纪 90 年代以后，模块化生产受到瞩目，对于模块这一概念，引用最多的是青木昌彦的定义：指可组成系统的具有某种确定独立功能的半自律性子系统，可以通过标准化的界面结构，与其他功能的半自律性子系统按照一定的规则相互联系而构成的更加复杂的系统[20]。后来，模块化越来越多地运用于企业组织和管理层面，其中其模块化外包开始成为一个被广泛讨论的话题。Timothy J. Sturgeon（2003）[21]认为如果多个厂商统一采取相同的开放模块标准，那么模块化可以影响厂商边界的定位，独立的组件供应商可以利用规模和范围经济为多客户生产通用模块，模块化的这种特征可以解释垂直外包和水平合并的共同演进。Ari Van Assche（2005）[22]指出了外包的四种类型：理想化外包、垂直一体化、定制化外包和标准化外包，并通过模型证明了产品模块化如何引致在中间产品市场上垂直外包和水平合并的共同演进。

国内一些学者则运用模块化理论对不同的经济现象展开了研究：朱瑞博（2003）[23]将模块化与产业集群联系在一起，认为模块化是产业集群的本质，它因快速提高产业集群的效率和降低内生性风险，以至于产业集群变得普遍起来；胡晓鹏（2004）[24]运用模块化理论来研究经济系统的演化模式，指出经济系统遵循规模经济—分工经济—模块化经济的演进路线；罗珉（2005）[25]认为产品（业务）的模块化直接导致了企业能力要素和价值的模块化。周绍东等（2008）[26]在分析传统外包和模块化外包差异性的基础上，提出了合理利用模块化外包以提高企业技术创新能力的政策建议；俞姗（2008）[27]将模块化外包运用于闽港金融服务业，证明了闽港两地在金融外包服务领域的交流与合作是顺应金融产业模块化特征和发展趋势，提升福建金融业竞争力的合理选择。

模块化外包本质上就是一种服务，上述研究成果为我们研究模块化服务奠定了基础。服务型制造网络中，业务模式主要是服务性生产的模块化流程协作（面向服务的制造）与生产性服务的模块化外包（面向制造的服务），本书将两种服务形式统一称为模块化服务，并把研究网络节点质量行为与模块化服务结合起来，研究 SMN 节点的模块化服务质量行为。

1.3.3 网络组织质量管理研究

著名质量管理专家戴明和朱兰（Deming and Juran）指出，21 世纪将是质量的世纪。传统的质量管理和质量控制主要是运用统计控制技术（如控制图表，方差样品检验等）来进行。网络组织的质量管理增加了外界的不确定性，增加了"产品 + 服务"的质量特性，不仅受自然和随机因素的影响外，而且与质量政策决策行为等主观因素有关。因此，在对具有网络特性的组织（如供应链、虚拟企业、服务型制造网络）的质量管理研究中，研究者开始关注行为动机对质量的影响。从目前检索的文献看，专门研究服务型制造网络质量管理的文献还未曾见到，与网络组织质量管理相关的成果主要涉及虚拟企业质量管理、网络组织外包质量行为研究以及供应链质量行为控制研究。

1.3.3.1 虚拟企业质量管理研究①

专门针对虚拟企业质量管理问题的研究，目前还尚处于站在某一独立角度分析与探索的阶段，还未形成系统的方法体系，主要体现在以下三个方面：

（1）虚拟企业质量管理体系研究。在质量管理体系的研究方面，Martins A.，João José Pinto FerreiraJo（2000，2004）[28, 29]等以 ISO9001：2000 为基准，提出一种虚拟企业质量管理体系框架，将第三方质量审核体系集成应用到虚拟企业，为虚拟企业的质量管理提供了新思路。Zhixiang，C.（2001）[30]介绍了一种针对虚拟企业的质量管理方法，但还处于描述性介绍。王学聪、唐晓青（2001）[31]提出了一种集成化虚拟企业质量管理系统多维视图模型，该模型描述了敏捷化产品全生命周期质量管理系统的体系结构，针对是产品生命周期，并不是虚拟企业的全生命周期，在对象范围上还有待扩展。杨鸿鹏（1998）[32]从物理分布、逻辑分布、功能分布、网

---

① 本节相关内容已发表于《科技进步与对策》2011 年第 2 期。

络分布四个方面阐述了虚拟企业质量管理的体系结构。而杜苏等（1998）[33]、苏秦等（2002）[34]就敏捷虚拟企业质量管理的特点及其主要对象作了详细的分析论述，指出虚拟企业质量管理的主要对象是质量信息流，特点表现为流程式的质量管理变成模块式的协调，主张质量控制与质量协调的结合，强调质量目标分解与质量合作。杨世元等（2006）[35]提出了统筹质量管理小组（WQMC）的概念，以此来优化虚拟企业的质量管理体系结构。

（2）虚拟企业质量管理信息系统研究。在虚拟企业质量管理信息系统方面，Qiang Su 等（2001）[36]基于虚拟组织网络平台设计了虚拟企业质量管理信息系统。段桂江（1998）[37, 38]分析了质量信息系统对动态企业环境的适应性，提出了一个面向动态企业环境的质量信息系统框架模型，并以此为基础就动态企业环境中质量信息系统的实现，从系统平台、模型框架、数据结构等方面进行了深入的分析。要义勇等（1999）[39, 40]也开发了基于 Web 浏览器的质量信息系统，使用 Internet 数据库连接器实现网络上的结构化信息的交流传输，并讨论了质量信息系统的重构方法。

（3）虚拟企业质量信息交互与监理机制研究。L. M. Camarinha-Matos 等（2000）[41]研究了虚拟企业的伙伴搜索和质量信息交换机制。Biqing Huang 等（2002）[42]提出了整体制造模式的虚拟企业控制框架。H. C. W. Lau 等（2003）[43]设计了一种多代理的虚拟企业质量管理框架。幸研等（2002）[44]提出了在敏捷制造模式下质量计划流程重组环境，根据产品质量计划重组的需要，从流程、资源、质量记录和质量活动四个方面考虑过程控制的重构变化的方法；同时说明了如何使质量计划流程在虚拟企业间定义和调用，来满足虚拟企业质量保证工作机制的协同性、资源和流程的动态集成性。郑文军等（2000）[45]引入了质量监理的概念，提出了以质量监理小组为核心的敏捷虚拟企业质量管理机制，为敏捷虚拟企业的质量保证、质量协调与质量创新提供了一种较好的组织模式。陈琨等（2006）[46]利用扩展的质量功能配置模型建立顾客需求到质量职能单元的映射，建立多功能质量小组选配整数规划模型，从而实现了虚拟企业多功能质量小组的优化配置。

1.3.3.2 网络组织模块化外包质量行为研究

服务型制造网是一种复杂的网络组织体系，网络节点由许多价值模块构成，其运作特征是模块化外包。模块化外包涉及多个不同的行为主体，因此，外包质量与供需双方的质量决策行为等主观因素有关，外包的不确定性，增加了产品质量保证的风险性[47]。Murat Kaya（2009）[48]提出了外包质量风险概念，讨论不可验证的产品质量与私人质量成本之间的关系，认为价格承诺有利于提高不可验证的产品质量。外包质量风险也增加了对过程质量监控的必要性，Ravi Aron（2008）[49]通过建立供应商和采购商的动态博弈模型，对外包服务的最低质量标准进行过程监控，并通过多个国家的实证调查验证了模型的有效性。外包质量的检测是基础工作，Minsoo Choi（2009）[50]从成员相互调查的角度提出了一种外包质量检测的可行性评价方法。Karthik Balakrishnan（2008）[51]则研究了前端业务流程外包的质量、信息与顾客合约问题。Edward D. Arnheiter（2006）[52]等研究模块化设计和制造的产品服务战略对关键质量维度的影响，研究结果表明，模块化对产品的质量属性有重大影响。

实际上，网络组织外包存在复杂的委托代理关系，出现信息的不对称。信息不对称导致逆向选择和道德风险的出现。因此，模块化外包质量的保证，行为动机是关键因素，其本质是合作组织关于质量保证的行为动机对最终产品质量产生影响，这就需要通过合理的合约设计规范合作组织的行为，这一问题应引起学者们极大关注。Chew and Pisano（1990）[53]讨论了合约中的质量控制，认为可以通过与较少的供应商签订长期供应合约，以提高产品质量。Reyniers and Tapiero（1995）[54]探讨了完全信息情况下合约设计问题，研究供应商产品质量和制造商质量评价。在非对称信息下，质量合约设计更显重要。因此，Starbird（2001）[55]针对供应链合约中的质量控制，研究了基于委托代埋的逆向选择问题，提出了质量控制中的惩罚、奖励和监督等激励机制。Stanley，Paul and Madhav（2000，2001）[56, 57]系统地研究了质量、信息和签约之间的关系，对签约可依据的信息对供应商和购买商的影响进行了重点分析。Kaijie Zhu（2007）[58]探讨了供应链各方对提高质量的作用，认为外包生产中，无论是购买商和供应商承担质量相关的成本，如客户的善意和未来的市场份额损失的费用，都可以提高双方质量改进的努力水平。Gary H. Chao（2009）[59]则从制造商和供应商分担产品的回收成本的角度，设计促使质量改进的工作合约，以减轻信息不对称的影响，其研究结果表明该合约有利于降低制造商的成本，提高产品质量。

1.3.3.3　供应链质量行为控制研究

从质量行为的角度，网络组织节点间的活动需要经历三阶段：第一阶段交易双方明确质量标准；第二阶段测量质量水平；第三阶段处理质量偏移。质量具有难表达性、难测量性、难协调性这三特性，相比之下，无形商品较之有形商品其质量更难判定。供应链的存在使得上述三个特性更加复杂化。Akerlof G. A. （1970）[60]认为质量的不确定性将催生柠檬市场出现，在理性人的假设下，它会导致质量机会主义。

由于信息的不对称，供应链网络节点之间存在复杂的委托代理关系。在供应链质量控制中，信息不对称导致逆向选择和道德风险的出现[61, 62]。因此，非对称信息下的质量行为控制是供应链管理问题的关键问题[63]。张翠华和黄小原（2002）[64]在 Starbird 模型（2001）基础上，改进并建立了制造商和购买商的质量成本模型，提出了可行的质量监督策略；而黄小原和卢震（2003）[65]则进一步研究了非对称信息条件下的供应链质量控制逆向选择问题。非对称信息条件下的质量控制，其实质是在信息隐匿情况下如何应用最优控制理论选择供应链质量控制的激励策略问题[66~71]。国内一些学者对这一问题进行了拓展研究：如张翠华和黄小原（2003，2004）[72~74]分析了质量信息隐匿情况及引发的道德风险问题；曹柬和杨春节（2006）[75]针对质量内部损失、外部损失，提出三种不同承担方案，通过制定合理的内、外部损失分配系数，实现供应链全局最优和局部最优的一致。华中生和陈晓伶（2003）[76]则考虑了质量失误与延期交货问题同时存在的供应链博弈问题。

此外，很多学者还从其他角度研究了供应链质量问题。陈祥锋（2001）[77]研究在集成化供应链环境中，依据买卖双方行为选择的纳什均衡模型，应用两层决策方法，通过合同管理的质量担保来控制产品的质量。华中生和陈晓伶（2005）[78]建立了一种综合考虑订货、库存成本和质量风险的供应链经济订货批量模型，研究了在不同供应链结构下质量风险对最佳订货策略的影响。张斌和华中生（2006）[79]提出一种供应链质量管理中抽样检验决策的非合作博弈模型。陈育花（2006）[80]建立以价格折扣和质保金为参数的契约模型，分析了制造商在非对称信息条件下对业务外包产品进行质量控制的最优契约设计问题。周明等（2006）[81]设计了三种不同委托代理关系下对供应商和制造商决策行为有效激励的最优合约。洪江涛（2007）[82]通过改进后的信息经济学中多项任务委托—代理模型来对供应商的产品质量控制进行分析，得到供应商努力结果可观测下的最优激励方案。杨艳萍等（2008）[83] 探讨如何根据供应商不同的风险态度，建立相应的供应链质量管理契约机制，并拓展分析了声誉激励的激励效果。

1.3.4 亟待解决的问题

从目前的文献看，相关的现有研究呈现以下特点与问题：

（1）服务型制造的研究是一个全新的领域，现有的研究多体现为概念性、框架性描述，定量研究的较少，服务型制造网络的研究还处于探索阶段。

（2）以上关于服务型制造四个方面的研究对推动服务型制造理论的研究和应用具有开创性作用，但较少涉及服务型制造网络中服务质量管理问题，尤其缺少对服务型制造网络质量行为方面的研究，而实证与案例研究更显不足。

（3）模块化研究从模块化设计、模块化生产、模块化组织到模块化外包，可以预见模块化服务研究将是一种趋势。

（4）以上网络组织质量管理研究也主要针对虚拟企业质量管理、传统供应链的外包行为，较少针对新环境新模式下的模块化服务行为特征，而传统的质量管理方法对服务型制造网络质量行为控制更具有不适应性与局限性；虚拟企业质量管理研究成果虽然较多，但多从信息集成、管理体系集成的角度进行，成员主体的行为因素较少关注；现有的网络组织质量控制方法，多从委托代理、博弈理论视角进行研究，这在实证检验上有一定局限。

从现有研究情况及发展趋势看，应结合服务型制造网络组织结构与本质特征研究，需要以传统制造理论、组织理论、行为科学理论、合同理论、协同论为基础，引入模块化服务与能力差异化的思想，结合实践运行情况，亟待解决服务型制造网络的以下新问题：

（1）服务型制造网络组织结构与本质特征研究。

服务型网络组织中引入了服务流，具有无形性特征，缺乏传递的物质载体，其实质是一种能力的转移，其结构是网链结构，网链中的节点企业具有共享依赖关系、有序依存关系和互补依赖关系，关系的存在以模块化服务需求为前提。因此，需要结合传统制造理论、组织理论与行为理论研究服务型制造网络要素结构与流程特征，即要厘清 SMN 的本质是什么，具有什么特点。

（2）服务型制造网络节点质量行为规律研究。

服务型制造网络同时存在实体产品与无形服务的需求，其质量控制增加了复杂性，服务型制造网络质量控制必须要考虑节点的相互影响及能力差异，必须有效评价节点能力差异，选择合适的能力合作关系，揭示节点质量行为规律。

（3）服务型制造网络节点行为建模、分析及优化方法研究。

服务型组织网络的运行是基于模块节点的有效耦合机制，节点的行为是关键，能力的差异导致了节点行为的差异。因此，需要针对不同能力的节点，运用合适的建模、分析及优化方法进行研究，形成基于能力差异的质量行为分析理论。

（4）服务型制造网络节点质量行为的实证研究。

需要结合实际案例，研究服务型制造网络在实践中的结构特性及其价值模块节点的质量行为，为企业的实践提供参考。

1.4

研究方案

1.4.1　研究目标

（1）揭示出服务型制造网络是能力需求导向的模块化服务网络的本质，为 SMN 模块化服务的质量行为研究提供依据。

（2）研究 SMN 节点能力选择与关系评价的方法，初步建立基于能力差异的"适应性质量协作——合约化质量协调——模块化质量协同"理论架构，揭示 SMN 模块节点质量行为的客观规律，以期丰富和发展网络组织的质量管理理论。

（3）结合全球航空制造企业国际合作的案例研究，从实证角度分析 SMN 的本质及其节点质量行为，为我国制造业与服务业融合发展提供新参考。

1.4.2 研究内容

全书的研究围绕以上三个目标进行，共分为以下 9 章内容：

第 1 章为绪论。介绍本书的选题背景与意义，界定研究范围与文章涉及的主要新概念，分析国内外研究现状并提出亟待研究的新问题，提出研究目标与研究内容，介绍全书的研究方法与技术路线，理顺全书的逻辑结构，最后提炼出本书的创新之处。

第 2 章服务型制造网络：能力需求导向的模块化服务网络。从分析服务型制造的含义、价值创造与业务模式入手，重新定义服务型制造的概念；从服务型制造网络的概念演化、体系结构模型、内涵特征及 SMN 与其他网络组织的比较，论述 SMN 的结构及模块化服务的本质特征；应用系统动力学基模分析技术构建 SMN 模块化服务相关成长上限基模以及模块化服务合作基模，从理论上进一步揭示 SMN 是能力需求导向的模块化服务网络的本质；通过对沿海四大省市及中部江西省的部分制造企业、服务企业的服务能力与质量行为调查，从实证的角度说明 SMN 的形成具有必然性，其节点能力具有差异性，节点质量行为具有多样性特征。

第 3 章提出基于能力差异的 SMN 节点质量行为分析框架。从企业能力理论的发展角度，给出企业能力的内涵解释及层次性差异；从历史演进的角度，分析合作行为与质量理念的演变过程，给出 SMN 节点质量行为内涵解释；最后提出基于能力差异的 SMN 节点质量行为框架模型，包括节点能力选择、基础能力优势节点的适应性质量协作、竞争能力优势节点的合约化质量协调以及核心优势节点的模块化质量协同四个组成部分。

第 4 章为 SMN 节点能力选择研究，即框架模型中的第一部分。分析 SMN 节点能力选择的本质及选择原则，提出 SMN 节点能力选择流程的三阶段模型；以制造流程模块化外包为例，借助可拓理论提出 SMN 节点选择的综合评价方法，并通过实例进行验证；以物流服务模块化外包为例，建立 SMN 物流服务模块化外包决策的 QFD 展开模型，提出模块化外包成熟度及外包合作关系成熟度评价指标体系，从网络节点中需求企业的角度展开，分析网络节点的模块化外包质量措施，提出与之相适应的网络合作关系决策方案，并通过实例分析说明决策过程的有效性。

第 5 章为 SMN 基础能力优势节点的适应性质量协作研究，即框架模型中的第二部分。定义适应性质量及适应性质量协作的内涵，从模块化服务外包与模块化服务延伸两种情况下分析 SMN 基础能力优势节点适应性质量协作的情形，并提出 SMN 节点适应性质量协作的四阶段过程模型；提出能力需求变化情况下 SMN 节点的适应性质量协作的成本模型，研究该模型的三种情形：模块化服务外包情况下服务模块提供商的适应性质量行为决策，模块化服务外包情况下服务模块集成商的适应性质量行为决策，模块化服务延伸情况下 SMN 节点的适应性质量行为决策问题；最后以 Matlab 7. 10. 0 为分析工具，对模型中三种情形的最优水平进行数值仿真分析。

第 6 章为 SMN 竞争能力优势节点的合约化质量协调研究，即框架模型中的第三部分。界定合约化质量及合约化质量协调的概念及内涵，分析 SMN 合约化质量协调运动规律的基本内容；运用合同理论设计 SMN 竞争能力优势节点合约化质量协调的合同模型：完全信息下 SMN 节点合约化质量协调模型，不对称信息下节点质量水平为离散型的合约化质量协调模型，以及不对称信息下质量水平为连续型的 SMN 节点合约化质量协调模型；以 Matlab 7. 10. 0 为分析工具，对服务模块提供商的质量水平为离散型的质量合同进行数值仿真分析，并给出各种情况下相关数据的结论。

第 7 章为 SMN 核心能力优势节点的模块化质量协同研究，即框架模型中的第四部分。定义模块化质量及模块化质量协同的概念并深入分析其内涵；运用协同学理论建立核心能力优势 SMN 节点模块化质量协同的概念模型、演化模型和力学模型：揭示核心能力优势 SMN 节点模块化质量协同的序参量控制机理，应用统计物理学中的朗万芝方程，研究序参量如何影响 SMN 节点模块化质量协同的质量系统自组织演化，以刻画协同系统平衡态的演化，借助理论力学分析工具，描述 SMN 节点模块化质量协同的质量空间状态点的运动轨迹，从序参量作用力的大小和方向两个方面研究模块化质量协同的自组织程度；分析三个模型之间的关系及其管理意义，提出 SMN 节点模块化质量协同行为的控制对策。

第 8 章为案例分析。以波音公司 SMN 为例，分析波音公司主导下的 SMN 结构体系，研究该 SMN 中的中国提供商，中航工业下属的主要航空制造企业参与波音公司 737、747、767、777 和 787 等机型的转包生产或风险合作的相关质量行为，分析在不同阶段的能力优势状态下，中航工业航空制造企业的适应性质量协作、合约化质量协调与模块化质量协同。

第 9 章为结论与展望。概括全书主要结论，总结全书存在的不足，展望需进一步研究的相关问题。

1.4.3　研究方法

（1）多种工具的应用。应用系统动力学基模分析技术建立 SMN 模块化服务的成长上限基模、对策基模及合作基模；运用可拓方法建立综合评价物元模型，研究 SMN 节点能力评价；基于 QFD 理论研究 SMN 节点合作关系决策；运用最优决策方法分析适应性质量协作成本模型；应用合同理论设计 SMN 节点的合约化质量协调的质量合同；利用协同学与理论力学的相关理论分析模块化质量协同的相关模型。

（2）概念模型方法。运用概念模型方法设计 SMN 的体系结构模型，研究基于能力差异的 SMN 节点质量行为框架模型设计，分析 SMN 核心能力优势节点模块化质量协同演化模型等。在研究中还要考虑到相关模型、机制、结构的可扩展能力，强调并行性和集成性，体现整体优化思想。

（3）仿真实验研究方法。在研究适应性质量协作以及合约化质量协调的相关模型时，运用仿真实验的方法，通过 Matlab 7.10.0 仿真软件进行仿真实验，以验证建立的模型以及提出命题的合理性，根据实验仿真的结果得出相关结论。

（4）调查与案例研究方法。在文献梳理的基础上，科学设计调查问卷，并有效采样获得 SMN 节点合作动机、服务能力、质量行为的影响因素，有助于从实证维度说明 SMN 的形成具有必然性以及能力的差异性与节点质量行为的多样性；选择国际航空巨头波音公司与我国典型航空制造企业的国际合作进行案例分析，使研究更具现实性和代表性。

1.4.4　技术路线

本书遵循"SMN 本质揭示——SMN 节点质量行为规律研究——SMN 节点质量行为案例研究"的思路，采用上述研究方法展开研究，技术路线如图 1-2 所示：

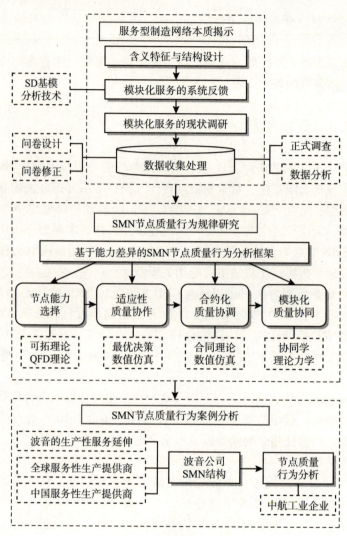

图 1-2　本书研究技术路线

1.5

主要创新点

本书的主要创新归纳为如下三点：

（1）提出了 SMN 节点质量行为理论分析框架。服务型制造理论的研究是一个全新的领域，对 SMN 质量管理的研究极少发现有文献报道，本

书对 SMN 节点质量行为的研究是这一领域的新探索。本书提出了基于能
力差异的 SMN 节点质量行为分析框架，给出了三组新的概念及其内涵解
释，适应性质量与适应性质量协作、合约化质量与合约化质量协调、模块
化质量与模块化质量协同。

（2）从模块化服务的视角提出 SMN 的结构及本质特性。本书首次从
模块化服务的视角对 SMN 进行界定，认为 SMN 的本质是一种模块化服务
网络，并建立了 SMN 模块化服务的成长上限基模、对策基模及合作基模，
揭示了 SMN 模块化服务的本质。

（3）构建了"适应性质量协作——合约化质量协调——模块化质量
协同"系列模型。提出了能力需求变化情况下 SMN 基础能力优势节点适
应性质量协作的成本模型；运用合同理论设计了完全信息下 SMN 竞争能
力优势节点合约化质量协调模型，不对称信息下节点质量水平为离散型与
连续型的合约化质量协调模型；运用协同学理论建立了 SMN 核心能力优
势节点模块化质量协同的概念模型、演化模型和力学模型，并分析了三者
之间的关系及管理意义，提出了模块化质量协同控制对策。

第 2 章

服务型制造网络：能力需求
导向的模块化服务网络

服务型制造网络是一种新的网络组织，研究服务型制造网络节点的质量行为，首先应该厘清该网络组织的内涵及本质。本章从分析服务型制造的含义、价值创造与业务模式入手，重新定义服务型制造的概念；论述服务型制造网络的概念演化、体系结构模型、内涵特征及其模块化服务的本质特征；应用系统动力学基模分析技术，从理论上进一步揭示服务型制造网络是能力需求导向的模块化服务网络的本质；通过问卷调查，从实证的角度说明服务型制造网络的形成具有必然性，节点能力具有差异性，以及研究基于能力差异的节点质量行为具有重要意义。

2. 1
服务型制造的含义、价值创造及业务模式

2.1.1 服务型制造的含义

近一个世纪以来，市场需求与经济发展的快速变化，科技进步与产业政策的实时演变，使得制造模式不断演化，出现了系列先进的制造模式，如大规模定制、柔性制造、JIT 生产、LP 生产、CIMS 生产、敏捷制造、网络化制造以及绿色制造等。这些制造模式主要在价值实现上通过实体产品实现有限增值，较少关注服务；在作业方式上关注产品的制造本身，较少涉及生产性服务环节；在运作模式上强调制造资源集成与优化，较少关注企业模块单元的互动集聚与协同[84]。相比其他制造模式，服务型制造具有更深层的含义，何哲等（2008）[85]从概念、形式、组织形态及其属性四个方面对服务型制造含义进行了解释。他们认为，从概念角度讲，服务

型制造是新时期下服务与制造历史性融合的产物；从表现形式看，服务型制造包括制造企业面向中间企业的服务（如模块化外包及整体解决方案）和面向最终消费者的服务（如个性化定制、客户参与全程设计、金融服务）；从组织形态讲，服务型制造表现为制造企业向服务领域拓展（如IBM 的方案解决）和服务企业向制造领域的渗透（如沃尔玛对制造企业的控制）；从属性特征看，服务型制造具有整合、增殖及创新三大特征。在这一先进制造模式中，包含了生产性服务、服务性生产、顾客全程参与三个基石（见图 2 - 1），三者共同创造顾客价值与企业价值，实现价值增值。从价值链的角度看，服务型制造模式改变了传统价值增值方式，增加了价值增值环节，价值链的各个环节都是价值增值的源泉，整个价值链成为价值增值的聚合体[84]。

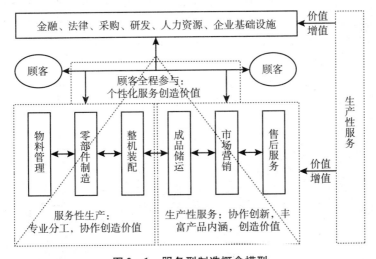

图 2 - 1　服务型制造概念模型

资料来源：孙林岩. 服务型制造理论与实践［M］. 北京：清华大学出版社，2009，4：49.

　　基于以上认识，本书认为服务型制造是一种服务经济环境下制造业与服务业融合发展的新制造模式，这一制造模式的典型表现是从传统的产品制造向提供产品服务系统和整体解决方案的转变。具体来说，是指制造企业通过整合有形实体产品与无形价值服务，提供"产品 + 服务"这一广义产品的价值形态，实现内部价值链及外部价值链上各个环节的价值增值，从而达到提高企业竞争优势的目的。

2.1.2 服务型制造的价值创造

服务型制造是制造业与服务业融合发展的新兴产业形态，是资源危机与环境挑战、经济发展与技术进步以及顾客需求与企业竞争等多因素约束条件下的生产组织方式。资源与环境的约束迫使企业寻求外部资源、经济与技术的约束推动了企业组织的变革，顾客需求与企业竞争拉动了企业之间的合作，经济全球化与网络化为企业在全球价值链中获取资源提供了条件，在产品的制造环节实现工艺流程的分工，向传统制造价值链两端拓展，通过诸如业务流程的外包以及与生产性服务提供商协作，为顾客提供范围更广、周期更长的价值创造服务，以实现低成本、高效率的顾客需求。因此，构建基于价值模块节点的服务型制造网络，是制造与服务不断融合的趋势下，企业实现价值创造的新组织模式。服务型制造模式下，通过业务流程的模块化服务实现资源价值、顾客价值、绿色价值及服务价值的创造，如图2-2所示。

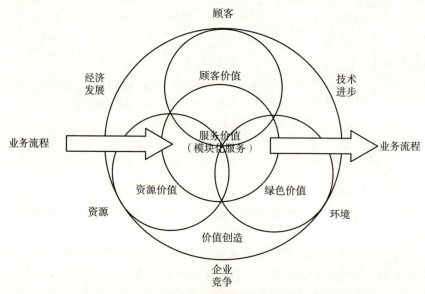

图2-2 服务型制造的价值创造

（1）资源价值创造。企业是多种内部与外部资源的集合体，主要包括资产、信息、能力、特征、知识及组织程序等[86]。制造企业与服务企业通过内部与外部资源的整合，实现资源价值创造。一方面，传统的制造企业通过整合内部资源向服务领域延伸，能实现资源的充分利用，节约了交易成本及生产成本，实现规模经济及范围经济，获取竞争优势；同时，传统的制造企业通过整合外部资源向其他制造企业与服务企业基于业务流程模块化服务合作，渗透生产性服务与服务性生产领域，通过面向客户，提供"产品 + 服务"的整体解决方案，亦可实现范围经济效应。另一方面，服务企业通过向制造业提供生产性服务，如金融机构与汽车制造厂商合作，向顾客提供金融租赁服务，可以实现相互利用各自的营销渠道和客户基础，进行业务整合，如金融机构到汽车销售点完成信贷、保险等业务，从而实现信息和能力等多种企业资源的价值创造。因此，资源价值创造是服务型制造价值的重要来源。

（2）顾客价值创造。德鲁克（Drucker）指出，顾客购买和消费的并不是产品本身，而是基于产品的顾客感受到的价值（胡旭初，2004）[87]。如何创造更多的顾客价值是企业追求的目标之一。伍德拉夫（Woodruff）认为，企业必须提供比其他竞争者更多的价值给顾客，即优异的顾客价值（Superior Customer Value），才能获得长期竞争优势。营销学观点认为，顾客价值是企业以某种方式参与到顾客的生产、经营及其他活动的过程中，从而能够为其顾客带来的利益。企业的顾客价值创造可以从潜在顾客价值、知觉价值以及实际实现的顾客价值等层面进行，是顾客价值链的延伸过程。服务型制造模式下，许多制造企业向顾客提供的业务中心发生改变，身份由产品提供商向服务提供商转变，即从以提供产品实物为中心向提供"产品 + 服务"的整体解决方案为中心转变，企业的行为延伸至产品全生命周期，更注重潜在顾客价值的开发，提供基于产品的服务、支持及知识的"集合体"，提供面向产品全生命周期的全过程服务。该模式下，服务企业与制造企业的融合，顾客的直接参与，有助于顾客直觉价值的创造及实际价值的实现。制造企业通过了解顾客的需求，在顾客参与下可以更有效地满足顾客利益，也将促进制造企业提供与质量、文化、环境及娱乐相关的服务。所以，顾客价值创造对服务型制造价值产生重要影响。

（3）绿色价值创造。在资源与环境约束下，服务型制造对企业的低碳化绿色发展提出更高的要求，企业在提供产品和服务的过程中，产品的使用过程对环境的负面影响大于生产制造过程[87]。一是产品的使用过程分散在顾客之间，很难实现高效管理；二是产品使用的顾客或操作者缺乏高效的专业知识和技能，易造成低效率和浪费[88]。为了减少浪费，节约资源，低碳化的产品服务系统（Product Service System，PSS）在服务型制造中起着重要作用。产品服务系统本身就是制造企业向服务领域延伸的结果，它是基于产品的服务系统，是产品和服务叠加的综合提供[89]。产品服务系统通过以下途径实现服务型制造的绿色价值创造：一是延伸企业责任。服务型制造企业的责任不是仅针对产品消费后的废弃处理，而是延伸至产品的全生命周期，尤其要对产品的回收、循环利用及最终处置负责，通过产品外部成本的内部化处理，引导企业进行基于产品全生命周期的责任处置[90]。二是提高顾客参与度。产品服务系统的主要热点是让顾客参与产品的设计、生产，从而更好地满足顾客的个性化需求。服务型制造模式下，产品服务系统的提供可以提高顾客在产品全生命周期中的参与度，增加对产品专业知识的了解，增强服务的替代效应，从而为节约资源、降低污染排放的低碳化绿色发展创造条件。

（4）服务价值创造。制造企业服务化是将基本服务活动和辅助服务活动的动态过程，逐步构建成一条循环作用的闭环服务价值链。该价值链由通常意义下的显性价值流及隐藏在制造价值链背后的潜在服务价值流构成。潜在服务价值活动与传统制造价值活动之间、潜在服务价值流与显性服务价值流之间相互交融，共同构建了制造企业的服务价值创造系统[91]，如图2-3所示。

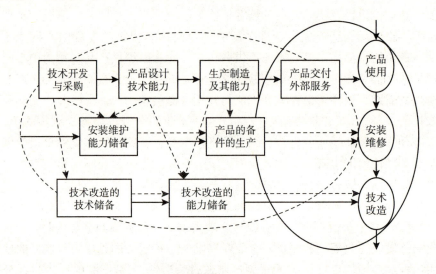

图2-3　制造系统的服务价值创造

资料来源：林光平，杜义飞，刘兴贵. 制造企业潜在服务价值创造及其流程再造——东方汽轮机厂案例研究［J］. 管理学报，2008，5（4）：602.

服务型制造是产品生产制造过程与产品功能实现过程的统一，是生产性服务过程与服务性生产过程的统一。服务型制造企业的潜在服务价值流以顾客价值为导向，渗透在各个价值模块节点的活动中，各价值模块节点通过不断提高内部与外部资源的生产力，改进服务水平，提高服务能力，以实现企业的价值新创造和竞争优势。

2.1.3　服务型制造的业务模式

作为一种新的商业模式，服务型制造整合了全球价值链上的制造及服务业务资源，促进了企业业务链延伸。服务型制造企业更加关注顾客价值，集成分散化的内部与外部资源，并引导顾客主动参与到个性化的产品服务系统中，服务型制造的业务模式也随之改变，并具有新的特征。

（1）从价值表现看，服务型制造的业务模式是制造企业、服务企业及最终顾客的价值融合过程：一是制造企业之间的服务性生产价值模块协作，即制造企业间基于制造工艺流程的模块化外包服务，进行诸如模块化加工、模块化制造装配协作，共同完成物理产品的生产制造过程；二是服务企业对制造企业的生产性服务价值模块协作，即制造与服务企业的交叉融合，服务企业向制造企业提供的基于核心业务流程的模块化外包服务，如第三方物流外包服务、模块化产品设计与品牌设计、营销代理服务、金融模块服务以及财务与咨询等，共同创造附加在物理产品中的服务价值；三是制造企业、服务企业与顾客之间的顾客效用服务价值模块协作，即顾客作为服务型制造的参与者，全程参与设计、个性化的定制生产及个性化的定制服务，共同促进顾客效用价值的提高。

（2）从参与主体看，服务型制造的业务模式是制造企业、服务企业及最终顾客的业务和需求融合过程：首先表现为制造企业为更好满足顾客需求，向服务领域延伸和转型，即制造业服务化，如 IBM 由 IT 产品制造商转变为综合服务提供商；其次是服务企业为向顾客提供更好的服务，向制造领域渗透，即服务业工业化，如神州数码公司发展制造业务；同时，顾客作为服务型制造的主动参与主体，由传统制造系统的被动接受者转变为主动生产者。

（3）从运作形式看，服务型制造的业务模式是产品和服务的大规模定制过程：通过对产品设计流程、制造工艺流程以及服务业务流程的模块化分解，每个参与主体承担起流程中的一个或多个服务模块，且相互之间以标准规范的接口进行协作，实现参与主体之间相关活动的即插即用，实现分散化制造与服务资源的集成，承担服务模块的主体成为了服务型制造组织中的最小构成单元，有效地完成产品和服务的大规模定制服务。

2.2
服务型制造网络的体系结构与含义特征研究

2.2.1 服务型制造网络的概念演化

服务型制造网络（SMN）是服务型制造的组织模式，与服务型制造的概念一样，国内外相关研究近几年兴起，因此目前无专门的国家标准术语对之进行界定。一方面，由于服务型制造是制造业与服务业融合发展的一种先进制造模式，因此，SMN 与产品制造及服务提供的相关组织形态的概念发展紧密相连，即是产品供应链与服务供应链概念演进的结果；另一方面，由于服务型制造是基于制造工艺流程和服务业务流程的模块化分工协作的结果，因此，SMN 与模块化生产与制造的相关概念即模块化组织（如模块化生产网络）的演变紧密相关。产品供应链、服务供应链及模块化网络组织的运行均是建立在节点能力的基础上的，能力需求链贯穿各类组织的全过程，其概念演化如图 2-4 所示。

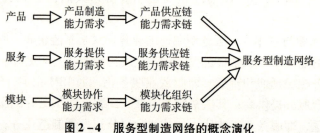

图 2-4　服务型制造网络的概念演化

（1）产品供应链的概念。产品供应链多表述为传统供应链的概念，供应链概念起源于 20 世纪 80 年代，迄今为止没有形成统一的定义。早期的观点认为供应链是制造企业中的一个内部过程。Houlihan J. B.（1987）[92]最早使用供应链（Supply Chain）一词，Stevens J.（1989）[93]较早给出了供应链定义，认为供应链是一个系统过程网络，是通过价值增值过程和分销渠道控制从供应商的供应商到用户的用户的整个过程。Christopher M.（1992）[94]认为供应链是通过上下游节点连接在一起的组织网络，所涉及的节点组织参与将产品送至最终消费者手中而产生价值。Saunders M. J.（1995）[95]则更强调供应链外部交换性，认为供应链是一个从原料供应商开始，中间涉及对原材料提炼加工、制造、装配、分销、零售等过程，包括从原始供应商到最终消费者的整个交换链。Lee H. L. 等（1997）[96]认为供应链是产品生产和流通过程中所涉及的原材料供应商、生产商、批发商、零售商以及最终消费者组成的网络，即由物料获取、物料加工并将成品送到用户手中这一过程所涉及的企业组成一个网络。Lin F. R.（1998）[97]将供应链定义为：供应链是包括供应商、制造商、销售商在内的企业网络系统，涉及物流、资金流和信息流。国内学者韩坚等（1998）[98]认为，供应链是描述商品需—产—供过程中各实体和活动及其相互关系动态变化的网络。马士华等（2000）[99]则认为，供应链是围绕核心企业，通过对信息流、物流、资金流的控制，从采购原材料开始，制成中间产品以及最终产品，最后由销售网络把产品送到消费者手中的，将供应商、制造商、分销商、零售商直到最终用户连成一个整体的功能网链结构模式。国家物流术语标准（2001）[100]对供应链的定义是：供应链是生产及流通过程中，涉及将产品或服务提供给最终用户活动的上游与下游企业所形成的网链结构。

从上述国内外学者的观点可以看出，传统的供应链定义多指产品供应链，经历了从"链"到"网络"的描述过程，现代意义的产品供应链概念的本质是一个基于产品形成到使用过程的供应链网络。同时我们可以看出，供应链的形成是基于上下游企业能力需求与合作的结果。因此，本书认为产品供应链是产品形成到使用过程中，围绕核心企业，由多个节点企业构成的能力需求与合作组织，是一种网链结构。

（2）服务供应链的概念。事实上，供应链单指产品供应链是不全面的。随着服务经济的发展，服务供应链作为最近几年刚刚兴起的研究新领域，极大地激发了学术界的研究兴趣，服务供应链的定义正处于争论阶段，许多学者从不同视角给予了服务供应链的不同理解，主要有以下观点[101]：

一是围绕服务生产过程来定义服务供应链。如 Scott E. （2000）[102]认为服务供应链是接受顾客需求，进行生产转化且再输出到顾客的一种供应链；Edward G. （2000）[103]等认为服务供应链是服务行业中服务生产主体之间的连接关系。

二是基于产品服务化的视角来定义服务供应链。如 Dirk and Steve Kremper （2004）[104]认为服务供应链是产品服务化过程中发生的一系列服务活动，包括设计服务计划、分配资源、配送回收、维修恢复等管理活动。

三是基于服务行业中应用产品供应链理论的视角来定义服务供应链。认为服务供应链是服务行业中应用产品供应链的思想来管理与服务有关的实体产品，典型代表有 Jack S. Cook （2001），Richard Metters （2004）。

四是基于服务企业采购服务产品的视角来定义服务供应链。如 Ellram （2004）[105]提出服务供应链是指在专业服务中从源头供应商到最终的客户中发生的一系列管理，包括信息管理、能力管理、流程管理、绩效管理和资金管理等。韩国金立印 （2006）[106]认为服务供应链管理的本质是整合所有服务资源来共同创造顾客价值，如航空公司、酒店与旅行社的资源整合即形成了服务供应链。

国内年青学者刘伟华 （2009）[101]等提出，服务供应链是指围绕服务核心企业，利用现代信息技术，通过对链上的能力流、信息流、资金流和物流等进行控制来实现客户价值与服务价值的过程。

综合上述学者的观点，我们认为服务供应链是服务提供过程中，围绕服务核心企业，由许多服务企业节点构成的服务能力需求与合作组织，以实现用户价值与服务价值的增值。

（3）模块化组织的概念。模块化组织的概念源于 Simon 模块化理论的研究，Simon H. A. （1965）[107]认为模块化是一种能够促进复杂系统向新的均衡演进的具体结构 （Configuration）。随后模块化方法广泛应用于产品设计、生产领域[108~110]。伴随产品设计和生产的模块化，产生了模块化组织[111]，即一体化的层级组织被非层级的实体单元取代，这些实体单元表现出模块化特性[112]。从 20 世纪 90 年代中后期，三位日本学者国领二郎 （1995）、池田信夫 （1997） 和青木昌彦 （2000） 分别以互联网产业为研究对象，各自独立地发展了模块化理论[113]。而引用最多的学者青木昌彦 （2003）[20]对于模块的定义是：指可组成系统的，具有某种确定独立功能的半自律性的子系统，可以通过标准化的界面结构与其他功能的半自律性子系统按照一定的规则相互联系而构成的更加复杂的系统，即为模块化组织。国内周鹏（2004）[114]根据企业之间实力地位和影响力的不同，把模块化组织分为核心企业型网络组织和分散型网络组织。雷如桥（2004）[115]认为适应模块化产品设计的组织包括一体化的企业组织、核心企业协调下的网络组织和模块集群化的网络组织。徐宏玲（2006）[116]对模块化组织开展了系统性研究，认为模块化组织是基于产品模块化、产业模块化的模块化生产网络。

基于以上观点可以看出，模块化组织是模块单元根据界面结构组成的一种网络组织，而界面结构本身是功能需求的结果。因此本书认为，模块化组织是模块协作过程中，围绕模块价值功能的集成，由多个价值模块单元作为节点构成的能力与需求合作网络。

（4）服务型制造网络的概念。服务型制造是制造业与服务业融合发展的先进制造模式，模块化的生产方式是典型特征，产品的模块化设计、模块化生产与服务流程的模块化是两业融合的基础，许多制造企业、服务企业和顾客共同参与，为各模块的价值创造提供支持，组成了服务型制造网络。为此，孙林岩（2009）[84]认为服务型制造网络是指在产品服务系统的生产过程中，顾客、生产性服务厂商（金融、法律、保险、会计、管理咨询、物流、分销、售后服务），以及服务性生产厂商（原材料供应商、零部件制造商、产品制造商）等价值模块、相互之间基于标准化的界面结构和业务流程协作，嵌入价值增值网络，所形成的具有资源整合、价值增值和创新功能的生产协作聚合体。这一聚合体融合了产品供应链的模块化外包以及服务供应链的模块化服务价值功能，是产品供应链、服务供应链及模块化组织综合演进的结果。

因此，本书认为服务型制造网络是制造业和服务业融合发展过程中，在服务需求及服务能力驱动下，由制造企业、服务企业的相关部门或人员以及顾客组成的价值模块节点单元构成的一种能力与需求合作网络。其基本的价值模块节点包括服务性生产模块节点、生产性服务模块节点、顾客效用服务模块节点以及将各价值模块功能集成的服务集成模块节点。

2.2.2　服务型制造网络的结构模型

在服务型制造网络中，包括制造企业、服务企业及顾客三类主体（见

图2-5），通过其全部或部分机构和人员的价值感知，在互利协作的过程中形成相对动态稳定的服务型制造系统。

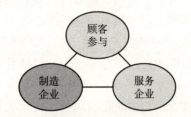

图2-5　服务型制造网络的行为主体

这种动态结构在实际中表现为两种类型：

一种是有主导企业的支配型价值模块集成模式，中小企业通过为大企业提供配套的制造流程或服务流程模块功能，与大企业实现协作，其结构可用如图2-6所示的模型表示。

服务性生产　　服务集成　　生产性服务　　顾客效用
模块节点　　　模块节点　　　模块节点　　　模块节点

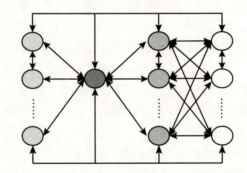

图2-6　有主导企业的支配型 SMN 结构模型

另一种是无主导企业的平等型价值模块集成模式，制造及服务企业自发聚集的价值模块协同模式，各企业相互之间功能互补、分工合作，实现低成本高效率的分散化价值模块协同功能，其结构如图2-7所示。

以上两种结构模型中，均包括四种类型的价值模块节点：

（1）服务性生产模块节点。服务性生产模块节点即为提供制造服务的服务模块提供商。服务性生产是指企业通过制造工艺流程外包的方式，进行产品零部件加工、制造装配等制造业务流程的协作，共同完成物理产品

服务性生产　服务集成　生产性服务　顾客效用
模块节点　　模块节点　　模块节点　　模块节点

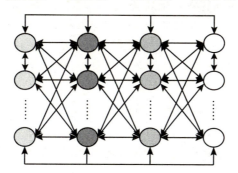

图2-7　无主导企业的平等型SMN结构模型

实体的加工制造[5]。服务性生产过程强化了传统的产品供应链的中游节点企业之间的分工协作，相互之间的协作从传统的提供零部件的制造，转向更为紧密的模块化的制造流程的合作，即构成了服务型生产的价值模块节点。从事生产工艺流程某个环节的价值模块节点，并不需要开发自己品牌的产品，而通过为网络中其他节点提供自身优势的生产流程服务，主动获取价值利益，从而发展成为生产服务的供应商。

（2）生产性服务模块节点。生产性服务模块节点即为提供生产性服务的服务模块提供商。生产性服务是指市场化的中间投入服务，即可用于商品和服务的进一步生产的非最终消费服务。生产性服务包括科研开发、管理咨询、工程设计、金融、保险、法律、会计、运输、通信、市场营销、工程和产品维修等多个方面[18]。制造企业将生产性服务从制造业中分离出来，外包给专业化的生产性服务企业。生产性服务企业的职能机构基于自身能力为制造企业提供基于流程的模块化服务，成为服务型制造网络的节点构成，即生产性服务模块节点。

（3）顾客效用模块节点。顾客效用是产品满足顾客需求时表现的内在力量，即顾客在消费商品时所感受到的满足程度。而顾客效用模块是指在模块化服务过程当中，顾客亲身参与到产品的设计、制造等模块中去，能够最大限度地按照顾客所需来提高产品的价值，顾客的参与即构成了网络的顾客效用模块节点。

（4）服务集成模块节点。服务集成模块节点是将生产性服务模块、服务性生产模块及顾客效用模块进行集成的服务模块集成商。服务型制造业网络中，模块化的服务合作使得模块的集成成为必然，具有集成能力优势的节点针对自身企业、合作企业及客户的具体要求，对生产性服务模块、服务性生产模块及顾客效用模块集成，充当了服务集成模块节点的角色。由于模块之间的联系以市场需求为前提，具有临时性，能够根据不同的技术环境及市场环境及时进行动态调整，使得各价值模块节点能够及时调整，获得利益。

2.2.3 服务型制造网络的内涵特征

根据服务型制造网络的结构模型可以看出，服务型制造网络是网状结构，具有以下特征：

（1）顾客的参与性。顾客作为价值模块功能实现的主体之一，主动参与到服务性生产、生产性服务及服务集成的各个环节。首先，为了满足顾客个性需求，顾客价值感知的最大化，产品研发设计、生产组装需要顾客高度参与；其次，服务的生产和消费具有同步性特征，决定了顾客必须高度参与。

（2）节点的差异性。网络节点是基于价值功能实现的目标，根据能力提供服务功能的，而各节点的服务能力本身存在客观差异，节点在满足服务需求方面存在差异性，其采取的相关行为，如质量行为同样存在差异。

（3）节点的匹配性。由于节点服务能力以及服务功能需求的差异，节点关系的组合需以服务能力与功能需求的匹配为前提，服务集成模块节点在期间起关键的协调作用。

（4）结构的动态性。由于顾客需求的多变性以及顾客参与的主动性，各价值模块的功能需求易发生变化，各价值模块节点也会发生相应变化，关系结构随之动态更新。

根据以上定义及结构模型特征，应深刻理解服务型制造网络的内涵：

（1）服务型制造网络的本质是一种能力需求导向的模块化服务组织。服务型制造网络是产品及服务模块分工协作的结果，是各利益主体整合、协作、创新与竞争的平台。各利益主体之间根据顾客的差异化需求，构成了复杂的能力需求链，并基于能力的差异提供匹配的价值模块协作。不管是生产性服务模块，还是服务性生产模块，以及顾客效应服务模块，其本质上都是模块节点为满足节点间及顾客的需求而实施的一种能力服务，由这些价值模块节点构成的服务型制造网络本质是一种能力需求导向的模块化服务组织。

（2）服务型制造网络节点间的典型合作关系是基于流程的模块化外包。在服务型制造网络中，基于制造工艺流程和业务流程分工，分化出不同类型的价值模块，构成了模块化的协作关系。典型的价值模块协作关系主要有[84]：合同电子制造（Contract Electronics Manufacturer，CEM）、原始设计制造（Original Design Manufacturer，ODM）、原始设备制造（Original Equipment Manufacturer，OEM）、设计制造服务（Design Manufacturing Service，DMS）、电子制造服务（Electronics Manufacturing Service，EMS）、业务流程外包（Business Process Outsourcing，BPO）、信息系统外包（Information Technology Outsourcing，ITO）以及业务转型外包与协同设计等。以上协作关系，实际上是产品和服务提供过程中基于流程的模块分工结果，是通过流程的模块化外包实施节点间的合作关系。

（3）服务型制造网络是由价值模块节点为最小单元组成的价值创造系统。服务型制造网络的价值模块节点可以是单个企业、也可以是相关企业中的部分机构或人员组成，是模块化服务功能承担者。一个制造企业或服务企业可以有多个执行相关服务功能的节点，这些节点均以相对独立的模块界面与其他节点相互连接，是服务型制造网络中的最小组成单元，共同完成价值创造功能，组成了一个价值创造系统。

（4）服务型制造网络是一种动态柔性的敏捷联盟系统。服务型制造网络中，各节点的组合是基于能力需求动态合作的。基于模块化的服务型制造网络是一个动态柔性的敏捷组织系统，模块之间的选择具有很强的竞争性，各价值模块节点需要在最短时间内提供产品服务系统中的功能需求，凸显竞争优势，实现合作节点间的价值增值。

（5）服务型制造网络是一种复杂的制造/服务混合供应链系统。服务型制造网络中，包含了服务供应链、以产品为主体的制造供应链以及能力需求链，将传统的制造供应商与物流服务、咨询服务、金融与保险服务、设计服务、营销策划服务等新型的服务模块提供商连接在一起，共同提出"产品＋服务"的解决方案，因此，可以将服务型制造网络视为一种混合供应链系统。这种供应链系统在构成要素、行为主体、能力提供、结构形式等方面都更加复杂，具有复杂性特征。

2.2.4　服务型制造网络与其他网络组织的比较

作为一种新的网络组织形态，服务型制造网络与其他典型的网络组

织，如传统供应链及虚拟企业相比，在许多方面存在较明显的差异（见表
2 – 1）。

表 2 – 1   三种典型网络组织的比较

比较属性	传统供应链（SC）	虚拟企业（VE）	服务型制造网络（SMN）
最小单元	单个企业	集成化工作团队（IPT）	模块化组织单元
组织结构	相对静态网链结构	动态任务式网络结构	动态模块化网络结构
价值创造	产品价值 资源价值	项目价值 资源价值 顾客价值	资源价值 服务价值 绿色价值 顾客价值
价值分配	沿着价值链静态分享	根据贡献度动态分享	根据服务能力主动抢夺
关注焦点	产品	项目	服务
运作周期	产品生命周期	VE 生命周期	产业生命周期
流动对象	物流、信息流与资金流三流合一	物流、信息流、资金流与价值流四流合一	物流、信息流、资金流、价值流与服务流五流合一
质量行为	企业与企业的合约化质量协调	IPT 与 IPT 的集成化质量控制、合约化质量协调	模块化单元的适应性质量协作、合约化质量协调、模块化质量协同

（1）最小单元的差异。传统供应链的最小组成单元一般是单个企业，
即以供货商、制造厂商、销售商及客户为节点形成基于企业主体的组织体
系；虚拟企业的最小组成单元则以具有任务式执行功能的集成化工作团队
（Integrated Product Development Team，IPT）为节点构成，各 IPT 组成人员
可以是某个企业的群体，也可以来自多个企业，是虚拟企业（Virtual
Enterprise，VE）的最小单元执行系统，一旦确定职能任务，多个 IPT 即
组成了 VE 的综合执行系统[117]；而服务型制造网络的最小组成单元是执
行模块化服务功能的价值模块节点，一般是由制造企业、服务企业的部分
价值创造的职能机构、人员及相关顾客构成，模块化组织单元的任务是提
供各自的模块化服务，模块的组成是基于流程化协作分工的结果。
（2）组织结构的差异。一般地，传统的供应链是由链上各企业构成的
相对稳定的静态网链结构，主要围绕供应链中少数核心企业形成稳定的供

应关系，相互之间发生动态的变化和调整是缓慢且偶然的；虚拟企业则是一种动态任务式的网络结构，以任务分解的方式将各 IPT 连接在一起，各 IPT 主要形成串联、并联及混联的复杂结构网络[118]；服务型制造网络节点的交换和联系更加复杂多样，是一种动态的模块化网络组织，各模块服务的内容丰富化、层次多样化、对象复杂化，模块服务流程的分工协作是其组织结构形成的关键。

（3）价值创造的差异。传统供应链价值来源主要是节点企业间通过对资源的整合，依附于产品生产所需要的物流、信息流传递所产生的价值，是产品价值与资源价值创造的结果；虚拟企业除资源价值外，重要价值来源在于顾客需求明确下的虚拟企业开发项目的价值创造，围绕项目或具体产品构建虚拟企业本身就是价值整合的过程，因此项目价值与顾客价值是其重要组成部分；服务型制造网络的价值来源更加广泛，顾客价值体现更加明显，尤其重要的是服务价值及绿色价值的创造是重要来源，而资源价值的创造与供应链和虚拟企业一样，也是其典型的价值创造来源。

（4）价值分配的差异。三种典型网络组织的结构及运行模式的差异，决定其价值分配发生变化。传统供应链体系的价值分配沿着价值链的静态分享，供应链各节点企业从终端利润获取沿着供应链体系进行扩散和分配；虚拟企业的价值分配是依据 IPT 的贡献度的大小在合作伙伴间进行动态分配，且由联邦协调委员会（Alliance Steering Committee，ASC）进行协调；服务型制造网络的价值分配更加复杂，表现为两种形式：一是终端集成价值模块节点通过向服务领域渗透，为顾客提供全面的个性化产品和服务，获取更高的产品服务价值和顾客价值；二是各中间生产性服务模块节点及服务性生产模块节点向下游节点提供模块化服务主动汲取利润，总之是各模块几点依据服务能力的差异主动抢夺价值。

（5）关注焦点的差异。传统供应链主要关注产品的设计、生产和流通过程，即以产品为关注焦点，贯穿供应链运作的全过程；虚拟企业则以具体的项目开发、运行为前提，选择合作伙伴，虚拟企业随项目的市场开拓而生，随项目的市场衰败而消亡；服务型制造网络是制造模式与企业经营理念变革的结果，其运作过程更关注服务价值的创造，即以服务为关注焦点，服务意思贯穿在模块化运作的各个环节。

（6）运作周期的差异。从运作周期看，对于传统供应链中的制造产品来说，特别是功能型产品，一般都要经历几个典型的生命阶段，在产品生命周期的各个阶段，供应链的运作要求也有所不同，即供应链的运作周期是以产品生命周期为前提[119]；虚拟企业的运作则是 VE 的生成期、运行期、发展期及终止期的过程集成的结果，VE 生命周期各个阶段各节点的任务不同；服务型制造网络是两业融合发展背景下的组织形态，其运作周期除了与产品生命周期相关之外，也与各种类型的制造业及服务业发展阶段的成熟程度有关，即产业的生命周期是决定服务型制造网络存在和运行的重要因素。

（7）流动对象的差异。传统的供应链系统追求的是物流、信息流与资金流三流合一；虚拟企业中物流、信息流、资金流与价值流四流合一；而服务型制造网络是物流、信息流、资金流、价值流与服务流五流合一的结果[18]。其中，服务流包括两个方面：一是下游的服务需求在网络中价值模块节点间的信息传递；二是各价值模块节点的连续服务行为。价值流是模块节点的连续的价值创造和增值过程。

（8）质量行为的差异。三种网络组织都是由企业内外相关实体组成的复杂网络系统，其质量行为均是由构成网络组织的最小实体单元合作的结果，但节点的质量行为合作存在差异。传统的供应链组织主要通过节点企业间签订合约来控制质量，即表现为企业与企业的合约化质量协调；虚拟企业组织由于构成单元是任务式的，除了合作节点间的合约控制外，还与各 IPT 工作的流程集成有关，因此其质量行为表现为 IPT 与 IPT 的集成化质量控制以及合约化质量协调；服务型制造网络中，由于价值模块节点类型复杂，各节点服务能力存在差异，其质量行为是基于模块化单元能力差异的适应性质量协作、合约化质量协调及模块化质量协同。这一部分将在本书第 5、第 6、第 7 章重点分析。

2.3

服务型制造网络模块化服务的反馈分析

2.3.1 系统动力学基模分析技术

系统动力学（System Dynamics，SD）是一种基于因果机制的模型分析方法，该方法强调系统行为主要是有系统内部机制决定的。因此，许多学者应用系统动力学方法来处理有关具备惯性和长期性的社会经济系统。从2.2 分析可知，服务型制造网络是由许多价值模块节点构成的复杂系统，节点间关系复杂，且具有因果关联性，本节借助系统动力学方法来进行

SMN 系统结构中模块化服务的反馈分析。

所谓系统基模是由正、负反馈环、延迟构成的系统基本模型。基模分析法是系统动力学最基本的动态性复杂分析技术，现代管理大师彼得·圣吉在学习型组织中建立了世界的管理问题中的八大系统基模：成长上限，投资不妥，目标侵蚀，舍本逐末，恶性竞争，共同悲剧，富者愈富，饮鸩止渴，其中，成长上限基模结构存在于任何复杂系统中[120]。在成长上限基模中，其基本结构是一个正反馈环、一个负反馈环。正反馈环是促进成长的因素，由于系统的快速成长，会使促进的因素更多，因而成长得越快；负反馈环是不利因素，对系统结构的发展会产生负面作用，即不断增强的正反馈环在增强过程中，启动了一个抑制成长的因素变量，会促进成长过程的减缓。因此，在基模分析中，应除去或减弱负反馈环来限制不利因素来源，提出杠杆解，即管理方针。

2.3.2　服务型制造网络模块化服务成长上限基模分析

由前面分析可知，SMN 中存在多种价值模块节点，各种模块节点的服务合作促进了服务型制造企业的绩效，增加了顾客效用价值。而各价值模块节点的服务能力、服务价值及其对节点绩效与顾客效用的影响具有因果关联性，因此，系统动力学的基模分析技术可以从理论上分析 SMN 模块化服务的本质内涵，本节将针对 SMN 中生产性服务模块及服务性生产模块，从能力成长上限、质量水平成长上限两个方面进行分析。

2.3.2.1　SMN 生产性服务能力成长上限子基模

SMN 生产性服务模块价值的实现将促进制造企业的绩效及顾客效用，可建立 SMN 生产性服务能力成长上限基模，如图 2-8 所示。其中，左半部分是一个不断增强的正反馈环：制造企业绩效 V1(t)(+)→生产性服务模块价值 V2(t)(+)→制造企业绩效 V1(t)(+)；右半部分是一个产生抑制效应的负反馈环：生产性服务模块价值 V2(t)(+)→顾客效用 V3(t)(+)→生产性服务能力 V4(t)(−)→制造企业绩效 V1(t)(+)。实施服务型制造的制造企业绩效与 SMN 生产性服务模块价值是正向加强型，即制造企业绩效将随着生产性服务模块价值的增加而增加，能更好地满足SMN 中的顾客效用。随着顾客效用的增加，启动了生产性服务能力因素的抑制作用，因为，顾客效用的增加，对各方面的能力要求将增加，即会致使生产性服务能力相对不足，这种能力的相对不足不利于模块化服务合作，从而影响制造企业的绩效。

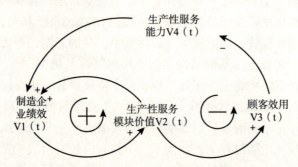

图 2-8   SMN 生产性服务能力成长上限基模 G1(t)

2.3.2.2   SMN 生产性服务质量水平成长上限子基模

SMN 生产性服务模块价值的实现将促进制造企业的绩效及顾客效用，可建立 SMN 生产性服务质量水平成长上限子基模，如图 2-9 所示。

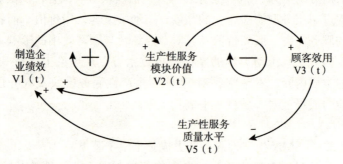

图 2-9   SMN 生产性服务质量水平成长上限基模 G2(t)

其中，左半部分是一个不断增强的正反馈环：制造企业绩效 V1(t) (+)→生产性服务模块价值 V2(t) (+)→制造企业绩效 V1(t) (+)；右半部分是一个产生抑制效应的负反馈环：生产性服务模块价值 V2(t) (+)→顾客效用 V3(t) (+)→生产性服务质量水平 V5(t) (-)→制造企业绩效 V1(t) (+)。与 SMN 生产性服务能力成长上限基模一样，左半部分会促进顾客效用及制造企业绩效的增加。同时，随着顾客效用的增加，启动了生产性服务质量水平因素的抑制作用，因为，顾客效用的增加，顾客将对服务质量水平有更高的要求，即会致使生产性服务的质量水平相对不足，这种质量水平的相对不足对模块化服务合作产生负面影响，从而影响制造企业的绩效及生产性服务价值的增加。

2.3.2.3　SMN 生产性服务模块成长上限基模生成

由 SMN 生产性服务能力成长上限子基模与质量水平子基模作并运算，得到 SMN 生产性服务模块成长上限基模，如图 2 - 10 所示。模型的左半部分为不断增强的正反馈环，右半边部分由两个负反馈环构成，即存在两个抑制模块化服务的变量：生产性服务能力、生产性服务质量水平，需要借助系统动力学的原理方针，寻求消除 SMN 生产性服务模块成长上限的管理对策。

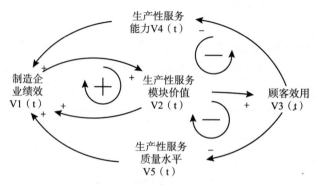

图 2 - 10　SMN 生产性服务模块成长上限基模 G3(t)

2.3.2.4　SMN 服务性生产能力成长上限子基模

SMN 服务性生产模块价值的实现是促进制造企业的绩效及顾客效用增值的又一重要因素，可建立 SMN 制造服务能力成长上限基模，如图 2 - 11 所示。

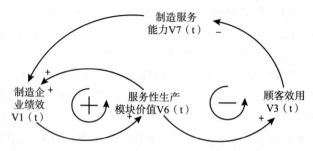

图 2 -11　SMN 制造服务能力成长上限基模 G4(t)

其中，左半部分是一个不断增强的正反馈环：制造企业绩效 V1(t)（+）→服务性生产模块价值 V6(t)（+）→制造企业绩效 V1(t)（+）；右半部分是一个产生抑制效应的负反馈环：服务性生产模块价值 V6(t)（+）→顾客效用 V3(t)（+）→制造服务能力 V7(t)（−）→制造企业绩效 V1(t)（+）。实施服务型制造的制造企业绩效与 SMN 服务性生产模块价值是正向加强型，制造企业绩效将随着服务性生产模块价值的增加而增加，以更好地满足 SMN 中的顾客效用。同样，随着顾客效用的增加，启动了服务性生产模块节点的制造服务能力因素的抑制作用，因为，顾客效用的增加，会致使服务性生产模块节点的制造服务能力相对不足，这种能力的相对不足同样不利于模块化服务合作，最终影响制造企业的绩效、模块价值的实现以及顾客效用增加。

2.3.2.5　SMN 服务性生产质量水平成长上限子基模

与生产性服务模块质量水平类似，服务性生产的质量水平是影响绩效与价值的重要因素，可建立 SMN 制造服务质量水平成长上限基模，如图 2−12 所示。

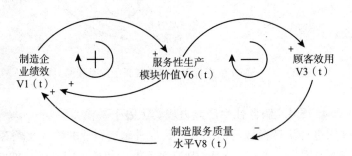

图 2−12　SMN 制造服务质量水平成长上限基模 G5(t)

图 2−12 中，左半部分是一个不断增强的正反馈环：制造企业绩效 V1(t)（+）→服务性生产模块价值 V6(t)（+）→制造企业绩效 V1(t)（+）；右半部分是一个产生抑制效应的负反馈环：服务性生产模块价值 V6(t)（+）→顾客效用 V3(t)（+）→制造服务质量水平 V7(t)（−）→制造企业绩效 V1(t)（+）。制造企业绩效与服务性生产模块价值互相促进，服务性生产模块价值的增加又会促进顾客效用的增强。同时，随着顾客效用的增加，启动了制造服务质量水平因素的抑制作用，因为，顾客效用的增加，顾客将对制造服务质量水平有更高的要求，即会致使服务性生产模块

节点的制造服务质量水平相对不足，这种质量水平的相对不足对模块化服务合作产生负面影响，从而影响制造企业的绩效及服务性生产价值的增加。

2.3.2.6　SMN 服务性生产模块成长上限基模生成

由 SMN 制造服务能力成长上限子基模与制造服务质量水平子基模作并运算，得到 SMN 服务性生产模块成长上限基模，如图 2 – 13 所示。模型的左半部分为不断增强的正反馈环，右半边部分由两个负反馈环构成，即存在两个抑制模块化服务的另外两个变量：制造服务能力、制造服务质量水平，同样，可以借助系统动力学的原理方针，寻求消除 SMN 服务性生产模块成长上限的管理对策。

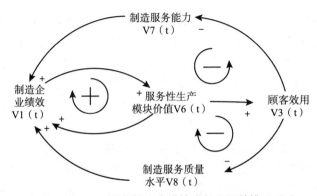

图 2 – 13　SMN 服务性生产模块成长上限基模 G6(t)

2.3.3　消除服务型制造网络模块化服务成长上限的对策基模

彼得·圣吉在其成名作《第五项修炼》中，对成长上限基模提出的相应管理方针是：不应推动"增强（成长）环路"，而应消除或减少限制来源，其目的就是要限制或消除不利因素的影响。以上 SMN 模块化服务成长上限基模不利因素主要是服务能力与质量水平相对不足的影响，因此，需要构建消除成长上限不利因素的对策基模。

2.3.3.1　生产性服务模块化外包对策基模

针对 SMN 生产性服务模块的成长上限问题，制造企业可以采取生产性服务模块化外包对策，即与专业服务企业合作，如将物流服务模块外包给第三方物流公司来进行。构建的对策基模如图 2 – 14 所示。

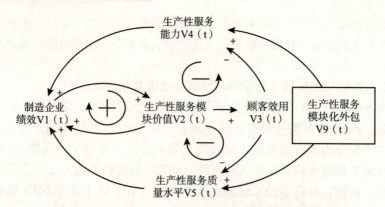

图 2 - 14　SMN 生产性服务模块化外包对策基模 G7(t)

图 2 - 14 所示的基模刻画，通过生产性服务模块化外包，消除了生产性服务能力不足与质量水平不足的问题，促使生产性服务能力 V4(t) 以及生产性服务质量水平 V5(t) 的负反馈环转化为正反馈环，更促进了制造企业绩效的增加，实现了顾客效用增值，即服务型制造中的顾客价值创造、服务价值创造更好实现。

2.3.3.2　生产性服务模块化延伸对策基模

除了实施生产性服务模块外包对策外，制造企业充分发挥自身优势，可以增加该方面的能力投资，即在价值链上向生产性服务方面延伸，通过整合企业本身的资源向服务领域渗透，同样也可以通过对策基模来刻画，如图 2 - 15 所示。

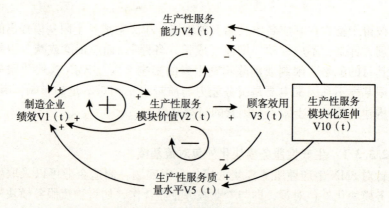

图 2 - 15　SMN 生产性服务模块化延伸对策基模 G8(t)

图中所示，通过生产性服务模块化延伸，同样也可以消除生产性服务能力不足的问题，同时改进质量水平，可以促使生产性服务能力 V4(t) 以及生产性服务质量水平 V5(t) 的负反馈环转化为正反馈环，达到绩效增加与效用增强的目的，实现制造模式的转变。

2.3.3.3　服务性生产模块化外包对策基模

针对 SMN 服务性生产模块的成长上限问题，制造企业可以采取服务性生产模块化外包对策，即将制造流程模块化，实行制造服务能力外包。构建的对策基模如图 2 - 16 所示。

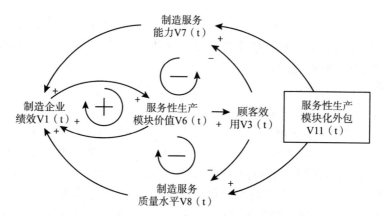

图 2 - 16　SMN 服务性生产模块化外包对策基模 G9(t)

图 2 - 16 所示的基模刻画，通过服务性生产模块化外包，促使制造服务能力 V7(t) 以及制造服务质量水平 V8(t) 的负反馈环转化为正反馈环，消除了制造服务能力不足与质量水平不足的问题。

2.3.4　服务型制造网络模块化服务合作基模分析

从 2.3.3 的分析可以看出，服务模块的外包或向服务领域价值延伸渗透都是消除服务型制造网络成长上限问题的主要策略。所以，服务型制造网络各模块之间的业务关系的本质是模块化服务合作，模块集成商与模块提供商之间是相互促进的合作关系，节点之间的模块化服务合作基模如图 2 - 17 所示。

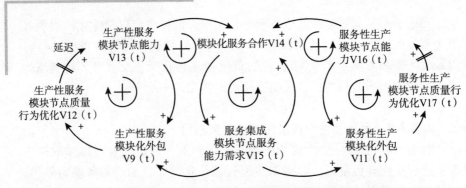

图 2 - 17 SMN 模块化服务合作基模 G10(t)

图 2 - 17 中所示的模块化服务合作受两个关键因素的影响，即节点能力和质量行为。图示服务模块集成商（节点）与生产性服务模块提供商（节点）之间的增强反馈环为：服务集成模块节点能力需求 V15(t)(+)→生产性服务模块化外包 V9(t)(+)→生产性服务模块节点质量行为优化 V12(t)(+)→生产性服务模块节点能力 V13(t)(+)→模块化服务合作 V14(t)(+)→服务集成模块节点能力需求 V15(t)(+)；服务模块集成商（节点）与服务性生产模块提供商（节点）之间的增强反馈环为：服务集成模块节点能力需求 V15(t)(+)→服务性生产模块化外包 V11(t)(+)→服务性生产模块节点质量行为优化 V17(t)(+)→服务性生产模块节点能力 V16(t)(+)→模块化服务合作 V14(t)(+)→服务集成模块节点能力需求 V15(t)(+)。对各模块节点而言，通过模块化服务合作有助于增强质量水平与服务能力，即节点内部也存在相互促进的增强反馈环：生产性服务模块化外包 V9(t)(+)→生产性服务模块节点质量行为优化 V12(t)(+)→生产性服务模块节点能力 V13(t)(+)→生产性服务模块化外包 V9(t)(+)；服务性生产模块化外包 V11(t)(+)→服务性生产模块节点质量行为优化 V17(t)(+)→服务性生产模块节点能力 V16(t)(+)→服务性生产模块化外包 V11(t) (+)；服务集成模块节点能力需求 V15(t)(+)→模块化服务合作 V14(t)(+)→服务集成模块节点能力需求 V15(t)(+)。

以上增强的正反馈环说明，服务型制造网络节点间模块化服务是通过能力合作与质量行为的优化改进的相互促进而实现的，图示刻画出了服务型制造网络是一种能力需求导向的模块化服务网络的本质，研究其节点质量行为与节点能力存在必然的关联性。

2.4

服务型制造网络节点能力和质量行为调查

2.4.1　调查目的

服务型制造网络中包含了许多制造企业和服务企业，为了解各节点企业的服务能力及其融合发展的行为情况，特通过问卷调查，以作为本书研究的初步数据。其中，问卷涉及的服务包含专业性、广义的服务。通过此问卷调查，了解我国企业基于业务流程的模块化服务能力现状，有助于从实证维度探讨我国制造业、服务业及其融合发展形成的服务型制造网络的能力与质量行为。

2.4.2　调查方法与数据来源

2.4.2.1　调查区域

基于服务经济的时代性特征，调查区域主要考虑了经济较发达地区并兼顾其他地区，以更好地反映出中国制造企业和服务企业的模块化服务能力，本次研究拟定选取了制造业与服务业发展较为发达的沿海四大省市及中部江西省的部分企业作为调研区域。

上海市：中国大陆第一大城市，是中国大陆的经济、金融、贸易和航运中心。有着深厚的制造业和服务业基础、科研力量以及优秀的人才资源，并且对外开放程度较高，资本相对集中，在生产技术水平上名列全国前茅。

广东省：作为我国对外开放最早的区域，走在中国经济改革开放的前列，是很多知名企业的聚集地，连续十几年经济领先中国其他省份，并一直以较高的增长速度引领全国的发展。

浙江省：浙江省工业基础较好，并有国家批准的一类口岸 10 个，省级批准的二类口岸 10 个。有 67 个市县对外国人开放，37 个市县列为沿海经济开放区，是制造业和服务业的代表性区域。

江苏省：中国的经济大省，服务业相对其他省市发展迅速，经济结构优化较快。先进制造业水平提升,服务业特别是现代服务业增长加快、比重上升,实现服务业的大幅度增值。

江西省:作为中部崛起的重要省份,区位优势优越,交通便利,该省的制造业、服务业发展潜力巨大,因此选择江西省作为典型的中部区域。

2.4.2.2 调查对象

本次调查的对象主要有大型国有制造企业、服务企业。另外,为了使数据具有代表性和全面性,还选择了一些民营企业及少数外资企业,其中部分包括:上海航空发动机制造股份有限公司、牛津仪器(上海)有限公司、上海复星高科技有限公司、上海骏昌霓虹光管有限公司、上海中联供应服务公司、广东格兰仕集团有限公司、广州海威服务公司、深圳市艾立克电子有限公司、深圳崇达电路技术股份有限公司、广州松兴电器有限公司、麦德美科技(苏州)有限公司、南京华士电子有限公司、浙江新亚纺织机械有限公司、温州鹏润国美电器有限公司、水山机械(嘉兴)有限公司、浙江中宝实业控股股份有限公司、洪都航空工业集团、江铃控股有限公司、神舟信息安全评估有限公司、江西东华机械有限责任有限公司、恒源科技有限公司、江西昌顺物流等企业。

本次调查的人员对象选择主要是公司经理、技术部门、管理部门及其他相关人员。

2.4.2.3 调查方法及数据说明

本次调查主要采用电子问卷与现场咨询相结合的方式,电子问卷的方式主要是通过电子邮件或QQ在线将问卷发送至被访问人,被访问人直接可以在电子文档中填写问卷便可以提交结果;现场咨询主要是通过对南昌市及周边附件的部分企业,如江西昌顺物流、江西东华机械有限责任有限公司、洪都航空工业集团等企业进行现场咨询以获得相关数据。本次调查共发放问卷150份,其中制造企业85份,服务企业65份,收回问卷91份,其中有效问卷68份。有效回收率分别为:制造企业48.2%,服务企业41.5%,总的有效回收率为45.3%,样本分布结果如表2-2所示:

表 2 – 2　　　　　　　　　　问卷发放与回收情况统计

所在区域	江西		广东		浙江		上海		江苏		其他		总计	
企业性质	制造	服务	制造	服务	制造	服务	制造	服务	制造	服务	制造	服务	制造	服务
发放数	20	15	20	10	10	10	10	10	15	10	10	10	85	65
收回有效数	12	11	9	4	3	2	6	5	8	2	3	3	41	27
回收率（%）	60	73.3	45	40	30	20	60	50	53.3	20	30	30	48.2	41.5

本次调查问卷发放的主要对象为公司的主管人员及员工，并有 4 年以上的从业经验，调查样本具有一定程度的实践代表性，其分布情况是：员工 21%，主管人员 48%，经理人员 20%，高层人员 11%。

2.4.3　调查内容与结果分析

为了解针对制造企业、服务企业模块化服务能力及其融合发展的质量行为的现实情况，设计合理的调查内容。本次调查内容主要包括以下几个方面：

（1）企业服务意识的调查：主要调查企业（包括制造企业和服务企业）自身的服务意识；

（2）企业对客户服务能力需求的调查：主要调查客户对该企业产品或服务的要求；

（3）企业服务能力现状的调查：主要调查企业目前的服务能力；

（4）企业主要服务方式的调查：主要调查企业提供产品或服务的主要方式；

（5）企业对服务质量行为的调查：主要调查企业提供的产品或服务的质量行为状况。

李克特量表法是国内外问卷调查设计的一般方法，本次调查也采用该方法，对每个问题选项进行打分。即用 1 到 5 分别表示从非常不同意到非常同意，设置分值分别为 1、2、3、4、5。根据全部有效回收问卷的统计结果，采用描述性统计，计算每个选项的均值和方差，描述性统计结果如表 2 – 3 所示。

表2-3

问卷调查的描述性统计结果

序号		问题选项	全部		江西		广东		浙江		上海		江苏		其他	
			均值	方差	均值	方差	均值	方差	均值	方差	均值	方差	均值	方差	均值	方差
1	服务意识	A. 提供面向顾客需求的服务已成为主要的竞争手段	4.55	0.57	4.42	0.68	4.64	0.46	5.00	0.00	4.40	0.72	4.63	0.47	4.50	0.50
		B. 提供模块化的产品和服务已成为公司未来发展的趋势	4.11	0.67	3.96	0.65	4.21	0.56	4.40	0.40	4.40	0.48	4.50	0.50	3.63	1.47
		C. 从企业层面上来说，公司所提供的产品都是一项服务	4.30	0.64	4.22	0.68	4.29	0.61	4.00	0.67	4.60	0.48	4.25	0.56	4.63	0.47
		D. 公司有面向客户提供个性化服务的意愿	4.06	0.70	4.00	0.58	4.29	0.71	3.80	0.53	4.40	0.72	3.88	0.94	4.00	0.75
		E. 制造业与服务业在服务领域相融合是大势所趋	4.14	0.70	3.96	0.64	4.14	0.86	4.40	0.40	4.00	0.40	4.75	0.38	4.00	0.75
2	服务能力需求	A. 公司业务范围需要沿价值链延伸到终端消费者	3.86	0.85	3.79	0.84	4.00	0.71	3.80	0.53	3.40	1.28	3.75	0.81	4.25	0.75
		B. 客户注重产品质量的不断提升	4.48	0.61	4.25	0.63	4.57	0.49	4.80	0.27	4.20	1.28	4.75	0.38	4.75	0.38
		C. 客户选择产品或者服务时，会优先考虑公司的规模和声誉	4.19	0.61	4.17	0.56	4.36	0.55	4.00	0.33	4.20	0.96	3.75	0.56	4.50	0.63
		D. 客户要求周到服务的同时更注重高效率	4.38	0.68	4.29	0.65	4.36	0.55	3.80	0.93	4.20	1.28	4.63	0.47	4.88	0.22
		E. 当前客户期待公司提供更多的个性化定制服务	3.91	0.69	3.92	0.62	4.07	0.66	3.80	0.53	3.20	0.72	4.13	0.66	3.88	0.66
		F. 当前客户更追求一种消费体验和心理满足	3.45	0.87	3.67	0.75	3.71	0.61	3.20	1.47	2.40	1.28	3.38	0.72	3.25	0.75

续表

序号		问题选项	全部 均值	全部 方差	江西 均值	江西 方差	广东 均值	广东 方差	浙江 均值	浙江 方差	上海 均值	上海 方差	江苏 均值	江苏 方差	其他 均值	其他 方差
3	服务能力现状	A. 公司在该行业中有竞争优势，占据行业领先位置	3.86	0.70	3.71	0.75	4.00	0.71	4.20	0.53	3.80	0.64	4.00	0.50	3.75	0.88
		B. 公司对顾客需求可以做到快速响应	3.89	0.63	3.79	0.71	3.86	0.63	4.00	0.33	4.40	0.48	4.00	0.50	3.75	0.81
		C. 公司可以提供有竞争力的个性化服务	3.64	0.71	3.58	0.74	3.71	0.65	3.40	0.40	3.80	1.04	3.75	0.63	3.63	0.63
		D. 公司注重产品的创新和多样化，而较少关注服务	2.70	0.87	3.00	0.83	2.71	0.76	2.40	0.60	2.60	0.64	1.88	0.66	2.88	0.91
		E. 公司主导产品或服务的质量有好的声誉，成为行业标	3.69	0.81	3.71	0.83	3.86	0.63	4.00	0.00	3.80	0.64	3.25	1.19	3.50	1.13
		F. 公司拥有功能完善的产品服务系统和分销渠道	3.75	0.84	3.67	0.75	4.14	0.61	4.40	0.60	3.40	1.12	3.38	1.03	3.50	1.13
4	主要服务方式	A. 公司提供专业性、模块化的生产性服务	3.77	0.78	3.88	0.60	4.00	0.71	2.40	0.60	4.00	0.40	3.88	0.66	3.63	0.97
		B. 公司面向终端消费者实行个性化定制和全程参与设计	3.27	0.92	3.38	0.88	3.29	0.69	1.80	0.27	2.80	1.36	3.50	1.00	3.88	0.44
		C. 公司提供制造流程模块化服务	3.41	0.76	3.33	0.72	3.64	0.55	2.00	0.67	3.80	0.72	3.75	0.56	3.50	0.75
		D. 公司与行业内多众公司形成协同网络，共同服务	3.11	0.94	3.21	0.98	3.21	0.82	3.00	0.67	3.00	1.20	2.63	0.81	3.25	1.25
5	服务质量行为	A. 公司在满足最低质量标准前提下，被动适应客户质量要求	2.47	0.92	3.21	0.68	2.29	0.86	1.80	0.53	1.80	0.64	1.88	0.66	2.00	0.75
		B. 公司与上下游企业的价格及质量保证的谈判能力不足	2.94	0.77	3.33	0.69	2.50	0.79	3.00	0.33	2.60	0.72	2.88	0.91	2.75	1.00

续表

序号	问题选项	全部		江西		广东		浙江		上海		江苏		其他	
		均值	方差	均值	方差	均值	方差	均值	方差	均值	方差	均值	方差	均值	方差
5	C. 公司的业务只受到一家或一定范围主要客户的制约	2.92	0.91	3.33	0.81	2.64	0.79	2.00	0.67	2.40	0.88	3.25	1.00	2.75	1.06
	D. 公司在达到标准的前提下，利用剩余能力实现更高品质	3.64	0.68	3.67	0.58	3.43	0.71	4.40	0.40	3.40	0.96	3.63	0.56	3.63	0.88
	E. 公司对供应商主要以合约的形式实施服务质量控制	3.78	0.52	3.67	0.56	3.57	0.61	4.20	0.27	4.20	0.32	3.63	0.56	4.13	0.66
	F. 公司合作伙伴广泛，不依赖于一家或一定范围的客户	4.02	0.68	3.83	0.65	4.21	0.79	4.60	0.40	4.20	0.64	3.63	1.06	4.13	0.66
	G. 公司不断追求有能力实现更高品质的产品或服务	4.11	0.56	3.96	0.48	4.21	0.56	4.20	0.53	4.20	0.64	4.25	0.56	4.13	0.66
	H. 公司有专门的外包承包商	3.17	1.07	3.46	0.81	3.21	0.82	2.80	1.20	4.00	0.80	2.13	0.94	3.00	1.25
	I. 公司开始转变为接受外包的专业化企业	2.67	0.97	3.38	0.84	2.29	0.90	2.20	0.60	3.00	0.00	2.00	0.75	2.00	0.75
	J. 上下游企业对公司有依赖性，公司成为上下游网络的核心	2.81	0.97	3.08	0.85	2.86	1.00	2.60	0.93	2.80	0.72	2.13	0.69	2.75	1.06
	K. 公司提供模块化服务，实施模块化协同的质量控制	3.38	0.86	3.38	0.84	3.79	0.67	3.40	0.73	2.80	0.64	3.13	0.88	3.25	1.06
	L. 服务能力是影响公司质量行为的关键因素	3.72	0.74	3.67	0.72	3.86	0.76	4.60	0.40	3.40	0.48	3.38	0.78	3.63	0.88

服务质量行为

注：同意程度："1"为非常不同意，"5"为非常同意，"3"为一般同意，"2"为一般不同意，"4"介于一般同意和非常同意之间，"4"介于非常不同意和一般同意之间。

从表 2 - 3 的问卷调查统计结果中可以得到以下结论：

（1）从服务意识 5 个选项的统计结果中可以看出，各个被调查者打分的整体均值和方差的差距都不大，总体均值均大于 4，这说明不同地区的企业对服务意识都比较重视，且对于加强企业自身服务意识的观念差异不大。其中，对于"提供面向顾客需求的服务已成为主要的竞争手段"的总体均值达 4.55，说明服务是企业竞争的价值创造来源，该项的方差打分，浙江企业的为 0，可见浙江的企业都非常认同面向顾客需求的服务是增强自身竞争力的主要手段；在"提供模块化的产品和服务已成为公司未来发展的趋势"的打分中，其他区域企业方差的打分为 1.47，这说明就这点而言，其他地方企业的看法存在较大的不同；从选项 D 中来看，沿海城市关于对客户提供个性化服务的意愿比内陆城市要强烈很多，都达到了 0.7 以上；对"制造业与服务业在服务领域相融合是大势所趋"打分的均值为 4.14，说明各地对两业融合的服务型制造已达成共识。

（2）从服务能力需求 6 个选项的统计结果中可以看出，各个被调查者打分的整体均值在 3.4 ~ 4.5 之间，说明客户对服务能力需求的要求较高，各企业应在价值链延伸、产品质量提升、公司规模和声誉、服务效率、个性化定制服务、消费体验和心理满足等方面满足客户的需求。

（3）从企业服务能力现状 6 个选项的统计结果中可以看出，各个被调查者打分的整体均值中，5 个选项的分值都在 3.6 ~ 3.9 之间，方差为 0.6 ~ 0.9，这说明企业在对服务能力现状方面存在差异性。其中，各地方企业对于"公司注重产品的创新和多样化，而较少关注服务"打分的均值基本上都在 3 分以下，说明各企业对"较少关注服务"不太认同，即企业除了要注重产品的创新和多样化外，更应该发挥服务在企业中的作用。

（4）从主要服务方式 4 个选项的统计结果中可以看出，各个被调查者打分的整体均值相对服务能力现状的统计结果而言都有所下降，这说明企业的服务能力并没有全部转化到企业的主要服务方式上来，一些较为主要的服务方式都还没能在各地企业中得到良好的应用。但 4 个选项的结果均值都大于 3，说明各企业对调查中涉及的服务方式持肯定态度，只是在形式上有一定差异性。总的看来，提供专业性、模块化的生产性服务，面向终端消费者实行个性化定制和顾客全程参与设计，提供制造流程模块化服务等形式在各企业中都有表现，可见，服务方式更加多样化。

（5）该部分的问题选项较多，从结果看，有以下几种情况：从 A 到 D 的选项看，前三项的打分的均值都小于 3，说明大部分企业不太认同选项的内容，从另一个角度说明，只是少部分能力不足的企业采取被动适应的质量行为措施，同时，D项的结果表明，企业在能力剩余情况下将会主动提高产品质量水平；从E到G选项看，分值在4分左右，说明大部分企业都会根据自身优势参与竞争合作，并且合约形式是控制质量的主要行为，且具有广泛的合作伙伴；从H至K的选项看，分值差异较大，其中"公司开始转变为接受外包的专业化企业"，"上下游企业对公司有依赖性，公司成为上下游网络的核心"两项的分值小于3，说明参与调查的企业中，少部分企业具有核心能力优势可成为合作网络的核心企业，有能力的企业在质量行为方面将有新的变化；选项K表明，模块化质量协同部分企业比较认同；从选项L看，分值是3.72，说明"服务能力是影响公司质量行为的关键因素"这一观点基本在企业实际中达成共识。

2.4.4　调查结果的启示

2.4.4.1　服务型制造网络的形成具有必然性

综合调查问卷的实际情况，大部分制造企业与服务企业的工作人员认为制造业与服务业融合发展是大势所趋，提供模块化产品和服务是企业发展趋势。在服务能力需求方面客户有更多的个性化定制需求，企业在提供能力服务方面表现出更多的专业性、模块化特性，且与客户的个性化定制需求形成匹配关系，顾客将全程参与设计、制造等环节，许多制造企业与服务企业相互合作，且与行业内众多公司形成协同网络关系，共同向顾客终端提供服务。这些企业的共同认识、能力需求及能力提供的现状表明，服务型制造网络的形成具有必然性，开展服务型制造网络的相关问题研究是有意义的。

2.4.4.2　服务型制造网络节点能力具有差异性

服务型制造网络中，各类制造企业和服务企业的模块化服务构成了网络能力合作的纽带，将各类企业组合成模块化服务组织，能力需求链与能力服务链贯穿其中，节点企业的能力需求与提供、匹配关系将对服务型制造网络的运行产生重要影响，即能力链是关键因素。事实上，各企业在行业竞争优势、顾客快速响应、个性化服务、服务创新及产品服务系统分销渠道等各方面都存在差异性。因此，各节点企业能力是存在差异的，结合实际情况，从理论上建立服务型制造网络节点能力差异的分析框架具有重要意义。

2.4.4.3　服务型制造网络节点质量行为具有多样性

从调查结果分析中看出，服务型制造网络节点的质量行为存在多种形式：被动适应、合约控制、模块化协同等，不同形式的质量行为的产生有其内在原因，其中节点能力的差异是重要因素。因此，研究基于能力差异的服务型制造网络节点质量行为问题，探讨在不同能力状态下的节点企业对模块化服务质量的提供、监督、控制、协调等，尤其是从理论上探索其能力差异的节点多样性质量行为规律并将其数学描述具有很重要的意义。

2.5

本章小结

服务型制造是服务经济环境下制造业与服务业融合发展的新制造模式，这一制造模式是从传统的产品制造向产品服务系统和整体解决方案的转变，提供"产品 + 服务"这一广义产品的价值形态。服务型制造模式下，通过业务流程的模块化服务实现资源价值、顾客价值、绿色价值及服务价值的创造。

服务型制造网络的概念、内涵、结构等与产品供应链、服务供应链、模块化组织紧密相关。本章分析了服务型制造网络概念的演化及结构模型，认为服务型制造网络是制造业和服务业融合发展过程中，在服务需求及服务能力驱动下，由制造企业、服务企业的相关部门或人员以及顾客组成的价值模块节点单元构成的一种能力与需求合作网络，包括两种结构模式：有主导企业的支配型价值模块集成模式，无主导企业的平等型价值模块集成模式。两种模式均由服务性生产模块节点、生产性服务模块节点、顾客效用服务模块节点以及服务集成模块节点四种类型的节点构成。文章分析了服务型制造网络的内涵特征，与传统供应链、虚拟企业等网络组织进行了对比，认为服务型制造网络是一种复杂的制造服务混合供应链系统，其本质是一种能力需求导向的模块化服务网络。

服务型制造网络的模块化服务与节点能力及其质量行为有关。本章运用系统动力学基模分析技术构建了服务型制造网络模块化服务能力成长上限基模、质量水平成长上限基模、对策基模及模块化服务合作基模，从理论上进一步揭示了服务型制造网络是能力需求导向的模块化服务网络的本质；通过对沿海四大省市及江西省部分制造企业、服务企业的服务能力与质量行为调查，从实证角度说明了服务型制造网络的形成具有必然性，其节点能力具有差异性，节点质量行为具有多样性，开展服务型制造网络节点质量行为研究具有重要意义。

第3章

基于能力差异的 SMN 节点
质量行为分析框架

由第 2 章的分析可知,服务型制造网络由许多价值模块节点构成,在 SMN 中,各价值模块相互提供能力服务,SMN 节点的质量行为对整个网络组织的质量管理具有重要影响。本章基于各价值模块节点能力差异,从宏观上提出一个 SMN 节点质量行为框架的概念模型,为第 4 章至第 7 章的研究提供分析框架。本章的逻辑安排如下:首先,从企业能力理论的演进入手分析企业能力的内涵,说明企业能力的层次性差异;其次,从 SMN 节点能力的内涵、节点能力差异的缘由分析 SMN 节点能力差异性;再次,结合企业合作行为与质量理念的演进,分析 SMN 节点质量行为的理论基础,从而界定 SMN 节点质量行为的内涵;最后,综合本章前 3 节的观点,提出基于能力差异的 SMN 节点质量行为分析框架模型。

3.1
企业能力理论

3.1.1 企业能力理论的演进

企业能力理论的最初的思想萌芽可以追溯到 Adam Smith (1776)[121]的劳动分工理论、Alfred Marshall (1925)[122]的企业内部成长论、Edith Penrose (1959)[123]的企业成长论理论。Edith Penrose 用管理资源与经验知识来解释企业间形成的差异,这一观点被后来基于资源的能力观所吸收[124]。至 20 世纪 90 年代,企业能力理论作为一种全新战略管理理论得以兴起,主要研究企业与环境变量之间的适应性及其竞争优势的获取,即企业能力状况决定了企业的竞争优势[125]。根据企业能力理论发展的时间先后，这一理论共经历了企业资源能力论、企业核心能力论、企业动态能力论、企业知识能力论四个阶段[125~127]，如表3-1所示。

表3-1　　　　　　　　　　企业能力理论的演进

企业能力理论发展阶段	主要观点	代表人物
企业资源能力论	企业组织都是独特的资源和能力的结合体，这一结合体形成了企业竞争战略的基础，企业能力是配置资源的才能，通常采用与组织流程结合的方式来实现一个意愿的结果	Penrose，1959；Wernerfelt，1984；Barney，1986；Dierickx and Cool，1989；Peteraf，1993；Coll ins and Montgomery，1995
企业核心能力论	企业是核心能力的独特集合体，企业的长期竞争优势来自于企业的核心能力；核心能力是组织中协调各种生产技能和整合各种技术的积累性学识	Prahalad and Harmal，1990；Barton，1992；Foss，1992
企业动态能力论	企业必须具有不断整合、建立、重构企业内务部能力以适应环境快速变化的动态能力	Teece，Pisano and Shun，1977；Zollo and Winter，2002；Zott，2002
企业知识能力论	知识尤其是隐性知识是企业核心能力的基础，企业核心能力是使企业独具特色并为企业带来竞争优势的知识体系	Kogut and Zander，1992，1993；Spender，1996

从以上四个阶段的理论发展看，企业能力理论关注的焦点是企业如何从投入的要素的角度获取竞争优势，即投入的要素在不同的阶段有不同的理解。资源基础能力论强调投入要素的资源配置；企业核心能力关注要素的协调以形成独特效应，具有稀缺性和不可模仿性特征；企业知识基础能力论注重知识体系的创造和利用；企业动态能力论将静态要素转向动态分析，注重要素的整合、建立与重构以提升企业异质性能力。

3.1.2　企业能力的内涵

从企业能力理论的发展进程中看，许多学者实质上都是将能力作为企业竞争优势的重要来源，将企业看成一个能力体系，这个体系是投入要素的各种组合，形成不同的内涵理解。如 Richardson G. B. （1972）[128]认为企业能力是企业组织所积累的知识经历和技能等，企业能力决定了企业的行为活动。Alfred D. C.（1990）[129]将企业能力看做是企业发展过程中基于规模经济和范围经济的生产能力、营销能力以及管理技能，是物质设施与人力资源的能力的集合。而 Niolai Foss（1998）[130]认为企业能力不仅是指物质资源或人力资源的集合，更是指企业所拥有的人与人之间、人与组织之间以及人与其他资源之间相互协调的一种模式。张钢（2001）[131]从技术转移的角度认为企业能力是以信息处理为基础的企业相关资源运用和操作过程，是通过企业资源间的相互作用逐渐发展起来的专有资源集合。张笑楠（2011）[125]认为企业能力是企业在经营过程中，通过企业制度的影响优化整合资源所体现的企业自身素质，这种素质产生于企业组织之中并服务于组织，蕴涵于企业的管理行为和业务流程之中，是企业在发展过程中逐步形成的资源载体。

以上观点均是从要素投入的角度来分析，事实上要素投入的最终目的是获得更好的产出，因此，企业能力的最终体现应是要素投入组合后的产出能力，为此，本书认为企业能力是企业经营过程内外资源要素经建立、整合与重构后所具有的最高产出水平，这一定义包含了以上四阶段能力论的主要观点，具有以下内涵特征：

（1）企业能力是各种资源要素的组合体。这种资源要素是广义的概念，包括企业内部的和企业外部的硬件资源与软件资源，硬件资源如企业设施设备、厂房等，软件资源如企业知识。资源要素的提供体现在经营过程的管理行为与业务流程之中，资源要素的提供过程本质是流程的服务过程，资源要素的组合方式不同，企业能力形成差异。

（2）企业能力需经过资源要素建立、整合与重构的过程。资源要素仅有投入还不能产生较好的企业能力，必须经历把企业内外资源的建立，经整合与重构后才能得到理想效果，即具有核心能力优势，而组合与重构的过程又是一个动态的过程。

（3）企业能力最终反映为资源要素投入的最高产出水平。即用最高产出水平来最终衡量企业能力的大小，可以用具体的量化值转换进行核定。产出水平不足也就表现为能力的需求，需要企业能力的内部提升或外部采购。

3.1.3 企业能力的层次性差异

以上定义中所指的最高产出水平反映了企业能力的大小，从另一个角度亦可以解释企业能力的差异，即企业能力具有层次性，企业能力的大小是一个阶梯式的递进发展过程，企业能力的层次不同决定了企业能力的差异性。康荣平（2000）[132]提出企业能力可分为三个层次，包括基本能力、亚核心能力和核心能力。齐庆祝（2004）[133]根据企业竞争优势水平也将企业能力分为三个层次，包括基本能力、竞争能力和卓越能力。李瑾（2006）[134]从复杂系统科学中涌现现象的角度解释企业能力的层次性，并从势函数的角度对企业能力层次演进进行科学解释。

在企业能力层次体系中，每一层次的能力都具有一定的特征，包括一般能力和特殊能力，一般能力是指组织或个人在各种活动中展示的共同能力，是行为主体有效地掌握信息和顺利地完成活动所必不可少的条件。特殊能力是指在某些特殊领域的活动中所表现出来的能力。一般能力与特殊能力在发展中相互作用，形成有机整体，保证相关行为的完成。高一级的能力层次更具有特殊性，代表了更高水平的竞争优势。企业能力层次由低到高的演变过程，是企业能力由"点"到"链"，由"链"到"网"的发展过程，能力层次越高，所获取的资源要素就越多，接触的业务就越广，实现的难度就越大，具有的竞争优势越强，即企业只具备低层的基础能力时其能力优势较弱，具备中层的竞争能力时有比较优势，具备高层卓越的核心能力时其能力优势较强，如图3-1所示。

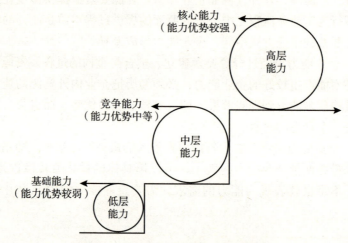

图3-1 企业能力的层次性及其优势

资料来源：参考了齐庆祝（2004）的观点修改绘制[133]。

3. 2

SMN 节点能力差异分析

3.2.1　SMN 价值模块节点能力

在服务型制造网络中，包含制造企业、服务企业及顾客三大主体，构成了网络的节点体系，共同完成服务型制造的价值模块功能，主要有服务性生产模块（如制造过程外包），生产性服务模块（如设计、物流等业务流程外包），顾客效用模块（如个性化定制等）。各模块提供商即节点企业依据自身能力承担了各自的职能，但其宗旨都是为整个网络创造更多的价值。借助商业创新与知识共享，模块化的价值服务将一个企业的业务活动与其供应商网络结合得更紧密。而模块化服务职能的完成情况取决于各模块节点在特定时期的能力，即为关联价值模块节点提供价值增值创造的服务能力。SMN 中，其节点间相互提供的服务能力是在特定的技术条件和服务需求下，单位时间内价值模块节点所具有的最高产出水平，从构成要素看，包括硬能力与软能力。硬能力是价值模块节点所具有的实体资源，如加工设备、物流设备及信息处理设备等；软能力是价值模块节点在服务价值创造过程中所表现的服务管理水平，如服务竞争力、服务创新能力、服务合作能力等。对于以上三类不同模块节点，其能力的内涵表现不同，除了需要具备共同的一般能力以及技术要求的硬能力外，主要是指具有其特定功能的特殊能力以及体现服务管理水平的软能力。特殊能力与软能力是价值模块节点能力差异的重要体现，也是节点选择的主要依据。在 SMN 中，三类价值模块节点的能力内涵如表 3 - 2 所示。

表 3 - 2　　　　　　　　三类价值模块节点的能力内涵

节点类型	能力内涵
服务性生产价值模块节点	制造流程模块化外包的产出水平，如加工设备、加工网点数量、技术先进程度、批量生产柔性、服务创新回报率、质量管理体系的兼容性等
生产性服务价值模块节点	生产性服务业务模块化外包或制造企业服务业务模块延伸的产出水平，如仓储规模与结构、运输工具规模与结构、营销网点与规模、金融机构联合点与规模、便利性支持、客户关系处理能力等
顾客效用服务价值模块节点	顾客参与产品形成过程的产出水平，即由顾客参与而得到的效用提升水平，如顾客满意度、市场柔性、个性化定制水平、口碑效应、应急处理能力等

SMN 中，不同类型的价值模块节点根据自身能力的特性，相互组成合作关系。节点的服务能力通常可分为两类：一类是通用性能力（General Ability）；另一类是专用性能力（Special Ability）。通用性能力是所有能力集成节点都可以使用的，即可以满足多方要求的能力，根据第二章 SMN 的结构模型分析，服务模块提供商可以为多个服务模块集成商服务；专用性能力是额外能力，即服务模块提供商专门为服务模块集成商设立的专用能力，如第三方物流公司在为某汽车制造商提供物流服务时专门建立的信息系统。节点的合作模式是建立在能力差异基础上的，为了保证有效的合作，服务模块提供商除了要满足一般的通用能力外通常给予一部分额外保证的专用性能力。

3.2.2　SMN 价值模块节点能力差异缘由

3.2.2.1　不同类型节点之间的能力差异

不同类型的节点，其技术要求不同，节点合作的宗旨也不同，因此，服务能力是价值创造过程中分工差异的自然结果。不同类型的节点资源、核心业务、关键技术及工作内容不同，其能力需要的侧重点也不同。服务性生产价值模块节点的能力侧重于制造流程外包的技术特征要求，而生产性服务价值模块节点的能力则侧重于服务业价值的创造，是制造与服务融合或渗透所需的能力，顾客效用价值模块节点则是顾客的参与程度为其能力提升起重要作用。

3.2.2.2　同种类型节点之间的能力差异

同种类型节点，由于其有形设施、知识技能以及资源配置所形成的服务水平组合不同，其服务能力存在差异。根据节点服务需求与服务能力的匹配关系，存在需求过剩、能力过剩或能力平衡等状态。各价值模块节点能力与服务需求的匹配程度客观上决定了横向比较的能力差异性。

3.2.2.3　同一节点在不同需求下的能力差异

对于任何节点来说，一定时期的服务能力都是相对固定和有限的，但服务需求则可能出现周期性及随机性变化，因此，基于能力的节点需求匹配存在客观变化，对服务能力的要求自然存在差异，即在技术条件和服务需求变化情况下，单位时间内价值模块节点所具有的最高产出水平将发生变化，节点能力存在差异性，节点之间的能力优势也将随之改变。

3.2.3　SMN 价值模块节点能力层次性差异

基于企业能力理论分析及 SMN 价值模块节点的能力差异性，SMN 价值模块节点能力亦存在层次性差异，即服务模块集成商、服务性生产模块提供商、生产性服务模块提供商等各类节点企业存在基础能力优势、竞争能力优势及核心能力优势三种情况，如图 3－2 所示。

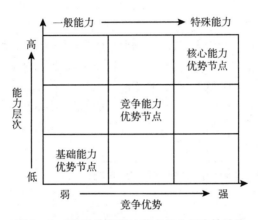

图 3－2　SMN 价值模块节点能力层次性差异

3.2.3.1　基础能力优势节点

SMN 中基础能力优势节点是指处于低层能力层次，具有 SMN 能力合作的一般能力，特殊能力与竞争优势较弱的服务模块提供商。价值模块节点间的硬能力和软能力处于相互适应与磨合状态，能力结构之间协调性差，在市场竞争中处于弱势地位，这一类节点企业具备一定的生存能力，尚不具备大范围的市场竞争能力，往往是与服务模块集成商初步合作或创办初期的节点企业，与服务模块集成商是适应性的能力合作关系，服务水平相对较低。

3.2.3.2　竞争能力优势节点

SMN 中有竞争能力优势节点是指处于中层能力层次，同时具有 SMN 能力合作的一般能力与部分特殊能力，具有比较竞争优势的服务模块提供商。这一类节点 SMN 各价值模块节点的硬能力和软能力在结构上具有相对协调性，在时间和空间范围内有了较大的扩张，具备了在一定区域范围内的市场竞争能力。各节点根据自身的实力和内外部环境条件的约束，在其有竞争优势的相关价值模块方面投入更多资源发展，如产品的研发模块、生产制造模块或物流模块，并在该价值模块中取得领先地位，以寻求更多更优的合作伙伴。这一类节点与服务模块集成商多为合约合作关系，具有较高的信誉和服务水平。

3.2.3.3　核心能力优势节点

SMN 中有核心能力优势节点是指处于高层能力层次，SMN 能力合作中具有很强的特殊能力，是有核心竞争优势的服务模块提供商或集成商。这一类节点 SMN 各价值模块节点的硬能力和软能力在结构上具有高度协同性，具有很强的核心竞争力。节点间模块化运作机制成熟，模块之间界面清晰，具有极高的自主实力水平并难于模仿的竞争能力，具有很强的环境适应能力，模块之间形成了自适应的协同自组织网络。

3.3

SMN 节点质量行为的理论基础

3.3.1　合作行为：协作、协调、协同

从历史演进逻辑看，潘开灵（2006）[135] 将管理的合作概括为协作——协调——协同三个阶段：早期的管理注重生产劳动过程的分工与合作，将产品的生产过程分解成多道工序，工序间形成多种劳动要素的协作；在分工协作的基础上，劳动要素需要在时间、数量与质量等方面更好的衔接，劳动要素的质与量的搭配要更加合理，即合作过程中需要协调；随着经济的发展，市场与社会需求度变化，劳动要素间的相互作用变得更加明显，企业间的合作提出了更高的要求，管理协同成为必然。

3.3.1.1　协作

基于经济学中劳动分工的思想，协作的实质是将制造产品的过程分解成明晰的作业任务并由不同的人或组织完成，产品的完成是这些任务再集

合的结果，其中涉及任务的组合搭配问题。因此，协作可以定义为劳动分工下的产品作业任务的组合过程，通过集合多个任务实施主体的劳动和能力，使组织整体劳动比个体独立劳动的简单累加更加有效。以切斯特·巴纳德（Chester Barnard）为代表的社会系统学派把企业组织中的人的相互关系看做是协作系统。巴纳德提出协作系统包含了"协作的意愿、共同的目标以及信息的沟通"三个基本要素，认为协作系统的形成是要素间相互作用的结果。产品的模块化是劳动分工演进的结果，促进了组织的模块化。在 SMN 中，节点间的模块化服务是基于各价值模块节点能力的组合结果，是模块能力集合协作的过程。

3.3.1.2　协调

协调的实质是在作业任务集合的基础上，进行劳动要素的时空、数量与质量的衔接配合，以实现资源和效率的最大化[135]。法约尔（Henri Fail）在《一般管理与工业管理》中提出了企业经营管理的六个职能，第一次提出了管理协调的机制，认为"协调是企业管理职能的协调，协调是连接、联合、调和所有活动及力量"[136]，他认为协调是一种平衡行为。卢瑟·古利克（Luther Gulick）进一步将法约尔的企业经营管理职能理论系统化，提出"计划、组织、人事、指挥、协调、报告以及预算"七个职能，认为协调就是为使企业在经营管理中各部门工作和谐一致，以共同实现企业目标的职能，且可以通过组织协调与思想协调两种途径实现企业的协调机制。以梅奥（Elson Mayo）为代表的早期行为科学理论对"协调"的认识是建立系统化的生产经营活动秩序，实现持久的工作集体的合作与协调。系统管理学派则以系统概念分析企业组织模式及管理功能，认为协调是实现组织整体优化的过程，要求局部或单一部门的优化以组织整体的优化为出发点。以上协调的观点都是从单个企业的经营活动过程看，从部门职能的角度进行合作的结果，对现代企业管理理论的发展起到积极作用，企业管理中的准时生产、均衡生产都体现基于流程或部门的协调特性，而组织或个人的行为关系则更强调协调的观点。服务型制造模式下，基于流程服务的合作更加促进了节点之间的协调行为，且流程的实施主体从企业内部的职能部门延伸到企业外部的模块单元，各模块单元竞争能力的协调从而达到整体优化是 SMN 有效运行的关键。

3.3.1.3　协同

1971 年，哈肯（Hake）发表了《协同学：一门协作的科学》，其中引入了协同的概念[137]，把协同定义为：系统的各部分之间相互协作，使整个系统形成微个体层次所不存在的新质的结构和特征。根据哈肯的观点，协同又称为"协同作用"，该作用产生的结果即为协同效应，即开放系统中大量子系统相互作用产生的集体效应或整体效应。在社会组织中，与自然界一样，都存在各种各样的子系统，子系统之间的相互作用的整体效应达到临界点时发生质变，及从无序变为有序。协同学中把系统的有序的方式称为"自组织"，过程称为"相变"，状态称为"涨落"。把影响系统有序的关键因素称为"序参量"，非关键因素称为"控制参量"，序参量决定各子系统的行为。当系统的外界控制参量未达到一定的阈值之前，各子系统的关系较弱，子系统之间呈现独立运动主导趋势，系统处于无序状态；当系统的外界控制参量不断接近阈值之时，各子系统的关系较强，子系统之间呈现关联运动主导趋势，系统处于有序结构状态，而其中序参量对有序结构起关键影响作用。在企业管理中，企业收购兼并、供应链管理、企业联盟、产业集群以及商业生态圈均是各企业子系统协同作用的结果。在企业生产过程中，利用现代管理与科学技术实行的企业资源计划（ERP）、计算机集成制造系统（CIMS）、柔性制造单元（FMC）、成组单元（GTC）等都是企业职能子系统协同的现象。以上现象都是企业利用自身能力优势进行整合、联盟与技术升级的过程，因此，从能力的角度看，这些企业协同现象是企业核心能力相互作用达到临界点的结果，是能力作用条件下呈现出的非平衡有序结构。在 SMN 中，模块化的流程服务在各模块单元核心能力的作用下趋于协同，形成模块化服务方式的"自组织"。

3.3.2 质量理念的演进

在质量管理理论的发展过程中，不同时期的学者对质量有不同的理解，质量的内涵经历了从技术性标准、经济性标准、心理性标准及价值性标准的深化和发展过程，在这个过程中，质量的概念经历了符合性质量、适用性质量、满意性质量及体验性质量的演化过程。

3.3.2.1 符合性质量

19 世纪初，泰勒提出了科学管理思想，提出把计划职能与执行职能分开，并独立设立质量检验职能，这一职能在 20 世纪初福特制大批量流水线生产中得到充分应用，即质量概念最初为符合性质量。基于这一事实，Crosby（1979）[138]认为"质量就是符合规定的技术标准"。这一概念是建立在检验质量管理、统计质量管理两种管理模式的基础上，其主要理念是"质量是检验出来的，质量是生产出来的"，注重事后检验的层层把关及数理统计方法的综合应用，将符合技术文件的要求作为管理的目标。章帆、刘建萍等（2007）[139]将符合性质量归纳为"依据标准对于对象做出合格与否的判断"。对象最初为零部件或制成品等实物产品，标准主要为产品标准和技术标准，判断方法为检验或试验，且经历了单件小批生产下的全数检验到大批量生产下的抽样检验[139]。由于产品是过程的结果，所以符合性质量概念的对象进一步扩展到过程，符合性质量的概念被应用到企业的所有过程的合格与否的判断，判断的方法也有检验与实验发展为确认、监视与验证，标准也从单纯的技术标准、产品标准发展为基于管理规范性的技术标准，即包含了产品本身的对应技术标准、产品标准以及管理通用的管理标准三大类，即质量管理体系标准[139]。而质量管理体系标准本身也属于技术性标准范畴，因此，从广义的角度，符合性质量的判断标准为技术性标准。可见，符合性质量是站在组织立场，以符合技术性标准的程度为依据来判断产品质量的优劣性的。

3.3.2.2 适用性质量

20 世纪初开始的第二次工业革命推进了生产技术的进步，出现了对生产系统过程的质量要求和顾客要求的关注，质量管理由质量检验阶段发展为统计控制的质量管理，质量的概念也由符合性质量发展为适用性质量。适用性质量的概念最早由质量管理大师约瑟夫 M. 朱兰（Joseph M. Juran）提出，朱兰认为"质量就是产品在使用时能够成功地满足顾客要求的程度，包括外部顾客和内部顾客"[140]。这一概念是"主观性的质量"，体现了全面质量管理的思想脉络，其管理理念是"质量是设计出来的，质量是管理出来的"，注重应用零缺陷管理法与 6σ 管理法等，将零缺陷、成功适用于顾客作为管理的目标。这一概念的判断标准是顾客提出的要求，顾客满意是适用性质量评价的关键指标，所有的质量管理活动均围绕顾客满意展开，根据"朱兰三部曲"理论，质量策划、质量控制和质量改进均建立在顾客满意的基础上进行，而这些质量管理活动的绩效最终体现为质量花费的多少，即质量成本的高低，顾客满意的标准实际体现为经济性标准。因此，适用性质量是站在顾客的立场，以符合经济性标准的程度为依据来判断质量的一致性。

3.3.2.3 满意性质量

20 世纪 60 年代，西方发达国家在社会、经济、技术及文化等方面均发生了巨大变革，基于这一背景，A. V. 费根堡姆（A. V. Fcigenbaum）提出"全面质量管理"（TQM）的概念，认为质量是"产品和服务在市场营销、工程、制造、维护的各个方面综合的特性，要通过各方面的使用来满足顾客的期望"。这一概念确认了朱兰的主观性质量，在继承适用性质量的基础上提出质量是全面的、动态的、多维的，必须通过多方面的因素综合确定。1961 年费根堡姆出版著作《全面质量管理》，标志质量管理的发展历程进入全面质量管理阶段，质量的概念由适用性质量发展为满意性质量。而所谓满意性是指让顾客和相关方满意，后经国际标准化组织（2000）给出了更抽象规范的质量定义，表述为"一组固有特性满足要求的程度"（ISO9000：2000），其要求包括技术标准、价格、交货期及售后服务等方面，且涵盖产品形成的全过程。这一概念是基于过程的思想，建立在后全面质量管理、卓越绩效管理模式的基础上，管理理念是"质量是顾客选择出来的"，注重应用过程方法、系统方法、决策方法以及水平比较法等，将零缺陷、顾客及相关方满意以及创新的数量和质量作为管理的目标。所以，满意性质量是站在顾客及相关方立场，以符合心理性标准的程度为依据来判断质量满意的。

3.3.2.4 体验性质量

自 20 世纪 90 年代以后，摩托罗拉、GE 等世界顶级企业相继推行 6σ 管理模式，体验性质量的新理念得到推广。体验性质量即"顾客对质量的感知价值超过顾客期望价值的程度"。这一概念涵盖了顾客价值体现的思想，注重卓越管理、营销管理的方法，将为顾客提供卓越的、富有魅力的质量作为管理的目标。这一质量理念是建立在顾客的立场，以符合体验的价值性标准为依据来判断质量满足程度的。

3.3.3 质量行为的内涵

3.3.3.1 质量行为的定义

行为科学理论表明，行为可以从个人的角度及组织的角度进行研究，往往统称为行为人，质量行为是行为人对质量方面的行为反应，质量行为受行为人的认知成分和情感成分的影响，同时又具有独立地位。从企业个人的角度看，质量行为是企业员工体现在产品质量、工作质量以及服务质量的实际反应或行动，是员工质量意识和质量情感的外在表现；从企业组织角度看，质量行为是企业对经营环境的变化所作出的对质量工作的规律性反应[141]。

本书所指的节点质量行为是 SMN 中模块化服务组织单元基于自身能力的差异性与环境变化匹配需求的服务质量规律性反应，具体表现为服务模块集成商或服务模块提供商对服务质量水平的提供、改进及控制的相关策略。

3.3.3.2　质量行为的制约因素

人的行为是非常复杂的，质量行为不仅受行为人的有限理性及情感意识的制约，而且还受自身能力差异、内外顾客需求及社会环境等的制约。

（1）有限理性。在现实中，理性的行为人受到信息和计算能力的限制。由于这种限制性，即使行为人对最优进行明确的计算并且及时得到计算结果，也是成本高昂或是不可能的。组织的质量行为是多种方式对决策问题进行简化的过程。理性的质量决策是从多个设定目标的备选方案中寻找满意解，而并不试图找到想象中的最优解。组织通过监督质量目标的实现情况来分配注意力，按照一定的顺序关注目标，即关注顾客最在意的焦点，而不是同时关注所有的目标。SMN 中各模块节点作为独立的经济单元体，其质量行为决策也是一个有限理性的决策过程，质量目标的设定以顾客效用价值模块为基准，在模块节点之间寻找质量合作的满意解。

（2）情感意识。企业当做一个自适应的联盟，由许多具有质量情感与质量意识的个人和群体组成，即质量的情感意识对个人或群体的质量行为产生影响。质量情感是企业的个人或群体对质量工作的好恶习惯及情绪反应，情感成分在质量工作的态度中起着重要的作用，质量情感的正负强弱影响质量意识的形成、巩固和发展，从而改变质量意识的方向。质量意识是个人和群体对质量和质量工作的认识和理解，这对企业的质量行为具有重要的影响和制约作用。SMN 节点对节点合作的情感及服务质量水平的理解会影响其能力提供判断，从而改变对服务质量的正确认识，影响其质量行为决策。

（3）能力差异。作为个体的行为人，其生理状况对人的行为产生影响，即人的生理机制对人应对事物变化的能力产生影响；作为群体的行为人，其组织单元能力对群体的行为产生影响，即组织单元的能力差异是组织行为的重要影响因素。人的生理机制与组织单元的能力差异本质上都反映为事物应对能力的差异性。SMN 的最小组织单元是提供模块化服务的群体或个人，其服务能力的差异决定了个节点服务水平的提供，从而影响各节点的质量行为。

（4）顾客需求。从质量理念的发展看，不管是适用性质量、满意性质量，还是体验性质量，以顾客为关注焦点，满足顾客需求都是企业质量管理的宗旨之一。自然地，顾客需求对企业的质量行为措施起着重要的制约作用。SMN 中，顾客效用价值模块是其构成单元之一，即顾客参与了服务提供的质量标准制定，顾客价值将在服务性生产模块或生产性服务模块中全程体现，顾客需求是节点质量行为的重要影响因素，顾客需求的不确定性增加了 SMN 节点质量行为的复杂性。

（5）社会环境。从组织行为理论的角度看，组织对质量工作所运用的规则、形式或惯例，还取决于他们所处社会环境的要求。组织之间遵循的规则及其形式的差异起源于它们所处社会环境的差异，社会环境与组织遵循的规则之间的匹配不完全性使得质量行为具有不确定性。SMN 是由许多不同类型的价值模块节点构成的聚集网络，各节点有其本身的质量工作规范、形式，但面对的环境变化存在差异性，因此，各模块节点的质量工作界面将变得复杂，即社会环境因素会制约节点质量行为决策。

3.3.3.3　企业质量行为的表现形式

质量行为作为行为人（个人或企业）在质量方面的行为反应，具有特定的表现形式。由于 SMN 节点构成一般为企业的模块单元，本书所指的质量行为主要是企业质量行为的表现形式。

（1）从运动过程角度看。企业质量行为是企业质量机制运行的外在表现。运动是事物由内在矛盾引起的发展变化过程，是物质的存在及固有属性。质量机制是企业质量系统的内在联系、功能及运行原理。企业质量行为在质量机制运行中表现为企业质量职能实现方式、合作形式和运行模式等。

（2）从企业活动角度看。企业质量行为是企业为实现既定质量目标的特定行为，是从逻辑角度来描述企业质量工作对环境变化的反应，表现为有规律性和目的性的活动，这些活动根据企业的质量目标不断实施，且在实施过程中不断调整，是企业的质量决策及其过程[141]。

3.4

能力差异的 SMN 节点质量行为框架模型

从 3.1 至 3.4 的分析可知，SMN 中各节点能力存在差异，企业之间的合作行为是在劳动分工与价值链分工的条件下能力与资源再分配过程，经历了协作、协调与协同的演进过程，而质量理念在不同阶段亦有不同的理解，SMN 中各节点能力实质上是企业能力资源的外在表现，合作行为的演进与质量理念的指引将对节点质量行为产生直接约束作用。因此，SMN 的节点质量行为是节点能力差异情况下对价值模块质量合作的直接反应，是节点能力选择行为以及节点能力合作行为的综合表现。基于此，本书提出能力差异的 SMN 节点质量行为框架模型，如图 3 - 3 所示。

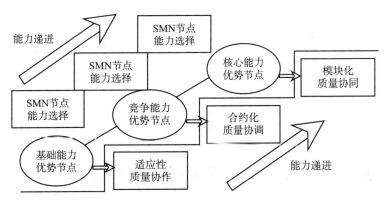

图 3 - 3　能力差异的 SMN 节点质量行为框架模型

3.4.1　SMN 节点能力选择

SMN 节点的质量行为，前提是企业能力的合作，能力的选择是关键，需要解决两方面的问题：一是需要评价 SMN 合作节点的能力水平并做出选择，为价值模块节点的服务增值，提升服务质量提供能力保障；二是需要对合作节点的能力需求、能力合作的关系作出决策，为网络中节点服务能力的利用提供科学依据。本书第 4 章将提出 SMN 节点能力选择的评价方法，并对节点能力合作的关系决策问题建立决策模型。

3.4.2 SMN基础能力优势节点的适应性质量协作

从符合性质量观到适用性质量观，体现为站在组织的立场以及顾客的立场分析质量管理行为的合理性。只有基础能力优势的 SMN 节点，其质量行为首先是建立在自身能力的基础上满足顾客需求的，即需要同时从组织单元的自身能力及顾客的立场分析。同时，基础能力优势节点具备 SMN 能力合作的基本能力，可以为服务模块集成商提供满足顾客效用价值的基本能力服务，从合作行为的角度看，其能力服务的提供是基本能力的分工与再集合过程，因此，本书认为基础能力优势节点的质量行为是适应性质量协作行为。企业的适应性质量管理行为是企业在制定和执行质量战略时，根据企业面对的资源、产品、消费者以及质量环境的整体变化，灵活变通地运用质量策略、方法和实践经验，贯彻"随品制宜"以及"随机制宜"的管理思想[142]。本书提出的 SMN 节点的适应性质量协作行为观点延续了符合性质量与适用性质量的理念，以节点的能力约束为基本条件，在模块单元质量损失、质量成本最小化的基础上满足价值模块节点间的服务能力需求及顾客质量标准，即"适应性"体现为对节点能力变化的适应、顾客需求变化的适应以及损失最小的适应，在此基础上提出节点服务质量改进水平。本书第 5 章将重点分析能力需求变化情况下 SMN 节点的适应性质量协作模型。

3.4.3 SMN竞争能力优势节点的合约化质量协调

从合约经济学理论的角度看，所有市场交易都是一种合约，质量是一种合约关系。王海燕（2005）[143] 提出了"合约化质量"概念，认为质量是一种有供应方将满足某种约定要求的产品在约定时间内的所有权或使用权让渡给另一方的承诺而形成的合约关系。从符合性质量、适用性质量到满意性质量，经历了技术标准、经济标准与心理标准对质量的衡量，合约化质量则是在合同（合约）约束下的主观质量，评判标准需要技术、经济与心理标准的有效结合，质量成本是合约化质量的关键因素[144]。由于有竞争优势的 SMN 节点同时具有一般能力和特殊能力，从行为人有限理性的角度为节点主观性质量行为提供了空间，具有信息不对称性的特点。有竞争优势的节点间的能力合作是一种委托代理关系，合约化质量通过质量合同的设计，应用博弈论与信息经济学解决非对称信息问题，达到能力合作的质量协调效果，即有竞争优势的 SMN 节点质量行为是合约化质量协调。质量合同的设计、履行与改进过程是 SMN 节点服务质量的形成过程，这是一个模块化服务提供过程中能力合作的不断博弈过程。质量合同是合约化质量协调的约束力量。因此，要解决有竞争优势的 SMN 节点质量行为问题，质量合同的设计是关键，本书第 6 章将利用合同理论设计非对称性信息条件下的 SMN 节点质量协调的合同约束模型。

3.4.4　SMN 核心能力优势节点的模块化质量协同

由于 SMN 中有核心能力优势的节点在能力合作中具有很强的特殊能力，且硬能力和软能力在结构上具有高度协同性。本书所指的有核心能力优势节点模块化质量协同有两个方面的含义：从博弈理论的角度看，节点能力的强强联合使模块节点由合同约束下的非合作博弈演化为自适应的合作博弈；从协同学角度看，各节点的合作形成了模块化服务组织，模块化组织之间界面清晰，各模块的质量参数的设计、提供与改进是模块化组织服务质量序参量的运动过程，模块质量是 SMN 整体服务质量及模块化服务质量的控制参量，模块之间形成了自适应的质量协同自组织网络。本书第 7 章将从协同学的角度建立模块化质量协同模型，初步描述有核心能力优势的 SMN 节点模块化质量协同客观规律。

3.5

本章小结

SMN 是能力需求导向的模块化服务网络，该网络中包含制造企业、服务企业及顾客三大主体，构成网络的节点体系，共同完成服务型制造的价值模块功能。从企业能力的角度看，各节点的能力客观上存在差异性，能力的差异性导致各节点采取不同的质量行为，本章基于能力差异提出了 SMN 节点质量行为分析框架。

本章首先从企业能力理论的发展角度，阐述企业能力理论演进的四个阶段，并认为这四个阶段理论关注的焦点是企业如何从投入要素的角度获取竞争优势，本书给出的企业能力的内涵解释是：从产出的角度将企业能力看做是企业经营过程内外资源要素经建立、整合与重构后所具有的最高产出水平，且企业能力具有层次性差异，认为 SMN 中存在三种能力类型的节点，即基础能力优势节点、竞争优势节点以及核心能力优势节点；其次，从历史演进的角度，分析了合作行为与质量理念的演变过程，并给出了节点质量行为内涵解释是 SMN 中模块化服务组织单元基于自身能力的差异性与环境变化匹配需求的服务质量规律性反应；最后，提出了基于能力差异的 SMN 节点质量行为框架模型，包括节点能力选择、基础能力优势节点的适应性质量协作、竞争能力优势节点的合约化质量协调以及核心优势节点的模块化质量协同四个组成部分，为本书第 4 章至第 7 章的研究提供了一个综合分析框架。

第*4*章

SMN 节点能力选择：评价与
关系决策

由第 3 章的分析框架可知，SMN 节点能力存在差异，因此，节点能力选择是 SMN 节点采取差异化质量行为的前提。能力的选择在 SMN 中是一种能力提供商的选择与评价行为，并需要确定与提供商，即节点间的相互合作关系。因此，本章将在分析 SMN 节点能力选择的本质、原则与流程的基础上，重点分析两部分内容：一是 SMN 节点的能力选择评价，即如何通过科学的能力评价方法，选择合适的服务模块提供商；二是 SMN 节点模块化服务的关系决策，即如何采取有效的决策方法，确定 SMN 节点间模块化服务的合作关系。本章将分别借助可拓理论、质量功能展开理论对 SMN 节点的能力选择评价及关系决策进行系统研究。

4. 1
SMN 节点能力选择的内涵分析

4. 1. 1　SMN 节点能力选择的本质

由第 2 章对 SMN 的概念及体系结构分析可知，SMN 是一种伴随能力需求链的模块化服务网络，是制造模块与服务模块的价值创造的结合，是一种制造/服务混合的能力网络。网络节点的能力需求与提供贯穿 SMN 的运行，节点间合作关系是推动 SMN 运行的关键要素。从这个意义上说，SMN 节点能力选择的本质是对价值模块节点的选择评价及其关系决策。本书认为，SMN 节点选择评价是指针对特定的价值模块实现要求，通过构建综合评价指标体系，应用科学适宜的评价方法，选择适宜的服务能力提供商的过程；SMN 节点的关系决策是对节点能力选择过程中，对特定价值模块的能力需求与能力提供匹配性以及节点合作的形式进行科学判断。因此，节点能力选择需要科学构建评价指标体系，建立节点能力评价模型及关系决策模型。

4.1.2 SMN 节点能力选择的原则

SMN 中顾客效用模块的价值实现是最终目的，顾客参与在节点能力选择中起关键作用，因此，对 SMN 节点能力的选择不仅要考虑节点能力的提供，还考虑顾客的能力需求，在能力选择时，要坚持以下原则：

（1）坚持服务价值创造的原则。服务价值创造是服务型制造的核心思想之一，服务价值的创造过程即为 SMN 节点能力的模块化提供过程。在节点能力选择时，需要对各模块进行分解，将需要外包的模块找到与之匹配的能力提供商。因此，合适的能力提供商在考虑一般的服务能力、质量水平、成本价格及时间效率等传统的因素基础上，重点应考虑服务能力的价值创造，节点能力需求与能力提供的匹配性。即要从节点能提供的服务创新能力与顾客效用需求特点对能力选择进行评价，可以从以下几个方面对节点能力提供商进行评价：提供商满足顾客效用的基本要求及价值增值能力，提供商与集成商之间的服务能力匹配水平，提供商之间的服务能力匹配水平等。

（2）坚持顾客效用优先的原则。顾客效用价值的实现是服务型制造的另一个重要思想，在对服务提供商进行能力选择时，应优先考虑是否具备满足顾客效用的需求，应重点选择具有快速市场反应能力，具备提供个性化、差别化服务能力的提供商。所选择的模块服务提供商能够以更低成本、更高效率为顾客提供个性化的产品服务系统，创造顾客效用价值。

（3）坚持节点能力互补的原则。由于 SMN 的服务价值创造不是单个节点能完成的，因此，节点能力选择时必须考虑节点资源的整体优化、集成与互补。无论是核心能力还是一般能力，硬能力还是软能力，都应该在节点能力提供商与集成商之间，服务提供与顾客效用之间找到一个很好的交叉点，即所选择的模块服务提供商不仅具备对顾客能提供优质适宜的服务能力，还对增强模块服务集成商的核心竞争力发挥作用。

（4）坚持整体风险最小的原则。SMN 的模块化分工合作，除了为顾客提供多元化的价值之外，其重要作用是促进节点能力发挥及合作模块节点的规模经济和范围经济效应，可以降低资产专用性风险、需求变化风险以及市场供给风险。因此，SMN 节点的能力选择应达到基于抗风险能力整体增强的效应，使 SMN 整体承担的风险最小。

4.1.3　SMN 节点能力选择的流程

SMN 节点能力选择是一个复杂的过程，综合了 SMN 节点选择及节点关系选择问题。节点选择本质上是合作伙伴选择问题，一般的合作伙伴选择的流程需要经历若干流程，如虚拟企业合作伙伴选择的流程需经历以下流程：总目标的分析；总目标的分解；评价指标体系建立；候选合作伙伴过滤；评价候选合作伙伴的核心竞争力；选择最佳合作伙伴[145]。SMN 节点能力选择除了需要考虑合作伙伴选择的一般程序外，还应对合作关系进行分析决策，本节提出 SMN 节点能力选择流程的三阶段模型，如图 4 - 1 所示。

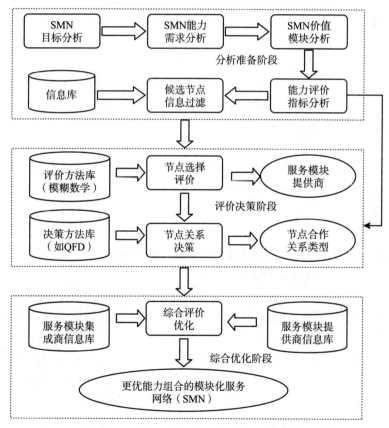

图 4 - 1　SMN 节点能力选择的三阶段模型

（1）分析准备阶段。SMN 的服务模块总集成商（一般为某大型制造企业）对市场机遇、产品和服务系统方案进行总体分析，确定 SMN 的总目标；根据目标和方案进行 SMN 能力需求分析，进而确定基于能力的价值模块，分析承担价值模块应具备的能力指标；从多个备选价值模块节点信息库中选择与能力需求相当的节点，并进行能力对比与信息过滤，选出潜在的节点。

（2）评价决策阶段。这一阶段为整个能力选择的本质过程，是决定SMN 能否成功运行的关键。对初选合格的潜在节点进行能力评价，既有定性评价也有定量评价，如应用模糊数学、层次分析、可拓理论等方法进行定量评价，选择具有合适能力的服务模块提供商。在服务模块节点选择时，具有一定的针对性，即要确定哪些模块需要选择相关节点来完成，并与之建立合适的合作关系，所以在评价决策决断还需要解决节点的能力合作关系问题，通过应用定性与定量结合的方法进行决策，如模糊决策、群决策、多目标决策等，其中，基于顾客需求转化为行动措施的质量功能展开方法为 SMN 顾客效应的实现提供较好的决策思路。

（3）综合优化阶段。SMN 是由多种类型的模块节点构成的，单节点的选择是基于个体能力指标的评价决策过程，而 SMN 是一个多种能力集聚的服务网络，业务过程不是独立的，需要相互协调与配合，实现 SMN的整体有效性。因此，需要进行多节点的能力综合优化，即要对多个服务模块集成商及服务模块提供商之间的能力信息进行综合协调决策，进而得到更优能力组合的模块化服务网络。

4.2

基于可拓理论的 SMN 节点选择评价
——以制造流程模块化外包为例①

服务型制造的组织模式主要是基于价值模块协作的服务型制造网络，即由制造企业、服务企业和顾客自发聚集形成的网络聚合体，其业务模式主要通过生产性服务的模块化外包与服务性生产的模块化流程协作进行。服务型制造网络的节点由许多价值模块构成，网络的运作要求各价值模块节点提供相应的生产、营销、设计、开发、信息、物流等模块化服务，因

---

① 本节相关内容已发表于《科技进步与对策》2011 年第 17 期。

此，服务型制造网络的本质是基于能力需求导向的模块化服务网络。服务能力的差异增加了服务型制造网络的不确定性，使得价值模块节点的选择更加复杂。目前有许多关于节点或供应商选择的评价方法，如 AHP 法[146, 147]、FCE 法[148, 149]、多目标优化模型[150]、灰色评价方法[151]、DEA 法[152, 153]等，但还存在一定的不足，如 AHP 方法主观判断依赖性强、很难表达不确定性且计算量大[154]；FCE 可能获得伪优解、评价指标较多时灵敏度低[155]等。服务型制造网络中，价值模块节点即服务提供商的服务能力是关键，其能力的评价既有客观要求，又有主观依赖，且影响因素较多。为解决价值模块节点的选择问题，本节基于可拓理论与模糊群决策理论的语义扩展，给出了服务型制造网络价值模块节点的可拓综合评价方法。

4.2.1　服务型制造网络的价值模块节点评价指标体系

目前供应商的选择评价指标主要包括产品质量、价格、交货时间、批量柔性和产品多样性[156, 157]。企业在选择供应商时，主要根据对供应商的印象进行选择，存在一些个人主观成分，标准不全面，难以形成一套完整的综合评价指标体系，不能对供应商作出具体、客观的评价。

服务型制造模式下，对网络中的价值模块节点提出了更高的要求，除了满足质量、成本等常规供应商选择的评价指标外，重点突出了服务能力的要求，并在环保节能与柔性服务方面赋予了新的内涵，尤其在低碳经济时代，应体现低碳服务能力的要求。因此在服务型制造网络价值模块节点的选择时，要对模块提供商作出系统全面的评价，需建立一套较全面系统、科学合理的综合评价指标体系。本书剔除了部分常规供应商评价必须满足的基本指标（如财务状况应符合要求才可纳入备选范围），主要从影响服务竞争力、服务创新能力与服务合作能力等方面来考虑，并增加了服务型经济对低碳创新的要求，综合体现服务能力。考虑到指标的代表性和实用性，表 4 - 1 给出了一个模块节点的评价体系。该指标体系较适合于服务型制造企业对服务性生产模块节点（服务模块提供商）的评价，实际应用中，可根据自身情况对指标层进行修改。

表4-1　　　　　　服务型制造网络节点（服务模块提供商）评价指标体系

目标层	准则层	指标层	指标说明
服务竞争力 A1	服务质量 B1	服务投诉率 C1	合格率、服务差错、态度等的投诉
		管理体系 C2	ISO9001、ISO14000 等认证情况
	服务费用 B2	价格竞争优势 C3	对服务售价的低成本优势
		成本费用利用率 C4	对间接成本、交易成本等的节约率
	服务柔性 B3	批量柔性 C5	适应批量变化的能力
		时间柔性 C6	对突发情况的响应速度
		市场柔性 C7	对市场需求变化的响应能力
服务创新能力 A2	服务创新价值 B4	服务创新回报率 C8	服务创新增值与总收入之比
		服务创新投入率 C9	服务创新经费与总投入之比
	低碳创新绩效 B5	低碳技术应用水平 C10	服务流程的节能降污染水平
		低碳服务项目比率 C11	低碳服务项目与所有项目之比
服务合作能力 A3	沟通可行性 B6	服务模块标准化率 C12	服务项目模块化运行标准化程度
		信息化水平 C13	与节点企业信息化建设兼容情况
	合作兼容性 B7	战略目标兼容性 C14	与节点的战略目标的一致性程度
		组织文化兼容性 C15	与节点企业文化的匹配性

4.2.2　服务型制造网络节点选择的可拓综合评价方法

4.2.2.1　服务型制造网络价值模块节点评价问题的物元模型

可拓工程方法[158]是我国学者蔡文 1980 年提出的，它用形式化工具，从定性和定量的角度研究解决复杂矛盾问题的规律和方法，其中物元理论为解决矛盾问题提供了思想框架，它是把质与量有机结合起来的最基本的细胞，通过物元的构造及变换来表示事物的质和量之间的变换关系。可拓方法将事物的量值分为两大类：有数量量值和非数量量值。对于非数量量值需要通过数量化过程转变为数量量值，利用可拓集合理论在实轴上研究事物与量值的关系，并通过关联函数的构造寻求最优解。可拓理论中的物元是由事物、特征和事物特征值组成的三元组。定义给定事物名称 N，它关于特征 c 的量值为 v，以有序三元组 $R = (N, c, v)$ 作为描述该事物的基本元，即物元。N，c，v 称为物元的三要素[158]。

设 R_1，R_2，$\cdots$，R_m 为 m 个服务型制造网络中待选的价值模块节点物元，其中 $m \geqslant 1$；设价值模块节点的评价体系有 n 个评价指标 C_1，C_2，$\cdots$，C_n，x_{ji} 为各评价指标值，其中 $j = 1$，2，$\cdots$，m，$i = 1$，2，$\cdots$，n。则待选价值模块节点物元 R_j 表示为：

$$R_j = \begin{bmatrix} N_j, & C_1, & x_{j1} \\ & C_2, & x_{j2} \\ & \vdots & \vdots \\ & C_n, & x_{jn} \end{bmatrix}$$

$V_{pi} = (c_{pi}, d_{pi})$ 为各评价指标的可能取值范围，其中 $i = 1$，2，$\cdots$，n，则综合评价物元模型的节域 r 可表示为：

$$r = \begin{bmatrix} N_p, & C_1, & V_{p1} \\ & C_2, & V_{p2} \\ & \vdots & \vdots \\ & C_n, & V_{pn} \end{bmatrix}$$

$V_{0i} = (a_{0i}, b_{0i})$ 为厂商确定的各评价指标的容忍范围，其中 $i = 1$，2，$\cdots$，n，$V_{0i} \subseteq V_{pi}$，综合评价可选节点物元模型的经典域 R_0 可表示为：

$$R_0 = \begin{bmatrix} N_0, & C_1, & V_{01} \\ & C_2, & V_{02} \\ & \vdots & \vdots \\ & C_n, & V_{0n} \end{bmatrix}$$

4.2.2.2　基于可拓理论的服务型制造网络价值模块节点评价步骤

Step 1. 评价指标的量化

服务型制造网络价值模块节点的许多评价指标属于非数量量值，需要进行数量化处理。进行量化时，将根据各个评价指标的具体含义选择不同的量化指标和量化标准：例如对"投诉率"的量化标准为比率，选择从 0 到 3% 范围；对"管理体系"的量化标准为赋值，用 0 与 1 表示，其中 0 表示未通过 ISO9001 质量管理体系认证与 ISO14000 环境管理体系认证，1 表示通过以上认证；对难以量化的指标如时间柔性等用级别表示，分 1~5 级，数值越大表示级别越高。

Step 2. 确定经典域和节域

由相关专家对指标体系给出各等级的数据范围，并根据需要制定各指标值的容忍范围，从而确定待选节点物元模型的节域及经典域。

Step 3. 确定可行解域

将投诉率高于规定范围及管理体系认证是否通过作为必须满足的条件进行筛选，去掉不满足该条件的待选价值模块节点，确定最终进行评估的可行解域 $R_j(j=1, 2, \cdots, q)$，$q \leqslant m$。

Step 4. 确定指标的模糊权重值

（1）采用三角模糊群决策方法进行语义评价。

服务型制造网络的运作环境具有高度不确定性，为克服某些主观判断失误现象，采用三角模糊群决策方法进行语义评价，由 p 位专家对除管理体系和投诉率外的其余指标共同评估。将评价专家对指标的评价尺度分成五类模糊语义标度，即 $S = \{$非常不重要（VNI）、不重要（NI）、一般（MO）、重要（IM）、非常重要（VIM）$\}$，VIM > IM > MO > NI > VNI，为使评价信息更客观合理，引入语言变量和模糊三角数的对应关系，如表 4 - 2 所示。

表 4 - 2　　　　　　　　　语言变量及其对应的模糊三角数

专家评价语言变量	权重语言变量	模糊三角数
Very Not Important	VNI	(0, 0, 0.25)
Not Important	NI	(0, 0.25, 0.5)
Modern	MO	(0.25, 0.5, 0.75)
Important	IM	(0.5, 0.75, 1)
Very Important	VIM	(0.75, 1, 1)

（2）将语义评价值转化为综合三角模糊数。

专家 k 评价指标 i 的三角模糊权重值为 $\overline{w}_{ik} = (w_{ik}^l, w_{ik}^m, w_{ik}^r)$，其中，$w_{ik}^l$，$w_{ik}^m$，$w_{ik}^r$ 分别表示模糊权重值 $\overline{w}_{ik}$ 的左边值、中间值和右边值；$\overline{w}_{ik} \in S$；因此，综合模糊权重值 $\overline{w}_i$ 的左边值、中间值和右边值可分别表示为[159]：

$$w_i^l = \min_k \{w_{ik}^l\}, \quad \forall i, k,$$
$$w_i^m = geomean\{w_{ik}^m\}, \quad \forall i, k,$$
$$w_i^r = \max_k \{w_{ik}^r\}, \quad \forall i, k,$$

其中，$i = 1 \sim n$，$k = 1 \sim p$，$geomean\{w_{ik}^m\}$ 表示对 p 个专家评价的指标 i 的模糊权重值的中间值 w_{ik}^m 取平均值。

（3）确定三角模糊数的确定值。

采用均值面积法[159]将得到的三角模糊数$\overline{w}_i$转化为确定值w_i，公式表达如下：

$$w_i = (w_i^l + 2w_i^m + w_i^r)/4 \tag{4.1}$$

得到确定值权重向量 $W = (w_1, w_2, \cdots, w_n)$。

（4）指标权重的归一化处理。

将确定值权重向量 $W = (w_1, w_2, \cdots, w_n)$ 进行归一化处理，即：

$$\omega_i = w_i / \sum_i w_i \tag{4.2}$$

得到归一化属性的确定值权重向量 $\omega = (\omega_1, \omega_2, \cdots, \omega_n)$。

Step 5. 建立关联函数，计算关联度

利用节点综合评价物元模型进行综合评价，计算待评节点物元模型与经典域及节域的"接近度"。由表 4 - 1 可知，指标体系中除了投诉率越小越好外，其余指标均为越大越好，即为效益型指标，根据该特征，可建立以下关联函数。

设 x 为实域 $(-\infty, +\infty)$ 上的任一点，$X_0 = \langle a, b \rangle$ 为实域上任一区间，称 $\rho(x, X_0) = \left| x - \dfrac{a+b}{2} \right| - \dfrac{(b-a)}{2}$ 为点 x 与区间 X_0 之距[159]，建立初等关联函数为：

$$K(V_i) = \begin{cases} \dfrac{-\rho(v_i, V_{0i})}{|V_{0i}|}, & v_i \in V_{0i} \\[3mm] \dfrac{\rho(v_i, V_{0i})}{\rho(v_i, V_{pi}) - \rho(v_i, V_{0i})}, & v_i \notin V_{0i} \end{cases} \tag{4.3}$$

其中，V_p 为节域 $\langle c, d \rangle$，V_0 为经典域 $\langle a, b \rangle$。

$$\rho(v_i, V_{0i}) = \left| v_i - \frac{a_i + b_i}{2} \right| - \frac{b_i - a_i}{2} \quad (i = 1, 2, 3, \cdots, n)$$

$$\rho(v_i, V_{pi}) = \left| v_i - \frac{c_i + d_i}{2} \right| - \frac{d_i - c_i}{2}$$

服务型制造网络节点能力的差异，决定了待评节点的多层次性，但在最终评选结果中，可能同一层次的评价对象之间还存在优劣之分，可通过改变接近度值加以区分，将点 x 与区间 X_0 之距 $\rho(x, X_0)$ 修正为：

$$\rho(x, X_0) = \begin{cases} |x - b| - (b - a), & a \leqslant x \leqslant b \\[2mm] \left| x - \dfrac{a+b}{2} \right| - \dfrac{b-a}{2}, & x < a \text{ 或 } x > b \end{cases} \tag{4.4}$$

将式（4.4）代入式（4.3），得到新的关联函数 $K(x)$，将 x 实际位距表达出来，即当 $x=b$ 时，$K(x)$ 关联度值最大。

Step 6. 计算优度

结合各评价指标的权重系数向量 $\omega = (\omega_1, \omega_2, \cdots, \omega_n)$，得优度排序向量：

$$C(N_j) = \omega \cdot K(C_j) \qquad\qquad (4.5)$$

比较优度排序向量，取 $C(N_0) = \max\limits_{j \in \{1,\,2,\,\cdots,\,q\}} \{C(N_j)\}$，对象 N_0 即为最优。

4.2.3 实例分析

某纺织机械公司是一家专门生产化纤纺丝设备的制造商，其生产过程有许多业务流程都是以模块化外包进行，与多个外包商与第三方物流公司形成战略合作，形成一个典型的服务型制造网络。化纤纺丝设备的卷绕机是整机的重要部分，对卷绕部件的硬度、稳定性及防腐蚀性有特别要求，其中许多零件需要经过镀锌、镀铬、发黑等表面处理，为统一起见，我们将这些业务统称为表面处理模块，属于服务型制造网络价值模块的服务性生产模块范畴。由于表面处理有一定的腐蚀性，因此对价值模块节点企业的选择尤其要兼顾效益和低碳服务能力的要求。现要在 4 个提供表面处理模块的节点企业（R_1，R_2，R_3，R_4）中选择，运用前述的方法对其进行评价。

（1）量化指标，粗评确定可行解域。

先要由有关专家确定评价指标中的各指标的量化等级，并根据经验及技术标准给出各等级对应的数据范围（经典域）。待评模块节点通过最新版本的 ISO9001 及 ISO14000 认证与投诉率低于 3% 是必须满足的条件，根据这两个条件对四个模块节点企业进行粗评，R_2 没有通过 ISO9001：2008 认证，不满足所提条件，被筛除，确定可行解域为（R_1，R_3，R_4）。

（2）确定指标权重。

采用以上可拓模型评价方法，由于投诉率和管理体系为必须满足的条件，因此后续评价中不再考虑这两个指标。由公司技术科、生产科及质量科等部门组成的专家（E1，E2，E3）对指标进行模糊语义评价，确定各指标的权重，见表 4 – 3。

表 4 - 3　　　　　　　　评价指标三角模糊权重数值及归一化权重值

指　　　标	$E_1 E_2 E_3$	综合三角模糊 权重值 $\overline{w}_i$	确定值 w_i	归一化权 重值 ω_i
价格竞争优势 C3	MO IM VIM	(0.25, 0.75, 1)	0.6875	0.0933
成本费用利用率 C4	MO IM MO	(0.25, 0.625, 1)	0.625	0.0860
批量柔性 C5	IM IM MO	(0.5, 0.667, 1)	0.7085	0.0975
时间柔性 C6	VIM NI MO	(0, 0.583, 1)	0.5415	0.0745
市场柔性 C7	IM IM VIM	(0.5, 0.833, 1)	0.6665	0.0917
服务创新回报率 C8	IM IM VIM	(0.5, 0.833, 1)	0.6665	0.0917
服务创新投入率 C9	MO NI IM	(0, 0.5, 1)	0.5415	0.0745
低碳技术应用水平 C10	MO IM IM	(0.5, 0.667, 1)	0.7085	0.0975
低碳服务项目比率 C11	IM IM VIM	(0.5, 0.833, 1)	0.6665	0.0917
服务模块标准化率 C12	IM IM VIM	(0.5, 0.833, 1)	0.6665	0.0917
信息化水平 C13	VNI NI NI	(0, 0.083, 0.5)	0.1665	0.0229
战略目标兼容性 C14	VNI NI MO	(0, 0.25, 0.75)	0.3125	0.0430
组织文化兼容性 C15	MO IM VNI	(0, 0.25, 0.75)	0.3125	0.0430

（3）计算关联度。

参考给定经典域，由公式（4.3）和（4.4）计算待选节点 R_1，R_3，R_4 各指标关联度，结果见表 4 - 4。

表 4 - 4　　　　　　　　　　节点评价指标及数据

指　　　标	指标 量纲	经典域	待评节点数据 x_{ji}			关联度 $K(x)$		
			R_1	R_3	R_4	R_1	R_3	R_4
服务投诉率 C1	比率	0 ~ 3%	2%	3%	3%	—	—	—
管理体系 C2	赋值	0, 1	1	1	1	—	—	—
价格竞争优势 C3	级别	1 ~ 5	4	3	3	0.75	0.5	0.5
成本费用利用率 C4	比率	0 ~ 50%	20%	25%	30%	0.4	0.5	0.6
批量柔性 C5	级别	1 ~ 5	4	5	4	0.75	1	0.75
时间柔性 C6	级别	1 ~ 5	4	3	4	0.75	0.5	0.75
市场柔性 C7	级别	1 ~ 5	3	4	3	0.5	0.75	0.5
服务创新回报率 C8	比率	0 ~ 30%	25%	20%	15%	0.833	0.667	0.5
服务创新投入率 C9	比率	0 ~ 10%	3%	5%	3.5%	0.3	0.5	0.35
低碳技术应用水平 C10	级别	1 ~ 5	3	4	2	0.5	0.75	0.25
低碳服务项目比率 C11	比率	5 ~ 50%	40%	40%	35%	0.778	0.778	0.667

续表

指　标	指标量纲	经典域	待评节点数据 x_{ji}			关联度 $K(x)$		
			R_1	R_3	R_4	R_1	R_3	R_4
服务模块标准化率 C12	比率	5～80%	60%	55%	65%	0.733	0.667	0.6
信息化水平 C13	级别	1～5	3	5	2	0.5	1	0.25
战略目标兼容性 C14	级别	1～5	3	5	3	0.5	1	0.5
组织文化兼容性 C15	级别	1～5	3	3	5	0.5	0.5	1

（4）计算优度。

对待选的三家节点企业进行评选，由公式（4.5），计算 R_1，R_3，R_4 这三家模块节点企业的优度排序向量，结果见表 4-5。

表 4-5　　　　　　　　价值模块节点的优度排序向量

备选方案	优度排序向量 $C(N_j)$
R_1	0.6235
R_3	0.8846
R_4	0.5558

由此可以得出 $C(N_3) > C(N_1) > C(N_4)$，R_3 的优度排序最高，可以作为最佳选择的价值模块节点企业。

4.3

基于 QFD 的 SMN 节点关系决策

——以物流服务模块化外包为例①

上节讨论的是 SMN 能力选择的节点评价选择问题，这只是从单个价值模块节点的能力需求及能力提供角度，设计指标体系进行评价，对单个节点能力可以作为较好的参考方法。但对单个节点的确定，只是解决了节点能力选择的部分问题，对于哪些节点该选择，哪些能力该外包，选择好的节点相互之间该采哪种形式进行合作，合作过程中该采取怎样的行为措施等一系列问题并没有涉及。综合来说，SMN 节点之间的能力合作关系

---

① 本节相关研究获第九次中国物流学术年会优秀论文一等奖，并向大会作了专题报告，已被《中国物流学术前沿报告》收录。

决策是节点能力选择需要解决的另一个重要问题，本节拟用质量功能展开方法（Quality Function Deployment，QFD）提出 SMN 能力选择的节点关系决策模型。

4.3.1　QFD 基本原理

4.3.1.1　QFD 的核心工具

质量功能展开是一种常用的将顾客需求同企业能力联系起来进行分析的工具。质量功能展开方法所依据的基础是顾客需求，顾客的需求是驱动组织开发产品和服务的原动力。QFD 的基本原理就是用"质量屋"的形式，量化分析顾客需求与工程措施间的关系度，经数据分析处理后找出对满足顾客需求贡献最大的工程措施，即关键措施，从而开展稳定性优化设计，开发出满足顾客需求的产品。QFD 过程是通过一系列图表和矩阵来完成的。这些矩阵和图表的形状很像是一系列的房屋，所以被形象地称为"质量屋"（House of Quality，HOQ）[160]，它是驱动整个 QFD 过程的核心。

4.3.1.2　QFD 一般模型

按照质量屋矩阵的结构特性，质量功能展开一般也可以分为以下几个步骤：首先通过客户需求收集整理，获取"顾客声音"（Voice of Customer，VOC），然后经过 VOC 分析和数据挖掘，将服务需求（顾客声音）分解为"需求指标"，在质量规划下逐步展开为各个"质量特性"。在各个环节，建立起一系列质量措施评价指标，最终依据权重作出最后的决策，其一般模型如图 4-2 所示。

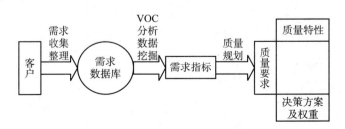

图 4-2　QFD 一般模型

4.3.2 SMN 的物流服务模块化外包

4.3.2.1 物流服务模块化外包网络

SMN 中，生产性服务模块是重要组成部分，其中包括许多物流服务环节，由多个物流服务环境构成了物流服务模块化外包网络。物流服务模块化外包网络是由物流需求企业、第三方物流公司和物流服务集成商构成的网络聚合体，其业务模式主要是通过物流服务的模块化外包协作进行。

4.3.2.2 物流服务模块化外包网络的服务功能模块

SMN 中的物流服务主要业务有规划、预算、运输、仓储、采购、配送、货运代理、装卸搬运、包装、加工、信息服务、咨询服务等，按照业务专门化及标准化原则我们将这些业务流程归类为六大模块：物流方案规划、物流财务预算、运输和配送、仓储管理、物流信息系统建设、物流咨询与设计，各模块相互联系，共同组成一个复杂的物流服务模块化网络。

4.3.2.3 物流服务模块化外包网络的体系结构

根据物流服务模块化外包网络的定义，本节提出该网络的体系结构，如图 4-3 所示：

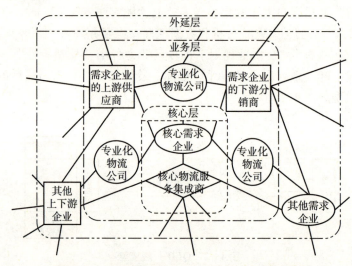

图 4-3 物流服务模块化外包网络三层体系结构

（1）核心层：主要由核心需求企业与核心物流服务集成商构成。无论是核心需求企业还是物流服务集成商，都是网络关系选择中的决策一方。

（2）业务层：核心需求企业、物流服务集成商及专业化物流企业组成了该网络的业务层。主要处理该需求企业的外包业务。

（3）外延层：业务层之外网络组织中的其他需求企业、物流服务集成商、上下游供应商和专业化物流公司。这些企业有可能围绕自身需求，形成另一个业务外包单位，也可能处在其他特定核心需求企业的业务单位中。

4.3.3　SMN 的物流服务模块化外包关系决策

4.3.3.1　物流服务模块化外包关系决策流程

在物流服务模块化外包网络中，选择合适的伙伴、确定相应的外包关系、提升核心竞争力，是每一个网络节点企业不断追求的目标。本书参照文献［161］，改进建立以下网络关系决策流程，如图 4-4 所示。

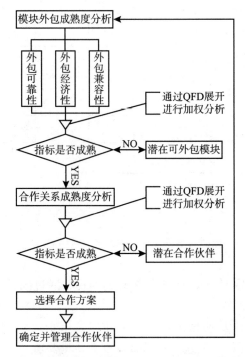

图 4-4　物流服务模块化外包网络关系决策流程

（1）模块化外包成熟度分析。分析这六大模块中适合外包的模块。设计出面向模块的外包成熟度指标体系，参照不同模块与指标的匹配程度，计算出不同模块的加权值，确定模块的外包成熟度。符合要求的模块选择进行下一步分析，不符合要求的归类为潜在可外包模块。

（2）外包网络合作关系成熟度分析。对可外包的模块，提取需求企业的需求，用 QFD 展开成相应的企业质量特性和服务行为，与备选合作伙伴的企业能力相对比，构建合作成熟度指标。将不符合条件的企业归类为潜在合作伙伴。

（3）外包网络关系选择。即选择合作方案，基于外包网络的不同种关系，确定外包合作方式。

（4）外包网络关系管理。对合作伙伴关系的管理和流程控制反馈。

4.3.3.2　基于 QFD 的物流服务模块化外包关系决策模型

参照决策流程图，结合 QFD 一般展开模型，提出物流服务模块化外包网络关系决策的 QFD 展开模型，如图 4-5 所示。

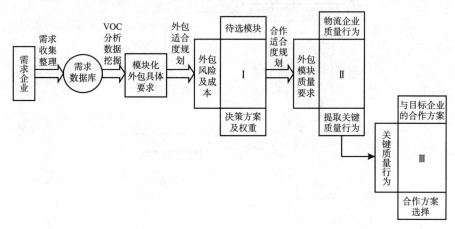

图 4-5　物流服务模块化外包关系决策的 QFD 展开模型

（1）VOC 获取。VOC 是 QFD 展开的前提，通过问卷调查法及访谈法获取物流服务需求。

（2）VOC 分析及数据挖掘。分析处理需求企业对物流外包的要求，包括需求企业自评的可外包模块特征标准和质量要求。

（3）基于 QFD 的外包适合度规划——模块化外包成熟度指标构建。

外包成熟度规划，即根据物流服务模块外包成熟度指标确定外包的适合程度。在物流服务的六大模块中，有些模块不适合外包，如涉及企业信息机密处理的模块。通过建立外包成熟度指标，运用 QFD 分析各个模块的适合程度。本书以可靠性、经济性、兼容性进行 QFD 展开分析，如表 4 - 6 所示。

表 4 - 6　　　　　　　　模块化外包成熟度指标评价体系

一次需求	二次需求	三次需求
外包成本与风险 小于自营	可靠性	不涉及公司机密
		与核心业务联系不紧
	经济性	外包后资金周转顺利
		交易成本低
	兼容性	符合主营业务要求
		符合环境和政策要求

（4）基于 QFD 的合作适合度规划——外包网络合作关系成熟度指标构建。建立外包合作成熟度指标，须考虑服务特性、市场环境、政策环境等一系列客观约束条件。本书综合考虑安全性、便利性、迅捷性、柔性、伙伴支持和外部环境的相应指标，建立评价体系如表 4 - 7 所示。

表 4 - 7　　　　　　　　合作关系成熟度指标评价体系

一次需求	二次需求	三次需求
需求企业对 承包商的要求	安全性	货物可供跟踪查询
		货物破损率低
		交易信息保密
		信息系统安全可靠
		支付和结算安全可靠
		公司资产负债率低
	便利性	服务网点覆盖率高
		货物提、接便利
		沟通反馈渠道灵活多样
		运输方式多样
		业务流程手续简洁

续表

一次需求	二次需求	三次需求
需求企业对承包商的要求	迅捷性	订单处理周期短
		平均运送时间短
		送递及时
	柔性	处理投诉的反应速度快
		突发事件处理速度快
		满足个性化定制需要
	伙伴支持	合作伙伴优惠定价
		提供增值服务
		物流服务保险支持
		物流技术支持
	外部环境	友好和谐的市场环境
		良好的口碑与品牌效应
	企业规模	适度的企业规模

（5）模块化外包网络关系决策。需求企业在做出外包关系选择时，需结合备选企业的合作关系成熟度及关键质量措施，并分析这些关键质量措施与其企业能力和合作频率的相关性，选择模块化外包网络关系[162]，如图4-6所示。

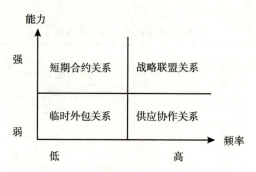

图4-6 模块化外包网络关系决策方案

4.3.4 实例分析

4.3.4.1 模块化外包成熟度规划与分析

制造业与物流业之间的合作是一种互惠互利的合作方式，制造企业实行物流外包会促进两者的协调发展[163]。JL 公司是一家大型汽车制造企业，许多生产性业务流程需要物流外包，即为核心物流需求企业。本书结合实地访谈，并邀请生产、质量、采购、销售相关部门人员参与，采取了专家评分法，对 JL 公司的物流外包成熟度指标体系进行比较和重要度评判。

（1）建立外包成熟度规划矩阵。根据专家评分情况，给定外包成熟度指标权重，并计算三次需求相对权重，如表 4 – 8 所示。

表 4 – 8　　　　　　　　　　外包成熟度规划矩阵

一次需求	二次需求	三次需求	权重	相对权重
外包成本与风险小于自营	可靠性 0.4	不涉及公司机密	0.6	0.24
		与核心业务联系不紧密	0.4	0.16
	经济性 0.4	外包后资金周转顺利	0.6	0.24
		交易成本低	0.4	0.16
	兼容性 0.2	符合主营业务要求	0.5	0.1
		符合环境和政策要求	0.5	0.1

注：相对权重 = 二次需求权重 × 权重

（2）建立模块化外包成熟度 HOQ。结合模块化外包需求的相对权重及模块关联性评判，建立外包成熟度分析 HOQ，如表 4 – 9 所示。

表 4 – 9　　　　　　　　　　外包成熟度分析 HOQ

模块外包需求			可选的外包模块					
外包成熟度指标			相对重要度（%）	物流方案规划	物流财务预算	运输和配送	仓储管理	物流信息系统建设	物流供应链咨询与设计
外包成本与风险小于自营	可靠性	不涉及公司机密	24	1	0	9	9	3	1
		与核心业务联系不紧	16	3	3	9	3	3	3
	经济性	外包后资金周转顺利	24	9	1	3	3	9	9
		交易成本低	16	9	3	3	9	9	9
	兼容性	符合主营业务要求	10	3	3	3	9	3	3
		符合环境和政策要求	10	9	1	9	9	9	9
备选模块权重				5.52	1.6	6	6.6	6	5.2

其中，9 代表对应外包模块可以有效适应目前该指标的现状；0 代表对应外包模块不能适应目前该指标的现状或者对其有负面效应；3 和 1 代表两者之间的程度，备选模块权重即反映了各个模块的外包成熟度。从表 4 可以看出，JL 公司比较适合外包的是仓储管理、运输和配送、物流信息系统建设几个模块，而物流财务预算由于涉及公司机密和核心业务较多，不适合进行外包。

3.3.4.2 模块化外包网络关系成熟度规划与分析

（1）建立外包网络合作成熟度规划 HOQ。合作成熟度规划 HOQ 如表 4-10 所示。

表 4-10　　　　　　　　合作成熟度规划 HOQ

一次需求	二次需求	三次需求	重要度评判	竞争对手	质量改进			权重	
					目标	水平提高度	差异化	绝对重要度	权重（%）
需求企业对承包商的要求	安全性	货物可供跟踪查询	4	3	4	1.33	1	5.32	3.93
		货物破损率低	4	3	4	1.33	1	5.32	3.93
		交易信息保密	5	4	5	1.25	1	6.25	4.62
		信息系统安全可靠	3	4	5	1.25	1	3.75	2.77
		支付结算安全可靠	5	4	5	1.25	1	6.25	4.62
		公司资产负债率低	4	3	4	1.33	1	5.32	3.93
	便利性	服务网点覆盖率高	4	4	4	1	1	4	2.95
		货物提、接便利	4	3	5	1.67	1.2	8.016	5.92
		沟通渠道灵活多样	3	4	4	1	1	3	2.22
		运输方式多样	3	3	4	1.33	1	3.99	2.95
		业务流程手续简洁	4	5	5	1.25	1	5	3.69
	迅捷性	订单处理周期短	4	4	4	1.33	1	5.32	3.93
		平均运送时间短	4	4	5	1.25	1	5	3.69
		送递及时	5	4	5	1.25	1	6.25	4.62
	柔性	处理投诉反应速度快	3	4	5	1.25	1.2	4.5	3.32
		突发事件处理速度快	3	4	4	1.33	1.2	4.788	3.54
		满足个性化定制需要	5	4	5	1.25	1.5	9.375	6.92

续表

一次需求	二次需求	三次需求	重要度评判	竞争对手	质量改进			权重	
					目标	水平提高度	差异化	绝对重要度	权重（%）
需求企业对承包商的要求	伙伴支持	合作伙伴优惠定价	4	4	4	1	1	4	2.95
		提供增值服务	3	3	4	1.33	1	3.99	2.95
		物流服务保险支持	3	2	4	2	1.5	9	6.65
		物流技术支持	2	3	5	1.67	1.2	4.008	2.96
	外部环境	友好和谐市场环境	3	2	4	2	1.5	9	6.65
		信誉与品牌效应	5	3	4	1.33	1.5	9.975	7.37
	企业规模	适度的企业规模	4	4	4	1	1	4	2.95

以数字 1～5 依次表示企业对外包成熟度各指标的重要度评判，5 表示非常重要，1 表示非常不重要。表 4-10 中，目标为 JL 公司参照竞争对手，对自己的模块化外包达成水平设置的目标，其中：

水平提高度 = 目标/竞争对手，表示"目标需求达成"需要提高的程度。分别以 1.5、1.2 和 1 对差异化评估进行量化。

绝对重要度 = 重要度评判×水平提高度×差异化评估，将绝对重要度合计，各项目所占的百分比（%）就是物流服务需求的权重。

（2）建立质量措施分析 HOQ。将得到的各个需求权重导入到质量措施分析，建立质量措施分析 HOQ，如表 4-11 所示。

表 4-11　　　　　　　　　质量措施分析 HOQ

二次需求	三次需求	业务流程再造	服务质量差异化	服务网点建设	物流资源调配	客户关系管理	企业形象宣传	企业组织管理	质量权重
安全性	货物可供跟踪查询	3		3	1	3			3.93
	货物破损率低	1		2	2				4.62
	交易信息保密					3			2.77
	信息系统安全可靠	2							4.62
	支付和结算安全可靠					2			3.93
	公司资产负债率低	3		2				2	2.95

续表

企业质量措施　外包成熟度要素		业务流程再造	服务质量差异化	服务网点建设	物流资源调配	客户关系管理	企业形象宣传	企业组织管理	质量权重
二次需求	三次需求								
便利性	服务网点覆盖率高		2	3	3		1		5.92
	货物提、接便利	1	2	3			1		2.22
	沟通渠道灵活多样			3	2	2	2	1	2.95
	运输方式多样			2	3				3.69
	业务流程手续简洁	3	2					3	3.93
迅捷性	订单处理周期短	2	1	2				3	3.69
	平均运送时间短	1		3					4.62
	送递及时	2		3					3.32
柔性	处理投诉反应速度快	1				3	3	3	3.54
	突发事件处理速度快	1				2	2	3	6.92
	满足个性化定制需求	3	3	3	2	3			2.95
伙伴支持	合作伙伴优惠定价		3			3			2.95
	提供增值服务	1			2	3	3		6.65
	物流服务保险支持								2.96
	物流服务技术支持			3			3		6.65
外部环境	友好和谐的市场环境				2		3	3	7.37
	信誉与品牌效应						3	3	2.95
企业规模	适度的企业规模	3		3	2		2		3.93
重要度		110.25	58.69	137.94	86.15	94.80	96.00	116.31	
相对权重		0.157	0.084	0.197	0.123	0.135	0.137	0.166	

首先，通过调查 JL 公司要求的物流承包商，即网络中的专业化物流公司的相关质量措施，包括业务流程改进、服务质量差异化、物流网点建设、物流资源调配、客户关系管理、企业形象宣传、物流组织管理七个方面。

其次，用物流服务合作成熟度指标，即质量需求与企业物流服务质量措施作为两个因素构造质量措施分析 HOQ。在这个质量屋中，物流服务质量需求与企业质量措施的相关度，由 1~3 的数字尺度进行判断。3 表示强相关，2 表示相关，1 表示弱相关，空白为不相关。相关度越大，表示其与物流服务质量需求之间的关系越紧密。通过相关程度的评判和打分，定量地将合作关系成熟度指标转化为企业的关键质量措施。

最后，将得到的关键质量措施与备择专业化物流企业的质量措施对照，匹配度越高，则合作成熟度越高。从表 4 - 11，可以看出该公司较为看重的关键质量措施是业务流程改进、服务网点建设以及物流组织管理。

4.4.3.3　外包合作方案选择决策

从以上选取的企业质量措施权重，可以制订匹配的外包合作方案。将表 4 - 11 中的相对权重提取为质量措施的关键度，在外包合作方案决策 HOQ 中继续展开。类似于外包成熟度规划，分别用 9、3、1、0 表示其适应程度，9 代表对应外包商关系可以有效适应目前该指标的现状或者有重要的推进作用，0 代表对应外包商关系不能适应目前该指标的现状或者对其有负面效应，3 和 1 代表两者之间的程度。又因为外包方案决策是由交易频率和企业能力决定的，在使用专家评分法进行打分时，也是从交易频率和企业能力两个角度考虑质量措施与之匹配的程度，从而从 9、3、1、0之中选择合适的分值赋予备选方案（见表 4 - 12）。

表 4 - 12　　　　　　　　　模块化外包方案选择 HOQ

关键质量措施		可选的合作方案			
质量措施	关键度（%）	短期合约	临时外包	战略联盟	供应协作
业务流程改进	15.7	0	1	9	3
服务质量差异化	8.4	3	3	3	3
服务网点建设	19.7	1	1	9	3
物流资源调配	12.3	1	3	9	3
客户关系管理	13.5	3	3	3	9
企业形象宣传	13.7	9	3	1	1
物流组织管理	16.6	3	3	3	9
加权总计		270.8	228.9	558.5	452.9

4.4.3.4　实例分析结论及启示

综观上述 QFD 展开 HOQ，从外包成熟度、合作成熟度、合作方案决策几个步骤总结来看 JL 公司应选择仓储管理、运输和配送、物流信息技术等几个模块进行外包；且主要从备选外包商的业务流程改进、物流服务网点建设以及物流组织管理几个关键质量措施出发，进行合作成熟度考虑；最后，JL公司应选择与外包商建立长期的联盟合约形式。

以上关系选择主要考虑的物流服务模块化外包网络的两节点关系，两节点关系是网络关系的最基本单元，因此，制造企业或物流企业在网络关系决策时应集成各基本单元的情况，合理作出综合决策。

（1）主动融入物流服务模块化外包网络。物流服务中涵盖了订单处理、运输、配送、库存、流通加工、信息处理、物流金融服务等多个功能，在多功能的物流服务中，可以是一体化的物流解决方案，也可以是模块化的外包方案。在制造业与物流业融合发展过程中，专业化的物流模块服务功能可以有效解决制造企业物流活动的"瓶颈"。因此，物流服务模块化外包是一种必然选择，制造企业与物流企业的互动发展将形成物流服务的模块化外包网络。

（2）优化物流服务模块化外包决策过程。在物流服务模块化外包网络关系决策时，如何合理选择外包模块、外包对象及外包关系是关键。借助QFD方法的系列展开原理，可以有效地解决这一关键问题，即通过建立外包成熟度、合作成熟度以及合作方案的分析矩阵，解决了"哪些可外包——外包给谁——怎样外包"的问题。网络中的节点企业在关系决策时应合理构建需求指标体系，构建分析矩阵，优化决策过程，力求外包关系决策更加科学合理。

（3）建立协同联盟的服务型制造网络关系。SMN的外包活动主要表现为三种：一是生产过程服务模块外包，如制造加工过程外包；二是生产性服务模块外包，如以上分析的物流服务外包；三是最终为顾客服务的效用模块外包，如个性化定制等。这三种外包活动的相关主体构成了服务型制造网络，而物流服务模块化外包是其网络关系的重要组成部分，各主体间的协同关系对最终产品或服务质量产生重要影响，协同联盟的服务型制造网络关系利于制造业与物流业的共生发展。

4.4

本章小结

SMN节点能力选择是服务型制造网络中各服务模块集成商以及提供商采取能力差异化质量行为的前提，节点能力选择是对各服务模块提供商进行评价选择及相互关系决策的综合过程。本章首先分析了SMN节点能力选择的本质及选择原则，提出了SMN节点能力选择流程的三阶段模型。

认为 SMN 节点能力选择的本质是对节点的评价选择及关系决策，能力选择应在遵循服务价值创造、顾客效用优先、节点能力互补、整体风险最小的原则下，采取分析准备、评价决策及综合优化三阶段模式进行。

针对节点能力选择的节点评价选择问题，本章借助可拓理论提出了一种服务型制造网络模块节点选择的综合评价方法。该方法采用必须满足的属性确定可行解域，缩小待选集维数，减少计算量；采用模糊群决策方法确定指标权重，并改进关联函数，寻求最优解。最后用一个实例进行验证，结果表明此方法解决了构建模型时对指标的模糊主观判断问题，使得节点选择更加有效。服务型制造网络运作环境的不确定性很大，评价指标也根据价值模块属性的差异有所变化，因此对节点物元模型中所涉及的经典域、节域以及各评价指标量值的最优值的确定方面，需要根据模块属性差异决定，且评价指标中有些为越大越好，有些则可能越小越好，这些都需要改进关联函数或规范化指标量纲，有针对性地解决。

针对节点能力选择的节点关系决策问题。本章建立了 SMN 的物流服务模块化外包决策的 QFD 展开模型，文章提出了物流服务模块化外包网络概念，提出了模块化外包成熟度及外包合作关系成熟度评价指标体系，从网络节点中需求企业的角度展开，分析了网络节点的模块化外包质量措施，提出了与之相适应的网络合作关系决策方案，并通过实例分析说明决策过程的有效性。这一模型在实际操作中，把定性与定量原则相结合，具有科学性和可行性，为日渐形成的服务型制造网络及网络节点企业的实际运作提供了一个可以参考的方法。

第5章

SMN 基础能力优势节点质量行为：
适应性质量协作

SMN 节点能力的差异决定了其质量行为决策的不同，对于在网络节点中只有基础能力优势的节点，在质量合作中处于相对弱势，必须适应需求的变化以及合作方的要求。本章研究的是第 3 章提出的分析框架模型的第二部分，在研究中界定为服务模块提供商为基础能力优势时与服务模块集成商的质量合作行为，研究服务模块提供商的被动适应性行为，同时，分析服务模块集成商在合作需求前提下的质量决策行为。本章的结构安排如下：首先，界定适应性质量与适应性质量协作的内涵；其次，分析 SMN 基础能力优势节点适应性质量协作的情形；再次，重点研究能力需求变化下 SMN 节点适应性质量协作模型；最后，应用 Matlab 7.10.0 工具进行数值仿真分析，得出相关结论。

5.1
适应性质量协作的内涵

5.1.1 适应性质量

由第 3 章的分析可知，早期的质量理念经历了符合性质量和适用性质量的观念，即质量是在经济适用范围内产品符合标准的要求即可。符合性质量是基于技术性标准，适用性质量是基于经济性标准，而本节所提出的适应性质量是技术性标准与经济性标准的综合，认为适应性质量是指产品或服务在环境变化条件下，企业根据自身能力所提供的质量行为水平以及产品对顾客需求的满足程度。这一定义中适应性包括以下三方面的含义：

（1）顾客需求的适应性。即企业所提供的产品或服务首先要满足顾客需求，包括明示的需求和潜在的需求，要适应顾客的主观意愿变化，且从符合性质量角度看，需符合产品或服务的技术性标准。

（2）企业能力的适应性。即企业提供的产品或服务是基于自身基本能力的，企业能力决定了质量水平的适用程度，从适用性质量角度看，需符合产品或服务的经济性标准。

（3）运营环境的适应性。即企业提供的产品或服务过程中要适应运营环境的变化，在顾客需求不确定、社会环境不确定、经济环境不确定等条件下灵活变通地运用质量策略、方法和实践经验。

5.1.2　适应性质量协作

协作是企业任务分工合作的过程，本书认为适应性质量协作是指参与质量任务合作的行为主体以适应性质量为目标，在制定和执行质量任务时，依据各自能力资源、产品、服务消费者以及质量环境的整体变化，灵活变通地完成质量任务分工合作的过程，具有以下含义：

（1）适应性质量协作的本质是质量合作行为。协作是多主体的合作行为，适应性质量协作是多个行为主体关于质量任务的合作行为，是通过集合多个质量任务实施主体的资源和能力，从而使组织整体质量水平提高达到顾客满意的要求。

（2）适应性质量协作的前提是行为主体的能力约束。行为主体的能力约束是实施适应性质量协作的基本前提条件，即质量合作的行为主体必须具备一定的能力优势，才能够完成质量任务。

（3）适应性质量协作的目标是经济性与有效性。在参与合作的行为主体质量损失、质量成本最小化的基础上，满足顾客质量标准，既要达到行为主体的损失最小，又要达到对能力变化的适应、顾客需求变化的适应。

（4）适应性质量协作具有被动性特征。适应性质量是行为主体对顾客需求、企业能力及运营环境的适应，因此，适应性质量协作是一种约束条件下的被动适应过程，具有被动性特征。

针对 SMN 而言，适应性质量协作的行为主体是各价值模块节点，主要有服务模块集成商、服务模块提供商构成，其质量协作的动机与节点的能力有关。从服务模块提供商的角度看，其适应性质量协作是向集成商提供基础能力服务的过程，除了要满足最终顾客效用需求外，还必须满足模块集成商的能力需求；从服务模块集成商的角度看，其适应性质量协作是质量任务的制定、任务分配或能力采购、质量集成改进以达到最终顾客满意的过程。

5.2

SMN 基础能力优势节点的适应性质量协作情形分析

5.2.1 SMN 基础能力优势节点的适应性质量协作类型

依据 SMN 的结构模型，SMN 中服务能力提供节点是指服务性生产模块节点及生产性服务模块节点，且顾客效用模块节点参与到其他类型的节点中共同制订个性化标准。因此，SMN 的节点适应性质量协作主要是两种类型，如图 5-1 所示。

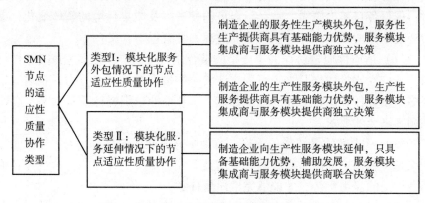

图 5-1　SMN 节点的适应性质量协作类型

第一种类型是模块化服务外包情况下的节点适应性质量协作，此时又可有两种情况：一是制造企业的服务性生产模块外包，服务性生产模块提供商只具备基础能力优势，依赖于服务模块集成商，各节点根据能力需求与约束独立决策，以满足顾客质量标准要求；二是制造企业的生产性服务模块外包，生产性服务模块提供商只具备基础能力优势，依赖于服务模块集成商，各节点根据能力需求与约束独立决策，以满足顾客质量标准要求。

第二种类型是模块化服务延伸情况下的节点适应性质量协作，制造企业自身向生产性服务模块的价值单元延伸，进而衍生新的独立经济组织单元，辅助发展，服务模块集成商与服务模块提供商需联合决策。

5.2.2　SMN 基础能力优势节点的适应性质量协作过程

在 SMN 的运行过程中，网络中各节点之间基于能力需求标准，结合自身能力优势提供模块化服务，并对服务过程提供质量保障，各节点结合具体情况采取基于能力的质量行为，最终完成模块化服务任务。对基础能力优势的节点，其模块化服务的适应性质量协作四阶段过程模型如图 5 - 2 所示。

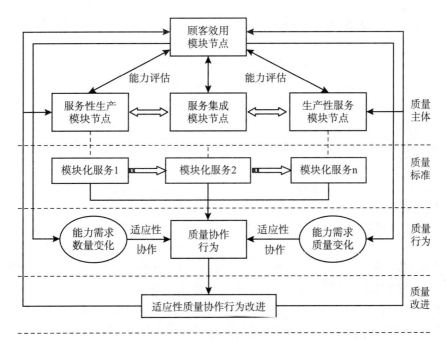

图 5 - 2　SMN 节点的适应性质量协作四阶段过程模型

具体的质量协作过程如下：

（1）质量主体的模块化服务供需能力评估。服务模块集成商与服务模块提供商对自身能力进行能力评估，确定能力优势特性，根据基础能力的供需匹配要求，选择合作模块及合作对象。

（2）顾客参与下的模块化服务质量标准确定。各模块节点与顾客一起商定模块服务提供的质量标准，如模块节点服务过程的运行周期、服务提供的货损货差率等。

（3）模块节点的适应性质量行为决策。依据能力需求的变化，如数量波动、顾客质量要求变化，服务模块集成商与服务模块提供商采取适应性质量决策行为，在满足自身经济性利益与顾客效用有效性前提下提供模块化服务合作。

（4）模块节点的适应性质量行为改进。各节点有选择地进行质量水平提升的能力投资，对模块化服务过程中的质量行为进行优化改进，以更好地满足顾客效用模块的要求。

5.3

能力需求变化下 SMN 节点的适应性质量协作模型

在 SMN 中，各类价值模块节点根据模块分工协作，通过发挥自身优势，提供或集成服务能力，形成满足顾客数量与质量需求的利益共同体。当生产性服务模块或服务性生产模块节点等服务模块提供商只具备基础能力优势时，其与服务集成模块节点之间的合作是一种典型的适应性协作关系，即需要根据需求来调整数量或质量应对能力。

在研究有多个成员构成的生产系统时，不少文献都将不完美的生产系统作为研究对象，探索不完美因素对成员的经营行为带来的影响，如一个生产系统生产周期内经过一定时间后进入失控状态，会产生不合格品。罗森布拉特和李（Rosenblatt and Lee，1986）认为生产系统经过一个指数时间后，制造过程进入失控状态，产出一定比例的不合格品，并不是所有产品都是有问题的[164]。本节基于罗森布拉特和李（Rosenblatt and Lee，1986）的理论，假设 SMN 中，各节点模块的服务过程在顾客需求变化及外界干扰的情况下，经过一定时间会出现部分服务差错，并将进入失控的时间及服务差错率作为衡量节点及整个网络的质量水平参数。在 SMN 不可控外界因素的条件下，服务模块集成商和服务模块提供商独立或联合选择服务质量投入水平，即要针对服务质量的改进，提升服务质量能力，需要优化适应性协作的质量投资行为。

5.3.1 符号说明与研究假设

5.3.1.1 符号说明

（1）d：正常情况下单周期内（固定的某一时间长度，如每年或每月）顾客服务能力的固定需求量；

（2）ξ：单周期内顾客服务能力需求的市场随机干扰因素波动值，ξ 服从正态分布 $\xi \in N(0, \sigma^2)$；

（3）D：单周期内（固定的某一时间长度，如每年或每月）顾客服务能力的变化需求量，$D = d + \xi$；

（4）H：服务模块集成商单位能力的单周期持有成本；

（5）K：服务模块集成商每次外包价值模块即能力采购的运营成本；

（6）Q：服务模块集成商向服务提供商每次订购的能力值；

（7）r：服务模块提供商单周期可提供的能力值；

（8）h：服务模块提供商单位能力的单周期持有成本；

（9）k：服务模块提供商每次进入下一批模块服务的能力准备成本；

（10）q：服务模块提供商每次可提供的能力值；

（11）q/r：服务模块提供商每次提供能力服务的时间长度；

（12）Q/q：一个能力订购期内服务模块提供商的能力提供次数；

（13）α：模块节点服务过程平均失控时间参数；

（14）β：节点失控状态下服务提供的差错率；

（15）M_α：服务模块集成商为适应需求变化延长服务过程正常运行时间的质量行为优化成本率；

（16）M_β：服务模块集成商为适应需求变化降低服务过程失控状态下服务差错率的质量行为优化成本率；

（17）m_α：服务模块提供商为适应需求变化延长服务过程正常运行时间的质量行为优化成本率；

（18）m_β：服务模块提供商为适应需求变化降低服务过程失控状态下服务差错率的质量行为优化成本率；

（19）$(\bar{\alpha}, \bar{\beta})$：顾客参与制定的模块化服务最低质量标准；

（20）(α, β)：服务模块提供商的质量行为水平；

（21）$(\hat{\alpha}, \hat{\beta})$：服务模块集成商的质量行为水平；

（22）δ：服务模块集成商检测出服务差错的比例，$0 < \delta < 1$；

（23）$\bar{\delta}$：服务模块集成商未检测出服务差错的比例，$\bar{\delta} = 1 - \delta$

（24）c_s：被检测出存在服务差错由服务模块提供商承担的单位能力损失费；

（25）c_t：未检测出存在服务差错由网络节点共同承担的单位能力损失费；

（26）ω：未检测出存在服务差错情况下由服务模块集成商承担损失的比例；

（27）$\overline{\omega}$：未检测出存在服务差错情况下由服务模块提供商承担损失的比例，$\overline{\omega} = 1 - \omega$；

（28）C_T：SMN 中节点服务总成本；

（29）C_I：服务模块集成商总成本；

（30）C_S：服务模块提供商总成本。

5.3.1.2　研究假设

在 SMN 中，有许多模块节点，但都是沿着节点间的服务流动关系，即服务流贯穿在网络节点的每个环节，假设单周期内的 SMN 是由四个节点构成，包括顾客效用模块节点、服务集成模块节点、服务性生产模块节点及生产性服务模块节点。即顾客参与到其余三个节点中，制定质量标准需求，服务性生产模块节点与生产性服务模块节点为服务模块集成商提供能力服务，实现协作关系（见图5－3）。

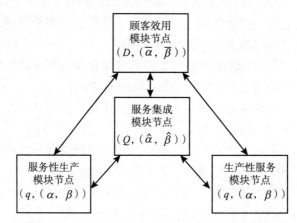

图5－3　SMN 中节点之间的适应性质量协作关系

同样，为方便模型建立与分析，只考虑单周期内一个简单的 SMN，将服务性生产模块节点及生产性服务模块节点统称为服务模块提供商，将服务集成模块节点称为服务模块集成商，将顾客效用模块节点称为顾客，简化后的关系图如图5－4所示。

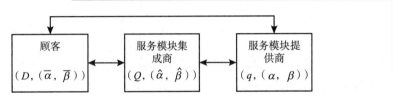

图 5 - 4　SMN 中节点之间的相互关系简化图

简化图中，有顾客效用价值模块节点、服务集成模块节点及服务提供价值模块节点三个节点之间的关系，其中，质量行为决策关系主要为集成商与提供商之间的行为优化过程。不妨设服务模块提供商为生产性服务模块节点，如物流服务的运输模块；服务集成商面对顾客变化的不确定性能力需求量为 D，$D = d + \xi$，d 为某一固定值，ξ 服从正态分布 $\xi \in N(0, \sigma^2)$；服务模块集成商根据需求量 D 来确定需外包给提供商的能力值 Q，即向服务模块提供商每次订购的能力值，为实现顾客效用，由顾客共同参与制定的初始最低质量标准为 $(\overline{\alpha}, \overline{\beta})$；服务模块提供商根据外包能力需求值 Q，确定每次可提供的能力值 q 及能力提供次数 Q/q；服务模块集成商与服务模块提供商均根据需求的变化，寻求适应性质量协作的服务改进水平 $(\hat{\alpha}, \hat{\beta})$ 及 (α, β)。并假设：（1）相对于服务模块集成商，服务模块提供商只具有基础能力优势，两者在协作决策中集成商占主导地位，双方质量行为优化的技术条件信息是对称的；（2）当发生服务差错时，服务模块集成商承担损失的比例为 ω，服务模块提供商承担损失的比例为 $\overline{\omega}$（$\overline{\omega} = 1 - \omega$）；（3）SMN 各节点进行质量行为优化改进时不受资金约束。

5.3.2　SMN 节点适应性质量协作的成本模型

当顾客需求以及外界干扰因素发生变化时，SMN 各节点需根据自身能力情况，调整能力订购或提供水平，调整质量行为投资水平，以寻求适应性优化方案，实现成本最小的目标。SMN 在实际运行过程中受多种因素的影响，导致发生成本的因变量较难预测，为便于分析，本书只考虑 SMN 中发生的常规成本、质量损失成本、质量行为优化努力成本。

5.3.2.1　SMN 节点常规成本

根据以上假设，服务模块集成商发生的常规成本为：

$$\frac{K(d+\xi)}{Q}+\frac{HQ}{2} \tag{5.1}$$

其中，第一项为服务模块集成商在顾客需求数量变化下的单周期能力订购运行成本，第二项为服务模块集成商单周期内能力持有成本。

服务模块提供商发生的常规成本为：

$$k\frac{Q}{q}\frac{D}{Q}+h\frac{Q}{2}\frac{\left(\dfrac{Q}{r}\right)}{\left(\dfrac{Q}{D}\right)}=\left(\frac{k}{q}+\frac{hQ}{2r}\right)(d+\xi) \tag{5.2}$$

其中，第一项为服务模块提供商在顾客需求数量变化下的单周期内能力准备成本，第二项为服务模块提供商单周期内能力持有成本。

5.3.2.2 SMN 质量损失成本

在 SMN 中，只要存在服务过程平均失控时间 α 及发生服务差错，即会产生质量损失，如退货成本、维修成本以及信誉下降带来的损失等。根据罗森布拉特和李（1986）[164, 165] 的理论，服务模块提供商在每次提供能力服务的时间长度 q/r 内，预期产生的差错数量由式（5.3）给出：

$$\int_0^{q/r}\beta(q-r\tau)\alpha e^{-\alpha\tau}d\tau=\frac{\alpha\beta q-\beta r}{\alpha}+\frac{\beta r}{\alpha}e^{-\alpha q/r} \tag{5.3}$$

其中，τ 为从服务提供开始到服务变得失控所经历的指数时间，$q-r\tau$ 表示服务提供商在失控状态下的能力提供值，β 为模块服务发生差错的比例，相对于 α 整个服务提供过程显得很小，其中 $e^{-\frac{\alpha q}{r}}\approx 1-\alpha q/r+(1/2!)(\alpha q/r)^2$（Rosenblatt and Lee，1986），则式（5.3）可简化为：

$$\int_0^{q/r}\beta(q-r\tau)\alpha e^{-\alpha\tau}d\tau\approx\alpha\beta q^2/2r \tag{5.4}$$

由于单周期内服务模块提供商的服务提供次数为 $(d+\xi)/q$，则单周期内发生服务差错的能力值为 $\alpha\beta q(d+\xi)/2r$。假设服务模块集成商检测出服务差错的比例 $\delta(0<\delta<1)$，此时产生的质量损失由服务模块提供商全部承担，单位能力损失费表示为 c_s，服务模块集成商未检测出服务差错的比例 $\bar{\delta}(\bar{\delta}=1-\delta)$，此时产生的质量损失由服务模块集成商与服务模块提供商共同承担，单位能力损失费表示为 c_t，则 SMN 在单周期内顾客需求数量变化情况下预期的质量损失成本为：

$$\frac{(\delta c_s + \bar{\delta c_t})\alpha\beta q}{2r}(d + \xi) \tag{5.5}$$

可以看出，SMN 预期的质量损失与质量水平的参数 α，β，服务模块提供商每次可提供的能力值 q 与顾客需求量 d 及其变化程度 ξ 相关。$\alpha\beta$ 值越低表示服务模块提供商的服务质量水平越高。服务模块提供商每次可提供的能力值 q 越小，则失控后持续时间越短，则出现差错的数量也减少。因此，调整 $\alpha\beta$ 和 q 是质量行为优化的主要决策手段。

5.3.2.3　SMN 节点质量行为优化努力成本

根据模型假设，SMN 中由顾客共同参与制定的初始最低质量标准为 $(\bar{\alpha}, \bar{\beta})$。本书参考 Porteus E. 等（1986）提出的质量投资成本对数函数[166, 167]，结合假设参数，SMN 中服务模块集成商的质量水平为 $(\hat{\alpha}, \hat{\beta})$，其质量行为优化努力成本对数函数表示为：

$$M_\alpha \ln(\bar{\alpha}/\hat{\alpha}) + M_\beta \ln(\bar{\beta}/\hat{\beta}) \tag{5.6}$$

其中，$(0, 0) \leqslant (\hat{\alpha}, \hat{\beta}) \leqslant (\bar{\alpha}, \bar{\beta})$，当服务提供商为基础能力优势的节点时，服务模块集成商承担了质量协作的主导者，其首先为达到顾客效用而制定的初始最低质量标准 $(\bar{\alpha}, \bar{\beta})$ 而努力，寻求质量行为优化改进方案。

服务模块提供商的质量水平为 (α, β)，其质量行为优化努力成本对数函数表示为：

$$m_\alpha \ln(\hat{\alpha}/\alpha) + m_\beta \ln(\hat{\beta}/\beta) \tag{5.7}$$

其中，$(0, 0) \leqslant (\alpha, \beta) \leqslant (\hat{\alpha}, \hat{\beta})$，服务模块提供商在满足顾客要求的前提下，因为其能力无明显优势，必须依附于占主导地位的集成商的要求，即需要进一步依据服务模块集成商的外包合作要求，适应性调整其质量行为水平以及每次提供的能力值。

5.3.2.4　SMN 节点适应性质量协作总成本

综合 5.3.2.1 节至 5.3.2.3 节中描述的各项成本，单周期内，SMN 中节点的适应性质量协作总成本表示为：

$$C_T = \frac{K(d + \xi)}{Q} + \frac{HQ}{2} + \left(\frac{k}{q} + \frac{hQ}{2r}\right)(d + \xi) + \frac{(\delta c_s + \bar{\delta c_t})\alpha\beta q}{2r}(d + \xi)$$

$$+ M_\alpha \ln(\bar{\alpha}/\hat{\alpha}) + M_\beta \ln(\bar{\beta}/\hat{\beta}) + m_\alpha \ln(\hat{\alpha}/\alpha) + m_\beta \ln(\hat{\beta}/\beta)$$

$$\tag{5.8}$$

其中，第一部分为服务模块集成商发生的常规成本，第二部分为服务模块提供商发生的常规成本，第三部分为 SMN 的质量损失成本，第四部分为 SMN 节点质量行为优化努力成本。

在信息对称情况下，服务模块提供商只具有基础能力优势，其质量行为 $[q, (\alpha, \beta)]$ 取决于服务模块集成商的行为与要求 $[Q, (\hat{\alpha}, \hat{\beta})]$，且满足 $(0, 0) \leqslant (\alpha, \beta) \leqslant (\hat{\alpha}, \hat{\beta})$，故单周期内服务模块提供商的总成本可用 $C_s[q, (\alpha, \beta) \mid Q, (\hat{\alpha}, \hat{\beta})]$ 表示：

$$C_s[q, (\alpha, \beta) \mid Q, (\hat{\alpha}, \hat{\beta})] = \left(\frac{k}{q} + \frac{hQ}{2r}\right)(d + \xi)$$
$$+ \frac{(\delta c_s + \overline{\delta}\omega c_t)\alpha\beta q}{2r}(d + \xi)$$
$$+ m_\alpha \ln(\hat{\alpha}/\alpha) + m_\beta \ln(\hat{\beta}/\beta) \tag{5.9}$$

在信息对称情况下，服务模块集成商占主导地位，其质量行为 $(Q, (\hat{\alpha}, \hat{\beta}))$ 取决于本身的实际水平与顾客要求的最低质量标准，满足 $(0, 0) \leqslant (\hat{\alpha}, \hat{\beta}) \leqslant (\overline{\alpha}, \overline{\beta})$，故单周期内服务模块集成商的总成本可用 $C_I[Q, (\hat{\alpha}, \hat{\beta})]$ 表示：

$$C_I[Q, (\hat{\alpha}, \hat{\beta})] = \frac{K}{Q}(d + \xi) + \frac{HQ}{2} + \frac{\overline{\delta}\omega c_t\alpha\beta q}{2r}(d + \xi)$$
$$+ M_\alpha \ln(\overline{\alpha}/\hat{\alpha}) + M_\beta \ln(\overline{\beta}/\hat{\beta}) \tag{5.10}$$

5.3.3 模块化服务外包情况下 SMN 节点适应质量协作行为决策

由 5.1.2 的分析可知，模块化服务外包情况下主要是指服务型制造企业的制造业务流程的模块化外包以及生产性服务模块的外包，承包方为服务模块的提供商，发包方为服务模块集成商，由于服务提供节点只具有基础能力优势，在协作中将根据模块化服务的最低质量标准，选择其各自最优质量协作行为决策。

5.3.3.1 服务模块提供商的适应性质量协作行为决策

服务模块提供商在一定的质量水平 (α, β) 下，可求得其最优的每次协作能力值 q^*，对 C_s 求一阶偏导数得：

$$\frac{\partial C_S}{\partial q} = -\frac{k}{q^2}(d+\xi) + \frac{(\delta c_s + \overline{\delta}\,\overline{\omega} c_t)\alpha\beta}{2r}(d+\xi)$$

令 $\frac{\partial C_S}{\partial q} = 0$

即 $-\frac{k}{q^2} + (\delta c_s + \overline{\delta}\,\overline{\omega} c_t)\alpha\beta/2r = 0$，求得：

$$q^* = \sqrt{\frac{2rk}{\alpha\beta(\delta c_s + \overline{\delta}\,\overline{\omega} c_t)}} \tag{5.11}$$

服务模块提供商必须满足集成商的要求，即其质量水平不能低于集成商的要求，在追求成本最小的前提下，假设其最优的质量水平为（α^*，β^*），$\beta^* = \hat{\beta}$，$m_\alpha = \min(m_\alpha, m_\beta)$。将式（5.11）及 β^* 代入式（5.9）可得：

$$C_S[q, (\alpha, \beta)\mid Q, (\hat{\alpha}, \hat{\beta})]$$

$$= \left[k\sqrt{\frac{\alpha\beta(\delta c_s + \overline{\delta}\,\overline{\omega} c_t)}{2rk}} + \frac{hQ}{2r}\right](d+\xi) + \frac{(\delta c_s + \overline{\delta}\,\overline{\omega} c_t)\alpha\beta}{2r}\sqrt{\frac{2rk}{\alpha\beta(\delta c_s + \overline{\delta}\,\overline{\omega} c_t)}}(d+\xi)$$

$$+ m_\alpha\ln(\hat{\alpha}/\alpha) + m_\beta\ln(\hat{\beta}/\hat{\beta})$$

$$= \left[\sqrt{\frac{2k\alpha\beta(\delta c_s + \overline{\delta}\,\overline{\omega} c_t)}{r}} + \frac{hQ}{2r}\right](d+\xi) + m_\alpha\ln(\hat{\alpha}/\alpha) + m_\beta\ln(\hat{\beta}/\hat{\beta}) \tag{5.12}$$

对式（5.12）求关于 α 的一阶偏导数

$$\frac{\partial C_S}{\partial \alpha} = \frac{1}{2}\alpha^{-1/2}\sqrt{\frac{2k\beta(\delta c_s + \overline{\delta}\,\overline{\omega} c_t)}{r}}(d+\xi) - m_\alpha\alpha^{-1}，令 \frac{\partial C_S}{\partial \alpha} = 0，可得：$$

$$\alpha^* = \frac{2m_\alpha^2 r}{k\beta(\delta c_s + \overline{\delta}\,\overline{\omega} c_t)(d+\xi)^2} \tag{5.13}$$

当 $\alpha^* = \dfrac{2m_\alpha^2 r}{k\beta(\delta c_s + \overline{\delta}\,\overline{\omega} c_t)(d+\xi)^2}$ 时，

$$\frac{\partial^2 C_S}{\partial \alpha^2} = -\frac{1}{4}\alpha^{*-3/2}\sqrt{\frac{2k\beta(\delta c_s + \overline{\delta}\,\overline{\omega} c_t)}{r}}(d+\xi) + m_\alpha(\alpha^*)^{-2}，化简后得：$$

$$\frac{\partial^2 C_S}{\partial \alpha^2} = \frac{1}{2}m_\alpha(\alpha^*)^{-2} > 0 \tag{5.14}$$

因此，当 $\alpha^* = \dfrac{2m_\alpha^2 r}{k\beta(\delta c_s + \overline{\delta\omega}c_t)(d+\xi)^2}$ 时，服务模块提供商的总成本 C_s 存在极小值，此时其最优适应性质量水平为：

$$\alpha^*\beta^* = \frac{2m_\alpha^2 r}{k(\delta c_s + \overline{\delta\omega}c_t)(d+\xi)^2} \qquad (5.15)$$

此时，由式（5.11），可得其最优的每次协作能力值：

$$q^* = \sqrt{\frac{2rk}{\alpha\beta(\delta c_s + \overline{\delta\omega}c_t)}} = \frac{k(d+\xi)}{m_\alpha} \qquad (5.16)$$

由于服务模块提供商只具备基础能力优势，需要依附于服务模块集成商与顾客的要求，所以实际质量决策时需考虑以下两种情形：

情形 1：$\hat{\alpha}\hat{\beta} > \alpha^*\beta^*$

此时，服务模块提供商最优质量水平高于服务模块集成商的质量要求，服务模块提供商在满足集成商努力改进的质量水平基础上，为达到其自身的最优化水平，还可以将服务质量水平提高，即通过努力进一步降低 $\alpha\beta$ 值，使得 $\alpha\beta = \alpha^*\beta^*$ 且 $q = q^*$。

此时，其适应性质量协作决策是 $\left[\dfrac{k(d+\xi)}{m_\alpha},\ \dfrac{2m_\alpha^2 r}{k(\delta c_s + \overline{\delta\omega}c_t)(d+\xi)^2}\right]$。

情形 2：$\hat{\alpha}\hat{\beta} \leqslant \alpha^*\beta^*$

此时，服务模块提供商最优质量水平低于服务模块集成商的质量要求，服务模块集成商在经过努力后的服务质量水平已经高于服务模块提供商利益最大化时的质量水平，服务模块提供商没有进一步提高服务质量水平的必要，即没有进一步降低 $\alpha\beta$ 值的动力。

此时，只要满足 $\alpha\beta = \hat{\alpha}\hat{\beta}$ 即达到最优，且 $q = \sqrt{\dfrac{2rk}{\hat{\alpha}\hat{\beta}(\delta c_s + \overline{\delta\omega}c_t)}}$ 所以其

适应性质量协作决策是 $\left[\sqrt{\dfrac{2rk}{\hat{\alpha}\hat{\beta}(\delta c_s + \overline{\delta\omega}c_t)}},\ \hat{\alpha}\hat{\beta}\right]$。

综合以上两种情形，得：

命题 5.1：模块化服务外包情况下，当服务模块提供商只具有基础能力优势，质量水平主导权由服务模块集成商决定时，服务模块提供商为满足顾客与集成商的要求以及自身利益最大化，其适应性质量协作行为决策为：

$$(q,\ (\alpha,\ \beta)) = [q^*,\ (\alpha^*,\ \beta^*)]$$

$$(q^*, (\alpha^*, \beta^*))$$

$$= \begin{cases} \left[\dfrac{k(d+\xi)}{m_\alpha}, \dfrac{2m_\alpha^2 r}{k(\delta c_s + \overline{\delta}\,\overline{\omega} c_t)(d+\xi)^2} \right], & \hat{\alpha}\hat{\beta} > \dfrac{2m_\alpha^2 r}{k(\delta c_s + \overline{\delta}\,\overline{\omega} c_t)(d+\xi)^2} \\[4mm] \left[\sqrt{\dfrac{2rk}{\hat{\alpha}\hat{\beta}(\delta c_s + \overline{\delta}\,\overline{\omega} c_t)}}, \hat{\alpha}\hat{\beta} \right], & \hat{\alpha}\hat{\beta} \leqslant \dfrac{2m_\alpha^2 r}{k(\delta c_s + \overline{\delta}\,\overline{\omega} c_t)(d+\xi)^2} \end{cases}$$

$$(5.17)$$

5.3.3.2　服务模块集成商的适应性质量协作行为决策

服务模块集成商在一定的质量水平 $(\hat{\alpha}, \hat{\beta})$ 下，可求得其每次订购的最优能力值 Q^*，对 C_I 求一阶偏导数，$\dfrac{\partial C_I}{\partial Q} = -\dfrac{K}{Q^2}(d+\xi) + \dfrac{H}{2}$，令 $\dfrac{\partial C_I}{\partial Q} = 0$，可得：

$$Q^* = \sqrt{\dfrac{2K}{H}(d+\xi)} \qquad (5.18)$$

服务模块集成商必须满足顾客的要求，即其质量水平不能低于顾客参与制定的最低质量标准 $(\overline{\alpha}, \overline{\beta})$，在追求成本最小的前提下，假设其最优的质量水平为 $(\hat{\alpha}^*, \hat{\beta}^*)$，$\hat{\beta}^* = \overline{\beta}$，$M_\alpha = \min(M_\alpha, M_\beta)$，可分以下两种情形进行分析：

情形 1：$\overline{\alpha}\overline{\beta} \leqslant \hat{\alpha}\hat{\beta} > \alpha^*\beta^*$

此时，模块化集成商努力改进后质量水平可达到顾客要求的最低质量标准，但仍低于服务模块提供商的最优水平，服务模块提供商将继续努力以达到

$$\alpha^*\beta^* = \dfrac{2m_\alpha^2 r}{k(\delta c_s + \overline{\delta}\,\overline{\omega} c_t)(d+\xi)^2}，其质量行为决策为：$$

$$(q^*, (\alpha^*, \beta^*)) = \left[\dfrac{k(d+\xi)}{m_\alpha}, \dfrac{2m_\alpha^2 r}{k(\delta c_s + \overline{\delta}\,\overline{\omega} c_t)(d+\xi)^2} \right] \quad (5.19)$$

此时，服务模块提供商将决定最终质量水平，集成商为使其成本最小，将选择只要符合顾客要求即可的标准，体现适应性原则，即不进行质量行为优化改进，其最优质量行为决策是：

$$(Q^*, (\hat{\alpha}^*, \hat{\beta}^*)) = \left[\sqrt{\dfrac{2K(d+\xi)}{H}}, (\overline{\alpha}, \overline{\beta}) \right] \quad (5.20)$$

将式（5.19）与式（5.20）代入式（5.10），可得此时的服务模块集

成商质量总成本最低：

$$C_I[Q, (\hat{\alpha}, \hat{\beta})] = \sqrt{2KH(d+\xi)} + \frac{m_\alpha \delta \omega c_t}{\delta c_s + \bar{\delta}\bar{\omega}c_t} \qquad (5.21)$$

情形2：$\bar{\alpha}\bar{\beta} > \hat{\alpha}\hat{\beta} \leq \alpha^*\beta^*$

此时，服务模块集成商在投入质量努力后，其质量水平高于顾客要求的质量水平且高于服务模块提供商成本最小时的临界值，服务模块提供商将不会采取措施投入努力，即只要适应 $\alpha\beta = \hat{\alpha}\hat{\beta}$ 即可，其选择的质量行为决策为：

$$(q, (\alpha, \beta)) = \left[\sqrt{\frac{2rk}{\hat{\alpha}\hat{\beta}(\delta c_s + \bar{\delta}\bar{\omega}c_t)}}, \hat{\alpha}\hat{\beta} \right] \qquad (5.22)$$

为达到模块化集成商的最大利益，集成商需继续投入努力改进质量水平，将式（5.18）与式（5.22）代入（5.10）并对 $\hat{\alpha}$ 求一阶偏导数，根据前面假设 $(\hat{\alpha}^*, \hat{\beta}^*)$，$\hat{\beta}^* = \bar{\beta}$ 可得：

$$\frac{\partial C_I}{\partial \hat{\alpha}} = \frac{\bar{\delta}\bar{\omega}c_t(d+\xi)}{2}\hat{\alpha}^{-1/2}\sqrt{\frac{k\hat{\beta}}{2r(\delta c_s + \bar{\delta}\bar{\omega}c_t)}} - M_\alpha \hat{\alpha}^{-1}$$

令 $\dfrac{\partial C_I}{\partial \hat{\alpha}} = 0$，可得：

$$\hat{\alpha}^* = \frac{8M_\alpha^2 r(\delta c_s + \bar{\delta}\bar{\omega}c_t)}{\bar{\delta}^2\bar{\omega}^2 c_t^2 (d+\xi)^2 k\hat{\beta}} \qquad (5.23)$$

当 $\hat{\alpha}^* = \dfrac{8M_\alpha^2 r(\delta c_s + \bar{\delta}\bar{\omega}c_t)}{\bar{\delta}^2\bar{\omega}^2 c_t^2 (d+\xi)^2 k\hat{\beta}}$ 时，

$$\frac{\partial^2 C_I}{\partial \hat{\alpha}^2} = -\frac{\bar{\delta}\bar{\omega}c_t(d+\xi)}{4}(\hat{\alpha}^*)^{-3/2}\sqrt{\frac{k\hat{\beta}}{2r(\delta c_s + \bar{\delta}\bar{\omega}c_t)}} + M_\alpha(\hat{\alpha}^*)^{-2}，化简后得：$$

$$\frac{\partial^2 C_I}{\partial \hat{\alpha}^2} = \frac{1}{2}M_\alpha(\hat{\alpha}^*)^{-2} > 0$$

因此，当 $\hat{\alpha}^* = \dfrac{8M_\alpha^2 r(\delta c_s + \bar{\delta}\bar{\omega}c_t)}{\bar{\delta}^2\bar{\omega}^2 c_t^2 (d+\xi)^2 k\hat{\beta}}$ 时，服务模块集成商的总成本 C_I 存在极小值，此时其最优适应性质量水平为：

$$\hat{\alpha}^*\hat{\beta}^* = \frac{8M_\alpha^2 r(\delta c_s + \bar{\delta}\bar{\omega}c_t)}{\bar{\delta}^2\bar{\omega}^2 c_t^2 (d+\xi)^2 k} \qquad (5.24)$$

即服务模块集成商的最佳质量行为决策是：

$$(Q^*, (\hat{\alpha}^*, \hat{\beta}^*)) = \left[\sqrt{\frac{2K(d+\xi)}{H}}, \frac{8M_\alpha^2 r(\delta c_s + \bar{\delta}\bar{\omega}c_t)}{\bar{\delta}^2 \omega^2 c_t (d+\xi)^2 k} \right] \quad (5.25)$$

综合以上两种情形，得：

命题 5.2：模块化服务外包情况下，当服务模块提供商只具备基础能力优势，质量水平主导权由服务模块集成商决定时，服务模块集成商为满足顾客的要求以及自身利益最大化，其适应性质量协作行为决策 $[Q, (\hat{\alpha}, \hat{\beta})] = (Q^*, (\hat{\alpha}^*, \hat{\beta}^*))$

$$(Q^*, (\hat{\alpha}^*, \hat{\beta}^*))$$

$$= \begin{cases} \left[\sqrt{\dfrac{2K(d+\xi)}{H}}, \ \bar{\alpha}\bar{\beta} \right], \ \bar{\alpha}\bar{\beta} \le \hat{\alpha}\hat{\beta} > \dfrac{2m_\alpha^2 r}{k(\delta c_s + \bar{\delta}\bar{\omega}c_t)(d+\xi)^2} \\[4mm] \left[\sqrt{\dfrac{2K(d+\xi)}{H}}, \ \dfrac{8M_\alpha^2 r(\delta c_s + \bar{\delta}\bar{\omega}c_t)}{\bar{\delta}^2 \omega^2 c_t^2 (d+\xi)^2 k} \right], \ \bar{\alpha}\bar{\beta} > \hat{\alpha}\hat{\beta} \le \dfrac{2m_\alpha^2 r}{k(\delta c_s + \bar{\delta}\bar{\omega}c_t)(d+\xi)^2} \end{cases}$$

5.3.4　模块化服务延伸情况下 SMN 节点适应质量协作行为决策

模块化服务延伸情况下主要是指服务型制造企业向生产性服务领域渗透，即其业务模块向生产性服务价值模块延伸，并形成独立的组织单元，成为服务模块的提供商，除了向本企业提供生产性服务外，还可向其他集成商提供服务，其目标是扩大服务价值。此时，服务模块集成商与服务模块提供商本质上是为服务型制造企业自身利益，在模块协作中是整体利益行为，因此，SMN 节点在协作中需根据顾客效用的最低质量标准，进行联合质量协作行为决策。

在 SMN 节点联合决策情况时，即要确定 SMN 最优的能力订购值 Q^*、能力提供值 q^* 及最优的质量行为水平 $\alpha^* \beta^*$。

对于最优的能力订购值 Q^*，将式（5.8）对 Q 求一阶偏导数，得：

$$\frac{\partial C_T}{\partial Q} = -\frac{K}{Q^2}(d+\xi) + \frac{H}{2} + \frac{h}{2r}(d+\xi)$$

令 $\dfrac{\partial C_T}{\partial Q} = 0$，可得：

$$Q^* = \sqrt{\dfrac{K(d+\xi)}{\dfrac{H}{2} + \dfrac{h}{2r}(d+\xi)}} \qquad (5.26)$$

对于最优的能力提供值 q^*，假定最优质量行为水平 $\alpha^*\beta^*$ 给定，将式（5.8）对 q 求一阶偏导数，得：

$$\frac{\partial C_T}{\partial q} = -\frac{k}{q^2}(d+\xi) + \frac{(\delta c_s + \bar{\delta} c_t)\alpha^*\beta^*}{2r}(d+\xi)$$

令 $\dfrac{\partial C_T}{\partial q} = 0$，可得：

$$q^* = \sqrt{\frac{2kr}{(\delta c_s + \bar{\delta} c_t)\alpha^*\beta^*}} \qquad (5.27)$$

与服务模块集成商及服务模块提供商单独决策时类似，SMN 节点联合决策时必须满足顾客的要求，即其质量水平不能低于顾客参与制定的最低质量标准 $(\bar{\alpha}, \bar{\beta})$，在追求成本最小的前提下，主要决策者将把质量行为最优的决策点努力投资于最经济的方法上，即在对 M_α，M_β，m_α，m_β 进行选择时，将以最低的投资率进行质量水平的提升，故可令 $M = \min(M_\alpha, M_\beta, m_\alpha, m_\beta)$，此时，在符合顾客效用的最低要求的前提下，各节点采取的质量水平为 $\alpha = \hat{\alpha}^*$，$\beta = \hat{\beta} = \bar{\beta}$。同样，存在两种情形：

情形 1： $\bar{\alpha}\bar{\beta} \le \alpha^*\beta^*$

此时，说明 SMN 节点能提供的最优质量水平不会高于顾客要求的质量水平，SMN 节点将不会主动采取措施投入努力，即只要适应 $\alpha^*\beta^* = \bar{\alpha}\bar{\beta}$，$q^* = \sqrt{\dfrac{2kr}{(\delta c_s + \bar{\delta} c_t)\,\bar{\alpha}\bar{\beta}}}$ 即可，其选择的质量行为决策为：

$$\left[q^*, (\alpha^*, \beta^*)\right] = \left[\sqrt{\frac{2rk}{(\delta c_s + \bar{\delta \omega} c_t)\bar{\alpha}\bar{\beta}}},\ \bar{\alpha}\bar{\beta}\right]$$

情形 2： $\bar{\alpha}\bar{\beta} > \alpha^*\beta^*$

此时，说明 SMN 节点能提供的最优质量水平高于顾客要求的质量水平，为达到整体利益的最大化，SMN 的主要决策者会继续投入努力。

将式（5.26）及式（5.27）代入式（5.8）得：

$$C_T^* = \sqrt{\frac{2K(d+\xi)}{(H+(d+\xi)h/r)}} + \sqrt{\frac{(\delta c_s + \bar{\delta} c_t)\hat{\alpha}\beta k}{8r}(d+\xi)^2}$$

$$+ M\ln(\overline{\alpha}/\hat{\alpha}) + M\ln(\overline{\beta}/\hat{\beta}) + M\ln(\hat{\alpha}/\alpha) + M\ln(\hat{\beta}/\beta) \qquad (5.28)$$

对于最优的 $\hat{\alpha}^*$，将式（5.28）对 $\hat{\alpha}$ 求一阶偏导数，得：

$$\frac{\partial C_T^*}{\partial \hat{\alpha}} = \frac{1}{2}\hat{\alpha}^{-1/2}\sqrt{\frac{(\delta c_s + \overline{\delta} c_t)\beta k}{8r}(d+\xi)^2} - M\hat{\alpha}^{-1}$$

令 $\dfrac{\partial C_T^*}{\partial \hat{\alpha}} = 0$，可得：

$$\hat{\alpha}^* = \frac{2rM^2}{(\delta c_s + \overline{\delta} c_t)\beta k\,(d+\xi)^2} \qquad (5.29)$$

当 $\hat{\alpha}^* = \dfrac{2rM^2}{(\delta c_s + \overline{\delta} c_t)\beta k\,(d+\xi)^2}$ 时，

$$\frac{\partial^2 C_T^*}{\partial \hat{\alpha}^2} = -\frac{1}{4}\hat{\alpha}^{-3/2}\sqrt{\frac{(\delta c_s + \overline{\delta} c_t)\beta k}{8r}(d+\xi)^2} + M\hat{\alpha}^{-2}，化简后可得：$$

$$\frac{\partial^2 C_T}{\partial \hat{\alpha}^2} = \frac{3}{4}M(\hat{\alpha}^*)^{-2} > 0$$

因此，当 $\hat{\alpha}^* = \dfrac{2rM^2}{(\delta c_s + \overline{\delta} c_t)\beta k(d+\xi)^2}$ 时，SMN 总成本 C_T 存在极小值，结合假设 $\alpha = \hat{\alpha}^*$，$\beta = \hat{\beta} = \overline{\beta}$，此时 SMN 节点联合决策最优适应性质量水平为：

$$\alpha^*\beta^* = \frac{2rM^2}{(\delta c_s + \overline{\delta} c_t)k(d+\xi)^2} \qquad (5.30)$$

将式（5.30）代入式（5.27），得：

$$q^* = \frac{k(d+\xi)}{M} \qquad (5.31)$$

此时，SMN 节点适应性质量行为决策为：

$$(q^*,\ (\alpha^*,\ \beta^*)) = \left[\frac{k(d+\xi)}{M},\ \frac{2rM^2}{(\delta c_s + \overline{\delta} c_t)k(d+\xi)^2}\right]$$

综合以上两种情形，得：

命题 5.3：模块化服务延伸情况下，当服务模块提供商只具备基础能力优势，质量水平主导权由服务模块集成商决定时，SMN 节点实施联合决策，SMN 在满足顾客最低质量标准要求的前提下为满足整体利益最大化而投入质量努力，其适应性质量协作行为决策 $[q,\ (\alpha,\ \beta)] = [q^*,\ (\alpha^*,$

β^{*})]。

$$[q^{*}, (\alpha^{*}, \beta^{*})] =$$

$$\begin{cases} \left[\sqrt{\dfrac{2rk}{(\delta c_s + \overline{\delta}\overline{\omega} c_t)\overline{\alpha}\overline{\beta}}}, \ \overline{\alpha}\overline{\beta} \right], & \overline{\alpha}\overline{\beta} \leqslant \dfrac{2rM^2}{(\delta c_s + \overline{\delta} c_t)k(d+\xi)^2} \\[4mm] \left[\dfrac{k(d+\xi)}{M}, \ \dfrac{2rM^2}{(\delta c_s + \overline{\delta} c_t)k(d+\xi)^2}, \right], & \overline{\alpha}\overline{\beta} > \dfrac{2rM^2}{(\delta c_s + \overline{\delta} c_t)k(d+\xi)^2} \end{cases}$$

5.4
数值仿真算例与分析

5.4.1 基础数据的假设

（1）正常情况下单周期内（固定的某一时间长度，如每年或每月）顾客服务能力的固定需求量 $d = 1000$；

（2）单周期内（固定的某一时间长度，如每年或每月）顾客服务能力的变化需求量 $D = d + \xi$，其中 $\xi \in N(0, \sigma^2)$；

（3）服务模块集成商单位能力的单周期持有成本 $H = 20$；

（4）服务模块集成商每次能力采购的运营成本 $K = 120$；

（5）服务模块提供商单周期可提供的能力值 $r = 1000$；

（6）服务模块提供商单位能力的单周期持有成本 $h = 15$；

（7）服务模块提供商每次进入下一批模块服务的能力准备成本 $k = 200$；

（8）服务模块集成商为适应需求变化延长服务过程正常运行时间的质量行为优化成本率 $M_\alpha = 2000$；

（9）服务模块集成商为适应需求变化降低服务过程失控状态下服务差错率的质量行为优化成本率 $M_\beta = 1500$；

（10）服务模块提供商为适应需求变化延长服务过程正常运行时间的质量行为优化成本率 $m_\alpha = 1500$；

（11）服务模块提供商为适应需求变化降低服务过程失控状态下服务差错率的质量行为优化成本率 $m_\beta = 1500$；

（12）顾客参与制定的模块化服务最低质量标准 $\overline{\alpha}\overline{\beta} = 0.8$；

（13）被检测出存在服务差错由服务模块提供商承担的单位能力损失

费 $c_s = 40$；

（14）未检测出存在服务差错由网络节点共同承担的单位能力损失费 $c_t = 1200$；

（15）服务模块集成商检测出服务差错的比例 δ；

（16）未检测出存在服务差错情况下由服务模块集成商承担损失的比例 ω；

为方便分析，把以上基础数据参数赋值列表如表 5 - 1 所示。

表 5 - 1　　　　　　　　　基础数据的参数赋值

参数符号	参数值	参数符号	参数值
d	1000	m_α	1500
ξ	$\xi \in N(0, \ \sigma^2)$	M_β	1500
K	120	m_β	1500
h	15	$\overline{\alpha}\overline{\beta}$	0.8
H	20	c_s	40
r	1000	c_t	1200
k	200	δ	0 ~ 1
M_α	2000	ω	0 ~ 1

由于本书主要分析 SMN 节点的质量行为，因此，本书将以 Matlab 7.10.0。软件为工具对不同情况下的适应性质量行为水平进行仿真分析。

5.4.2　模块化服务外包情况下 SMN 节点适应质量协作行为仿真分析

5.4.2.1　相关参数的变化对服务模块提供商质量行为水平的影响

（1）δ 的变化对 $\alpha^*\beta^*$ 的影响。

由命题 5.1，当 $\hat{\alpha}\hat{\beta} > \dfrac{2m_\alpha^2 r}{k(\delta c_s + \overline{\delta}\omega c_t)(d+\xi)^2}$ 时，$\alpha^* \ \beta^* = \dfrac{2m_\alpha^2 r}{k(\delta c_s + \overline{\delta}\omega c_t)(d+\xi)^2}$，$\hat{\alpha}\hat{\beta} \leqslant \dfrac{2m_\alpha^2 r}{k(\delta c_s + \overline{\delta}\omega c_t)(d+\xi)^2}$时，$\alpha^*\beta^* = \hat{\alpha}\hat{\beta} \leqslant \overline{\alpha}\overline{\beta}$，$\delta$ 在 0 ~ 1 之间取值，经数值仿真后 $\alpha^*\beta^*$ 结果如图 5 - 5 所示。

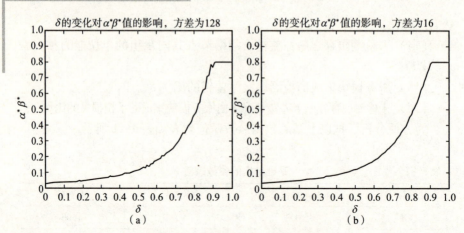

图 5 – 5 δ 的变化对 $\alpha^* \beta^*$ 的影响

由图 5 – 5 可知，服务模块提供商的最优适应性质量行为水平 $\alpha^* \beta^*$ 值随着服务模块集成商检测出服务差错的比例 δ 增大而增大，说明服务差错的检测水平有利于服务模块提供商确定更合理的 $\alpha^* \beta^*$ 值，$\alpha^* \beta^*$ 值越高有利于降低质量行为优化成本，这符合只有基础能力优势的 SMN 节点参与合作的客观情况；从图 5 – 5 中可以看出，δ 在取值较小时，$\alpha^* \beta^*$ 均小于顾客要求的水平 0.8，说明即使服务集成商投入检测出服务差错的概率较低，服务模块提供商为了达到自身利益的最大化，也有足够的动力和空间改进质量水平。

（2）ω 的变化对 $\alpha^* \beta^*$ 的影响。

同样，当 $\hat{\alpha}\hat{\beta} > \dfrac{2m_\alpha^2 r}{k(\delta c_s + \overline{\delta}\,\overline{\omega}c_t)(d+\xi)^2}$ 时，$\alpha^* \beta^* = \dfrac{2m_\alpha^2 r}{k(\delta c_s + \overline{\delta}\,\overline{\omega}c_t)(d+\xi)^2}$，

当 $\hat{\alpha}\hat{\beta} \leqslant \dfrac{2m_\alpha^2 r}{k(\delta c_s + \overline{\delta}\,\overline{\omega}c_t)(d+\xi)^2}$ 时，$\alpha^* \beta^* = \hat{\alpha}\hat{\beta} \leqslant \overline{\alpha}\,\overline{\beta}$，$\omega$ 在 0 ~ 1 之间取值，

经数值仿真后 $\alpha^* \beta^* = \dfrac{2m_\alpha^2 r}{k(\delta c_s + \overline{\delta}\,\overline{\omega}c_t)(d+\xi)^2}$ 结果如图 5 – 6 所示。

由图 5 – 6 可知，服务模块提供商的最优适应性质量行为水平 $\alpha^* \beta^*$ 值随着服务模块集成商承担的比例 ω 增大而增大，$\alpha^* \beta^*$ 值越大，服务模块提供商的质量行为优化成本将越低，因此，服务模块提供商的适应性行为将希望模块服务集成商承担损失越多越好；从另一方面，ω 在取值较小时，$\alpha^* \beta^*$ 均小于顾客要求的水平 0.8，说明即使服务集成商承担的损失比例较低，服务模块提供商为了达到自身利益的最大化，也有足够的动力和

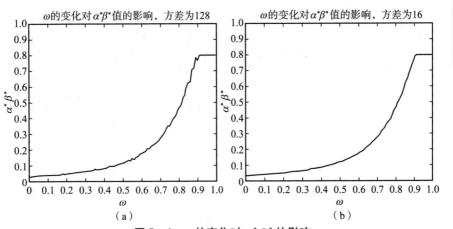

图 5 - 6　ω 的变化对 $\alpha^*\beta^*$ 的影响

空间改进质量水平。

（3）ξ 的变化对 $\alpha^*\beta^*$ 的影响。

当顾客服务能力的需求量的随机变化量 ξ 不同时，对 $\alpha^*\beta^*$ 也将产生影响，本书取 $\xi \in N(0,\ \sigma^2)$，在 $\sigma^2 = 128$ 与 $\sigma^2 = 16$ 时取 $n = 100$ 个随机数 ξ 对 $\alpha^*\beta^*$ 的结果如图 5 - 7 所示。

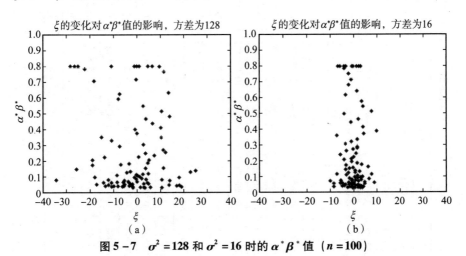

图 5 - 7　$\sigma^2 = 128$ 和 $\sigma^2 = 16$ 时的 $\alpha^*\beta^*$ 值（$n = 100$）

从图 5 - 7 看，服务能力需求的随机干扰因素 ξ 发生变化时，$\alpha^*\beta^*$ 也将发生变化，并呈现无规律的随机变化。为更进一步说明 ξ 的变化大小对 $\alpha^*\beta^*$ 的影响，将 ξ 在方差为 $\sigma^2 = 128$ 和 $\sigma^2 = 16$ 时的 100 个随机数而得到的 $\alpha^*\beta^*$ 如表 5 - 2 所示。

表 5-2　$\sigma^2 = 128$ 和 $\sigma^2 = 16$ 时 ξ 对 $\alpha^* \beta^*$ 的影响 ($n = 100$)

ξ 变化程度	服务模块提供商最优质量水平 $\alpha^* \beta^*$ ($n = 100$)									
$\sigma^2 = 128$	0.030589	0.031653	0.032417	0.032794	0.03366	0.03531	0.035417	0.036154	0.037252	0.036209
$\sigma^2 = 16$	0.031081	0.031656	0.032696	0.033059	0.033832	0.034335	0.035136	0.035777	0.036844	0.037645
$\sigma^2 = 128$	0.039195	0.039704	0.040801	0.042165	0.042171	0.043223	0.042473	0.045247	0.047194	0.045508
$\sigma^2 = 16$	0.038114	0.039946	0.040309	0.041472	0.042116	0.042733	0.043667	0.04536	0.046238	0.047123
$\sigma^2 = 128$	0.047002	0.049775	0.052527	0.052562	0.053553	0.054404	0.056512	0.057093	0.058694	0.062584
$\sigma^2 = 16$	0.048438	0.049397	0.05059	0.052423	0.05344	0.05569	0.055667	0.057959	0.05979	0.060949
$\sigma^2 = 128$	0.063862	0.065334	0.066824	0.068445	0.069901	0.077176	0.074895	0.07426	0.080637	0.07946
$\sigma^2 = 16$	0.06322	0.064254	0.066356	0.066781	0.069288	0.073437	0.073861	0.077224	0.078863	0.081041
$\sigma^2 = 128$	0.083046	0.086438	0.088817	0.09547	0.095379	0.094948	0.101587	0.105274	0.110949	0.113126
$\sigma^2 = 16$	0.083207	0.086571	0.08807	0.092475	0.094948	0.097904	0.101744	0.104634	0.108832	0.11376
$\sigma^2 = 128$	0.116574	0.120384	0.127215	0.131694	0.130082	0.149028	0.140066	0.152097	0.156104	0.172879
$\sigma^2 = 16$	0.118899	0.119761	0.126756	0.130882	0.135495	0.141381	0.148292	0.153836	0.159816	0.164478
$\sigma^2 = 128$	0.175952	0.182375	0.18752	0.205607	0.204853	0.222836	0.226768	0.234649	0.248028	0.256073
$\sigma^2 = 16$	0.174813	0.180097	0.188851	0.198281	0.208807	0.217257	0.227265	0.24095	0.249483	0.264119
$\sigma^2 = 128$	0.269564	0.294297	0.303408	0.328371	0.349054	0.349785	0.376808	0.398246	0.411499	0.437772
$\sigma^2 = 16$	0.275943	0.2892	0.307396	0.322134	0.337746	0.362447	0.373705	0.390148	0.416822	0.444805
$\sigma^2 = 128$	0.465058	0.481527	0.512323	0.549461	0.592238	0.623919	0.630328	0.706355	0.714954	0.782322
$\sigma^2 = 16$	0.467147	0.499376	0.515387	0.548311	0.579367	0.619084	0.645791	0.683879	0.716342	0.751628
$\sigma^2 = 128$	0.763518	0.797471	0.8	0.8	0.8	0.8	0.8	0.8	0.8	0.8
$\sigma^2 = 16$	0.787701	0.8	0.8	0.8	0.8	0.8	0.8	0.8	0.8	0.8

由表 5 - 2 看，$\alpha^*\beta^*$ 取值小于 0.8 的情形下，$\sigma^2 = 128$ 时，$\alpha^*\beta^*$ 最小为 0.030589，最大为 0.797471，变化差距是 0.766882，$\sigma^2 = 16$ 时，$\alpha^*\beta^*$ 最小为 0.031081，最大为 0.787701，变化差距是 0.75662，说明随机干扰因素 ξ 变化越大，对 $\alpha^*\beta^*$ 的影响程度越大；$\alpha^*\beta^*$ 取值等于 0.8 的情形下，随机干扰因素 ξ 变化对 $\alpha^*\beta^*$ 无影响。

（4）δ 和 ξ 的变化对 $\alpha^*\beta^*$ 的影响。

δ 和 ξ 的变化对 $\alpha^*\beta^*$ 的影响至于三维空间图中，其结果如图 5 - 8 与图 5 - 9 所示。

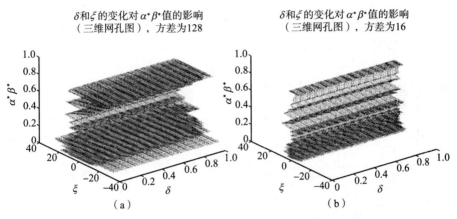

图 5 - 8　δ 和 ξ 的变化对 $\alpha^*\beta^*$ 的影响（三维网孔图）

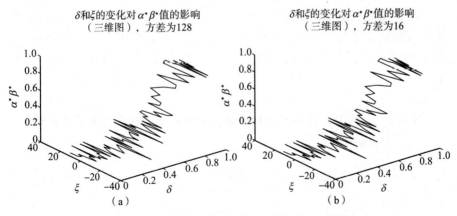

图 5 - 9　δ 和 ξ 的变化对 $\alpha^*\beta^*$ 的影响（三维图）

从以上 δ 和 ξ 同时变化对 $\alpha^*\beta^*$ 的影响视图中，$\alpha^*\beta^*$ 的取值绝大多数集中于 $0 \sim 0.5$ 之间，即 $\alpha^*\beta^*$ 值较小。δ 对 $\alpha^*\beta^*$ 呈现出 δ 越大 $\alpha^*\beta^*$ 越大的正相关规律变化，而 ξ 对 $\alpha^*\beta^*$ 呈现无规律随机变化，说明在实际质量合作中，可以通过调整服务集成商的检查水平 δ 调整服务提供商的最优质量行为水平。

（5）δ 和 ω 的变化对 $\alpha^*\beta^*$ 的影响。

δ 和 ω 的变化对 $\alpha^*\beta^*$ 的影响至于三维空间图中，其结果如图 5 - 10 所示。

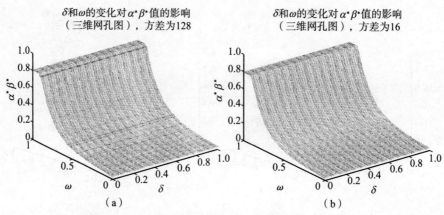

图 5 - 10 δ 和 ω 的变化对 $\alpha^*\beta^*$ 的影响（三维网孔图）

从 δ 和 ω 的变化对 $\alpha^*\beta^*$ 的影响视图中，$\alpha^*\beta^*$ 的取值绝大多数集中较低值，且呈现出 δ 和 ω 越大 $\alpha^*\beta^*$ 越大的正相关规律变化，说明通过 δ 和 ω 的调整可以使服务模块提供商在多数情况下达到最优质量行为水平。

5.4.2.2   相关参数的变化对服务模块集成商质量行为水平的影响

（1）δ 的变化对 $\hat{\alpha}^*\hat{\beta}^*$ 的影响。

由命题 5.2，当 $\overline{\alpha}\overline{\beta} \leqslant \hat{\alpha}\hat{\beta} > \dfrac{2m_\alpha^2 r}{k(\delta c_s + \overline{\delta}\overline{\omega}c_t)(d+\xi)^2}$ 时，$\hat{\alpha}^*\hat{\beta}^* = \overline{\alpha}\overline{\beta}$，$\alpha\beta > \hat{\alpha}\hat{\beta}$

$\leqslant \dfrac{2m_\alpha^2 r}{k(\delta c_s + \overline{\delta}\overline{\omega}c_t)(d+\xi)^2}$ 时，$\hat{\alpha}^*\hat{\beta}^* = \dfrac{8M_\alpha^2 r(\delta c_s + \overline{\delta}\overline{\omega}c_t)}{\delta^2\omega^2 c_t^2(d+\xi)^2 k}$，$\delta$ 在 $0 \sim 1$ 之间取值，经数值仿真后 $\hat{\alpha}^*\hat{\beta}^*$ 结果如图 5 - 11 所示。

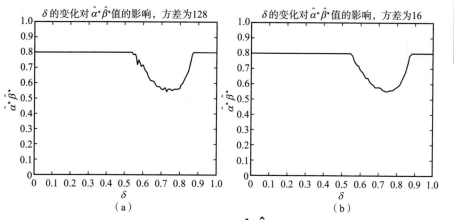

图 5 – 11　δ 的变化对 $\hat{\alpha}^{*}\hat{\beta}^{*}$ 的影响

由图 5 – 11 可知，在服务集成商检测水平 δ 取较低值和较高值时，其最优适应性质量行为水平 $\hat{\alpha}^{*}\hat{\beta}^{*}$ 值为顾客要求的最低质量水平 0.8；当 $\alpha^{*}\beta^{*}$ 值服务集成商检测水平 δ 在中间水平由低到高变化时，其最优适应性质量行为水平 $\hat{\alpha}^{*}\hat{\beta}^{*}$ 值先降后升，且最小值（$\sigma^{2}=128$ 时，$\hat{\alpha}^{*}\hat{\beta}^{*}_{\min}=0.5468$；$\sigma^{2}=16$ 时，$\hat{\alpha}^{*}\hat{\beta}^{*}_{\min}=0.5513$）均大于 0.5，说明相比较服务模块提供商而言，服务模块集成商质量行为改进空间更小、且情况更复杂。因此，服务模块集成商的将视顾客要求的质量水平及服务模块提供商能达到的质量水平进行其自身的质量行为优化。

（2）ω 的变化对 $\hat{\alpha}^{*}\hat{\beta}^{*}$ 的影响。

同样，当 $\overline{\alpha}\overline{\beta}\leqslant\hat{\alpha}\hat{\beta}>\dfrac{2m_{\alpha}^{2}r}{k(\delta c_{s}+\overline{\delta}\omega c_{t})(d+\xi)^{2}}$ 时，$\hat{\alpha}^{*}\hat{\beta}^{*}=\overline{\alpha}\overline{\beta}$，$\alpha\beta>\hat{\alpha}\hat{\beta}\leqslant$

$\dfrac{2m_{\alpha}^{2}r}{k(\delta c_{s}+\overline{\delta}\omega c_{t})(d+\xi)^{2}}$ 时，$\hat{\alpha}^{*}\hat{\beta}^{*}=\dfrac{8M_{\alpha}^{2}r(\delta c_{s}+\overline{\delta}\omega c_{t})}{\delta^{2}\omega^{2}c_{t}^{2}(d+\xi)^{2}k}$，$\omega$ 在 0 ~ 1 之间取值，经数值仿真后 $\hat{\alpha}^{*}\hat{\beta}^{*}$ 结果如图 5 – 12 所示。

由图 5 – 12 可知，其结果与 δ 对 $\alpha^{*}\beta^{*}$ 的影响类似，在服务集成商检测水平 ω 取较低值和较高值时，其最优适应性质量行为水平 $\hat{\alpha}^{*}\hat{\beta}^{*}$ 值为顾客要求的最低质量水平 0.8；当 $\alpha^{*}\beta^{*}$ 值服务集成商检测水平 ω 在中间水平由低到高变化时，其最优适应性质量行为水平 $\hat{\alpha}^{*}\hat{\beta}^{*}$ 值先降后升，且最小值均大于 0.5，说明 ω 的变化对服务集成商质量行为优化改进空间同样较小，情况较复杂。

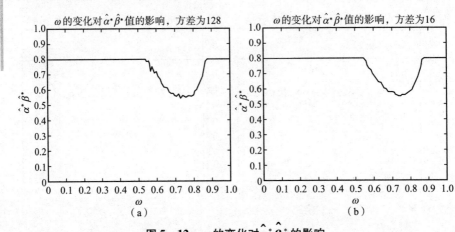

图 5 - 12 ω 的变化对 $\hat{\alpha}^*\hat{\beta}^*$ 的影响

（3）ξ 的变化对 $\hat{\alpha}^*\hat{\beta}^*$ 的影响。

当顾客服务能力的需求量的随机变化量 ξ 不同时，对 $\alpha^*\beta^*$ 也将产生影响，在 $\sigma^2 = 128$ 与 $\sigma^2 = 16$ 时取 $n = 100$ 个随机数 ξ 对 $\hat{\alpha}^*\hat{\beta}^*$ 的结果如图 5 - 13 所示。

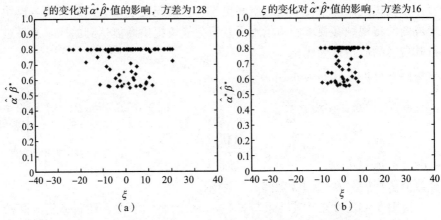

图 5 - 13 $\sigma^2 = 128$ 和 $\sigma^2 = 16$ 时的 $\alpha^*\beta^*$ 值（$n = 100$）

从图 5 - 13 看，服务能力需求的随机干扰因素 ξ 发生变化时，$\hat{\alpha}^*\hat{\beta}^*$ 也将发生变化，但变化范围集中在 0.5 ~ 0.8 之间。取 100 个离散点的 $\hat{\alpha}^*\hat{\beta}^*$ 结果如表 5 - 3 所示。$\alpha^*\beta^*$ 取值小于 0.8 的情形下，$\sigma^2 = 128$ 时，$\alpha^*\beta^*$

表 5 – 3　$\sigma^2=128$ 和 $\sigma^2=16$ 时 ξ 对 $\hat{\alpha}^*\hat{\beta}^*$ 的影响 （$n=100$）

ξ变化程度	服务模块集成商最优质量水平 $\hat{\alpha}^*\hat{\beta}^*$ （$n=100$）									
$\sigma^2=128$	0.718976	0.688272	0.669801	0.639956	0.618584	0.783742	0.788328	0.724306	0.751233	0.70987
$\sigma^2=16$	0.8	0.8	0.8	0.8	0.8	0.8	0.779672	0.74231	0.727445	0.715544
$\sigma^2=128$	0.690853	0.679003	0.657124	0.638528	0.64003	0.614811	0.612399	0.585703	0.576495	0.576896
$\sigma^2=16$	0.563782	0.559644	0.572611	0.54676	0.562218	0.613935	0.600219	0.596334	0.578849	0.577747
$\sigma^2=128$	0.576787	0.574929	0.561391	0.553037	0.552484	0.560723	0.551734	0.560552	0.563148	0.561102
$\sigma^2=16$	0.565236	0.594685	0.604808	0.634803	0.655995	0.551261	0.556512	0.556018	0.568903	0.57216
$\sigma^2=128$	0.582513	0.589571	0.60937	0.637262	0.659458	0.688022	0.750352	0.792462	0.8	0.8
$\sigma^2=16$	0.8	0.8	0.8	0.8	0.8	0.69874	0.743877	0.791914	0.8	0.8
$\sigma^2=128$	0.8	0.8	0.8	0.8	0.8	0.8	0.8	0.8	0.8	0.8
$\sigma^2=16$	0.8	0.8	0.8	0.8	0.8	0.8	0.8	0.8	0.8	0.8
$\sigma^2=128$	0.8	0.8	0.8	0.8	0.8	0.8	0.8	0.8	0.8	0.8
$\sigma^2=16$	0.8	0.8	0.8	0.8	0.8	0.8	0.8	0.8	0.8	0.8
$\sigma^2=128$	0.8	0.8	0.8	0.8	0.8	0.8	0.8	0.8	0.8	0.8
$\sigma^2=16$	0.8	0.8	0.8	0.8	0.8	0.8	0.8	0.8	0.8	0.8
$\sigma^2=128$	0.8	0.8	0.8	0.8	0.8	0.8	0.8	0.8	0.8	0.8
$\sigma^2=16$	0.8	0.8	0.8	0.8	0.8	0.8	0.8	0.8	0.8	0.8
$\sigma^2=128$	0.8	0.8	0.8	0.8	0.8	0.8	0.8	0.8	0.8	0.8
$\sigma^2=16$	0.8	0.8	0.8	0.8	0.8	0.8	0.8	0.8	0.8	0.8

最小为 0.54676，最大为 0.792462，变化差距是 0.245702；$\sigma^2 = 16$ 时，$\hat{\alpha}^*\hat{\beta}^*$ 最小为 0.551261，最大为 0.791914，变化差距是 0.240653，说明随机干扰因素 ξ 变化越大，对 $\hat{\alpha}^*\hat{\beta}^*$ 的影响程度越大；$\hat{\alpha}^*\hat{\beta}^*$ 取值等于 0.8 的情形下，随机干扰因素 ξ 变化对 $\hat{\alpha}^*\hat{\beta}^*$ 无影响。

（4）δ 和 ξ 的变化对 $\hat{\alpha}^*\hat{\beta}^*$ 的影响。

δ 和 ξ 的变化对 $\hat{\alpha}^*\hat{\beta}^*$ 的影响至于三维空间图中，其结果如图 5－14 与图 5－15 所示。

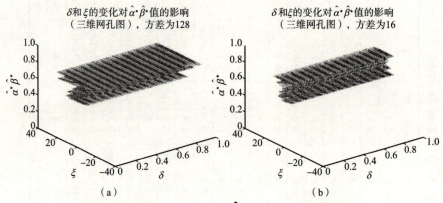

图 5－14　δ 和 ξ 的变化对 $\hat{\alpha}^*\hat{\beta}^*$ 的影响（三维网孔图）

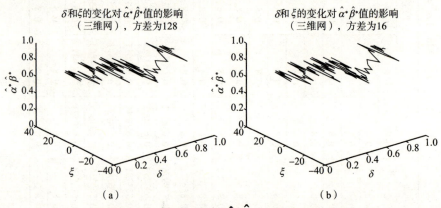

图 5－15　δ 和 ξ 的变化对 $\hat{\alpha}^*\hat{\beta}^*$ 的影响（三维图）

从以上 δ 和 ξ 同时变化对 $\hat{\alpha}^*\hat{\beta}^*$ 的影响视图中，$\hat{\alpha}^*\hat{\beta}^*$ 的变化取值为集中于 0.5～0.8 之间，且大部分取值为 0.8，即 $\hat{\alpha}^*\hat{\beta}^*$ 值较大且变化范围较

小。δ 对 $\hat{\alpha}^*\hat{\beta}^*$ 呈现出先降后升的复杂规律变化，而 ξ 对 $\hat{\alpha}^*\hat{\beta}^*$ 呈现无规律随机变化，说明在质量合作中，可以通过小范围调整服务集成商的 δ 达到其最优质量行为水平。

（5）δ 和 ω 的变化对 $\hat{\alpha}^*\hat{\beta}^*$ 的影响。

δ 和 ω 的变化对 $\hat{\alpha}^*\hat{\beta}^*$ 的影响至于三维空间图中，其结果如图 5 – 16 所示。

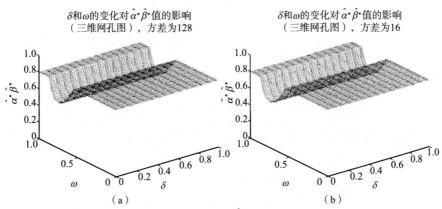

图 5 – 16　δ 和 ω 的变化对 $\hat{\alpha}^*\hat{\beta}^*$ 的影响（三维网孔图）

从以下 δ 和 ω 的变化对 $\hat{\alpha}^*\hat{\beta}^*$ 的影响视图中，$\hat{\alpha}^*\hat{\beta}^*$ 的取值绝大多数集中较高值，当 δ 和 ω 在 0～1 之间变化时，$\hat{\alpha}^*\hat{\beta}^*$ 在 0.5～0.8 之间复杂变化，说明通过 δ 和 ω 的调整可以使服务模块集成商在一定范围内达到最优质量行为水平。

5.4.3　模块化服务延伸情况下 SMN 节点适应质量协作行为仿真分析

（1）δ 的变化对 $\alpha^*\beta^*$ 的影响。

由命题 5.3，当 $\overline{\alpha}\,\overline{\beta} > \dfrac{2rM^2}{k(\delta c_s + \overline{\delta}c_t)(d + \xi)^2}$ 时，$\alpha^*\beta^* = \dfrac{2rM^2}{k(\delta c_s + \overline{\delta}c_t)(d + \xi)^2}$，$\overline{\alpha}\overline{\beta} \leqslant \dfrac{2rM^2}{k(\delta c_s + \overline{\delta}c_t)(d + \xi)^2}$ 时，$\alpha^*\beta^* = \overline{\alpha}\overline{\beta}$，$\delta$ 在 0～1 之间取值，经数值仿真后 $\alpha^*\beta^*$ 结果如图 5 – 17 所示。

由图 5 – 17 可知，最优质量行为水平 $\alpha^*\beta^*$ 值随着服务检测水平 δ 增加

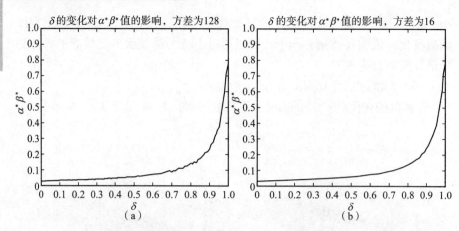

图 5-17 δ 的变化对 $\alpha^*\beta^*$ 的影响

而增加，且均满足 $0<\alpha^*\beta^*\leqslant0.8$；说明服务模块延伸情况下，可以通过调整检测水平达到价值模块节点质量行为水平最优的目的，且改进空间较大。

（2）ξ 的变化对 $\alpha^*\beta^*$ 的影响。

当顾客服务能力的需求量的随机变化量 ξ 不同时，对 SMN 联合的质量水平 $\alpha^*\beta^*$ 也将产生影响，在 $\sigma^2=128$ 与 $\sigma^2=16$ 时取 $n=100$ 个随机数 ξ 对 $\alpha^*\beta^*$ 的结果如图 5-18 所示。

从图 5-18 看，服务能力需求的随机干扰因素 ξ 发生变化时，$\alpha^*\beta^*$ 也将发生变化，但变化范围主要集中在 0~0.3 之间。取 100 个离散点的 $\alpha^*\beta^*$ 结果如表 5-4 所示。$\alpha^*\beta^*$ 取值小于 0.8 的情形下，$\sigma^2=128$ 时，

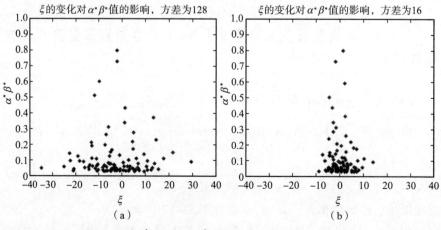

图 5-18 $\sigma^2=128$ 和 $\sigma^2=16$ 时的 $\alpha^*\beta^*$ 值（$n=100$）

表 5－4　σ² = 128 和 σ² = 16 时 ξ 对 α*β* 的影响 （n = 100）

ξ变化程度	服务模块提供商最优质量水平 α*β* （n = 100）									
σ² = 128	0.03198	0.031259	0.033576	0.03266	0.032637	0.03367	0.033159	0.033924	0.034966	0.034468
σ² = 16	0.031509	0.031546	0.032248	0.03256	0.033423	0.033381	0.033895	0.033974	0.034084	0.034176
σ² = 128	0.035181	0.035681	0.036324	0.036091	0.038126	0.037303	0.037859	0.038626	0.037722	0.039391
σ² = 16	0.034471	0.035384	0.035833	0.035906	0.036407	0.036742	0.037164	0.038285	0.038116	0.038768
σ² = 128	0.038734	0.038829	0.040327	0.040436	0.040619	0.041817	0.041774	0.044098	0.042352	0.045016
σ² = 16	0.039449	0.039912	0.039776	0.040955	0.04162	0.041669	0.041615	0.042839	0.043316	0.044346
σ² = 128	0.046527	0.043861	0.045954	0.04608	0.04762	0.049056	0.052219	0.048702	0.050487	0.051179
σ² = 16	0.04403	0.045201	0.045694	0.046906	0.046908	0.047781	0.049104	0.049378	0.050342	0.050907
σ² = 128	0.051295	0.054341	0.054374	0.052995	0.054569	0.05794	0.060235	0.059063	0.059087	0.059214
σ² = 16	0.051871	0.052689	0.053924	0.05452	0.054972	0.055495	0.057805	0.057209	0.058655	0.060402
σ² = 128	0.061507	0.064462	0.063639	0.067146	0.068201	0.069151	0.071576	0.071569	0.074235	0.074888
σ² = 16	0.061786	0.063188	0.063656	0.065741	0.066973	0.067653	0.069357	0.070623	0.072438	0.074644
σ² = 128	0.076961	0.078723	0.080842	0.079709	0.082932	0.086211	0.091713	0.094646	0.098159	0.091194
σ² = 16	0.076472	0.0775	0.080354	0.081177	0.083551	0.086128	0.088692	0.09093	0.091251	0.096736
σ² = 128	0.097472	0.102201	0.108552	0.112681	0.112241	0.113714	0.127051	0.128334	0.132481	0.144298
σ² = 16	0.10088	0.101239	0.105656	0.110349	0.111294	0.117259	0.121942	0.127827	0.133362	0.139839
σ² = 128	0.141307	0.152148	0.15147	0.167703	0.173622	0.190161	0.19935	0.214909	0.221773	0.233457
σ² = 16	0.144498	0.152001	0.157278	0.166647	0.17278	0.183058	0.196283	0.209738	0.221699	0.242605
σ² = 128	0.263219	0.279612	0.312967	0.341364	0.372502	0.432849	0.513309	0.605032	0.729546	0.8
σ² = 16	0.258301	0.283897	0.310399	0.344	0.380897	0.436742	0.50563	0.590738	0.729212	0.8

$\alpha^*\beta^*$ 最小为 0.031259，最大为 0.729546，变化差距是 0.698287；$\sigma^2=16$ 时，$\alpha^*\beta^*$ 最小为 0.031509，最大为 0.729212，变化差距是 0.697703，说明随机干扰因素 ξ 变化越大，对 $\alpha^*\beta^*$ 的影响程度越大；图 5-18 中只有极少数情况下 $\alpha^*\beta^*$ 取值等于 0.8，说明即使 ξ 变化较大，在服务模块延伸情况下，各价值模块节点也可以通过联合质量行为改进使质量水平达到最优值。

（3）δ 和 ξ 的变化对 $\alpha^*\beta^*$ 的影响。

将 δ 和 ξ 的变化对 $\alpha^*\beta^*$ 的影响至于三维空间图中，其结果如图 5-19 与图 5-20 所示。

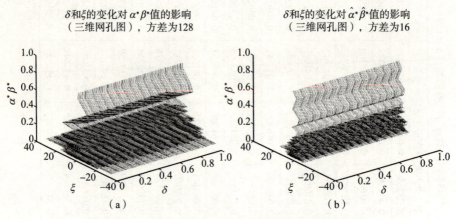

图 5-19　δ 和 ξ 的变化对 $\alpha^*\beta^*$ 的影响（三维网孔图）

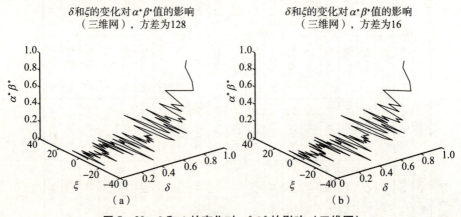

图 5-20　δ 和 ξ 的变化对 $\alpha^*\beta^*$ 的影响（三维图）

从以上 δ 和 ξ 同时变化对 $\alpha^*\beta^*$ 的影响视图中，$\alpha^*\beta^*$ 的变化取值为集中于 $0\sim0.3$ 之间，极少数值接近 0.8，即 $\alpha^*\beta^*$ 值较小且变化范围较大。δ 对 $\alpha^*\beta^*$ 呈现出 δ 越大 $\alpha^*\beta^*$ 越大的有规律变化，且均在满足顾客最低要求的范围内，而 ξ 对 $\alpha^*\beta^*$ 呈现无规律随机变化，但均在 0.8 范围内。说明在模块化延伸的实际情况中，完全可以通过调整检查水平 δ 达到其最优质量行为水平，且完全可以通过联合质量改进以适应服务能力需求的变化。

5.4.4　各种情况下 SMN 节点适应性质量协作的数值仿真的主要结论

5.4.4.1　模块化服务外包情况下服务模块提供商适应性质量协作行为相关结论

结论 5.1：模块化服务外包情况下，当 $\hat{\alpha}\hat{\beta} > \dfrac{2m_\alpha^2 r}{k(\delta c_s + \overline{\delta}\,\overline{\omega}c_t)(d+\xi)^2}$ 时，对只具有基础能力优势的服务模块提供商，δ 和 ω 值越大越好，且服务模块提供商有足够动力参与质量合作，并将质量行为优化水平的 $\alpha^*\beta^*$ 值降低至 $\dfrac{2m_\alpha^2 r}{k(\delta c_s + \overline{\delta}\,\overline{\omega}c_t)(d+\xi)^2}$；当 $\hat{\alpha}\hat{\beta} \leqslant \dfrac{2m_\alpha^2 r}{k(\delta c_s + \overline{\delta}\,\overline{\omega}c_t)(d+\xi)^2}$ 时，对只具有基础能力优势的服务模块提供商，参与质量合作的动力是希望服务模块集成商提供较大的检测水平 δ 和承担较大的损失比例 ω，且执行顾客与集成商要求的最低质量标准。

结论 5.2：模块化服务外包情况下，当 $\hat{\alpha}\hat{\beta} > \dfrac{2m_\alpha^2 r}{k(\delta c_s + \overline{\delta}\,\overline{\omega}c_t)(d+\xi)^2}$ 时，对只具有基础能力优势的服务模块提供商，ξ 变化量越小越好，且在满足顾客要求的质量水平 $\alpha^*\beta^* \leqslant 0.8$ 的前提下，服务模块提供商有足够动力参与质量合作，并将质量行为优化水平 $\alpha^*\beta^*$ 降低至 $\dfrac{2m_\alpha^2 r}{k(\delta c_s + \overline{\delta}\,\overline{\omega}c_t)(d+\xi)^2}$；当 $\hat{\alpha}\hat{\beta} \leqslant \dfrac{2m_\alpha^2 r}{k(\delta c_s + \overline{\delta}\,\overline{\omega}c_t)(d+\xi)^2}$ 时，ξ 变化对服务模块提供商的质量行为水平无影响，只执行顾客与集成商要求的最低质量标准。

5.4.4.2 模块化服务外包情况下服务模块集成商适应性质量协作行为相关结论

结论5.3：模块化服务外包情况下，在 $\overline{\alpha}\overline{\beta} > \hat{\alpha}\hat{\beta} \leqslant \dfrac{2m_\alpha^2 r}{k(\delta c_s + \overline{\delta}\overline{\omega} c_t)(d+\xi)^2}$

时，服务模块集成商将在较小范围内进行质量行为优化投资，以帮助服务模块提供商提供更好的服务，这在客观上也符合只具备基础能力优势的服务模块提供商能力不足的情况下，模块集成商将主动改进的实际情况；在

$\overline{\alpha}\overline{\beta} \leqslant \hat{\alpha}\hat{\beta} > \dfrac{2m_\alpha^2 r}{k(\delta c_s + \overline{\delta}\overline{\omega} c_t)(d+\xi)^2}$ 时，服务模块集成商将不进行质量行为优

化投资，其自身的质量行为水平为顾客要求的最低水平 $\overline{\alpha}\overline{\beta}$，最终质量水平将由服务模块提供商的优化改进水平 $\alpha^*\beta^*$ 决定。

结论5.4：模块化服务外包情况下，当 $\overline{\alpha}\overline{\beta} > \hat{\alpha}\hat{\beta} \leqslant \dfrac{2m_\alpha^2 r}{k(\delta c_s + \overline{\delta}\overline{\omega} c_t)(d+\xi)^2}$

时，对服务模块集成商，可通过小范围调整 δ 和 ω，使其质量行为水平

$\hat{\alpha}^*\hat{\beta}^*$ 降低至 $\dfrac{8M_\alpha^2 r(\delta c_s + \overline{\delta}\overline{\omega} c_t)}{\overline{\delta}^2\omega^2 c_t^2(d+\xi)^2 k}$；当 $\overline{\alpha}\overline{\beta} \leqslant \hat{\alpha}\hat{\beta} > \dfrac{2m_\alpha^2 r}{k(\delta c_s + \overline{\delta}\overline{\omega} c_t)(d+\xi)^2}$ 时，ξ 变

化对服务模块集成商的质量行为水平无影响，只执行顾客要求的最低质量标准，最终质量水平由服务模块提供商决定。

5.4.4.3 模块化服务延伸情况下 SMN 节点适应性质量协作行为相关结论

结论5.5：模块化服务延伸情况下，SMN 的服务模块集成商与服务模块提供商联合决策，共同改进服务提供模块节点的质量行为水平，使其达

到最优 $\alpha^*\beta^* = \dfrac{2rM^2}{k(\delta c_s + \overline{\delta} c_t)(d+\xi)^2} \leqslant \overline{\alpha}\overline{\beta}$。

结论5.6：模块化服务延伸情况下，当 $\overline{\alpha}\overline{\beta} > \dfrac{2rM^2}{k(\delta c_s + \overline{\delta} c_t)(d+\xi)^2}$ 时，

服务模块集成商与服务模块提供商实际为同一行为主体，可通过调整 δ，

使其质量行为水平 $\alpha^*\beta^*$ 降低至 $\dfrac{2rM^2}{k(\delta c_s + \overline{\delta} c_t)(d+\xi)^2}$，且 ξ 变化对其最有质

量水平影响不大，联合协作的质量行为水平 $\alpha^*\beta^*$ 可以维持在较低值，即

较高的水平。

5.5

本章小结

　　文章将 SMN 生产性服务模块节点和服务性生产模块节点统称为服务模块提供商，并研究其为基础能力优势节点时与服务模块集成商的适应性质量协作问题。

　　首先，本章定义了适应性质量及适应性质量协作的内涵，然后分析了 SMN 基础能力优势节点适应性质量协作的情形：将 SMN 节点适应性质量协作分为两种类型：一是模块化服务外包情况下的节点适应性质量协作，包括服务性生产模块外包和生产性服务模块外包；二是模块化服务延伸情况下的节点适应性质量协作。综合以上两种情况，提出了 SMN 节点适应性质量协作的四阶段过程模型。其次，本章提出了能力需求变化情况下 SMN 节点的适应性质量协作的成本模型，该模型主要研究了模块化服务外包情况下服务模块提供商的适应性质量行为决策以及服务模块集成商的适应性质量行为决策问题，研究了模块化服务延伸情况下 SMN 节点的适应性质量行为决策问题，并进行了最优质量行为水平的求解与分析。最后，文章以 Matlab 7.10.0 为分析工具，对 SMN 节点适应性质量行为的最优水平进行数值仿真分析，并给出各种情况下相关数据的结论。

　　本章对 SMN 节点适应性质量协作问题只是一个初步的尝试分析，只给出了一般性内涵解释，在模型分析方面主要以能力需求数量变化时，如何使节点质量行为适应，这无疑存在一些缺陷，其许多内容有待进一步研究，如顾客能力需求质量要求波动时，节点如何实现适应性质量的目标是值得研究的问题。

第6章

SMN 竞争能力优势节点质量行为：
合约化质量协调

SMN 中处于中间层次有相对竞争能力优势的节点，在质量合作中客观上具有博弈的空间，需通过合同的约束来控制各节点的行为。本章研究的是第 3 章提出的分析框架模型的第三部分，在研究中界定为服务模块提供商为竞争能力优势节点时与服务模块集成商的质量合作行为，研究质量合作过程中如何通过设计质量合同来监督和激励各节点的质量优化与改进行为，达到节点间质量协调的效果。本章的结构安排如下：首先，界定合约化质量与合约化质量协调的内涵；其次，从理论上分析 SMN 竞争能力优势节点合约化质量协调的运动规律；再次，重点研究 SMN 竞争能力优势节点合约化质量协调的合同设计；最后，应用 Matlab 7.10.0 工具对质量合同进行数值仿真分析，得出相关结论。

6.1
合约化质量协调的内涵

6.1.1 合约化质量

关于合约化质量的概念，首先由王海燕（2005）提出，她从合约经济学的角度，认为质量是"一种由供应方将满足某种约定要求的产品在约定时间内的所有权或使用劝让渡给另一方的承诺而形成的合约关系"[168]。毛景立（2008）以复杂产品质量为研究对象，提出面向装备采购的合约化质量概念，他将合约化质量的定义为"合同约束下的一组固有特性满足要求的程度"[169]。他认为质量是合同约束下的群体性主观质量，是委托代理双方合作及非合作博弈的理性结果，是质量概念向经济观念和法理观念发展的高级形态。他认为合约化质量的存在有三个前提条件：（1）存在主观性因素；（2）存在委托代理双方搞好质量的动机；（3）存在不完全信息、不完全合同、不完全市场。从事物发展的本质属性看，早期的标准化质量概念到当前合约化质量概念的演变，反映出了质量的双重属性：物质性和社会性。物质性表现为一种绝对质量，是指一定科学技术条件下的产品客观物质性能；社会性表现为一种相对质量，是指产品满足一定消费条件下某种社会需要的程度[143]。

本书综合了上述两种观点，结合企业能力特征，将合约化质量定义为：合同与竞争能力约束下产品或服务提供过程中形成的关系满足要求的程度。这一定义有以下含义：

（1）质量合同是核心。合约化质量的核心概念是质量合同，而质量合同具有广义性、可变性和易变性，顾客价值的满足程度以质量合同为基本约束条件。

（2）竞争能力是前提。产品或服务的提供方需具有竞争能力优势，合约化质量的形成是合约双方竞争能力合作与非合作的博弈结果。

（3）合约关系是本质。合约化质量的本质表现为通过合同与能力约束所形成的合约关系，这种关系所具有的固有特性满足要求的程度反映了质量水平的高低。

6.1.2　合约化质量协调

协调是一种平衡行为，其实质是劳动要素的时空、数量与质量的衔接配合，以实现资源和效率的最大化。本书认为合约化质量协调是质量行为主体通过质量合同的设计、监督和激励使竞争能力平衡优化以完成质量任务的过程，应进一步理解其内涵：

（1）合约化质量协调具有内在规律性。质量合同在合约化质量协调中起关键桥梁作用，合同的设计及其合同的监督激励效应在协调中是事物发展的规律性反应。

（2）合约化质量协调可充分发挥行为主体的竞争能力优势。具有竞争能力优势的行为主体客观上为质量任务的完成提供了前提条件，主观上为行为主体的任务实施提供了博弈空间，质量合同可将主观上质量博弈行为与客观上的能力优势有效结合，以充分发挥其竞争能力优势。

（3）合约化质量协调是一种委托代理关系。合约化质量的本质表现为合约关系，以此为核心的协调问题是行为主体间的委托代理关系。

（4）合约化质量协调的目的是更好地完成质量任务。合约化质量协调的委托代理双方均在主观上努力搞好质量，目的是更好地完成质量任务。

（5）合约化质量协调具有主动性特征。合约化质量是一种主观性质量，合约化质量协调成为一种主动性的合作行为，行为主体相互间均围绕提供更加有效率的质量合约关系而主动努力。

在 SMN 中，具有竞争能力优势的节点，即中等层次能力优势的节点同时具有一般的通用能力和特殊的专用能力，这在客观上为节点间合约化质量协调机制的形成具备了可行性。因此，节点能力发展到一定程度后，节点的质量行为将由被动的适应性质量协作转变为主动的合约化质量协调。

6.2

SMN 竞争能力优势节点合约化质量协调的运动规律

运动是物质的存在形式及其固有属性，是由事物的内在矛盾引起的发展变化过程。事物发展中合约化质量协调的主要核心手段是质量合同，因此，可以认为质量合同是合约化质量的内在矛盾体，质量合同引起的发展变化是合约化质量运动的基本规律。毛景立（2008）认为，围绕质量合同进行的生成机理、效用机理、履行机制是合约化质量运动规律的内容[170]。合约化质量协调是基于质量合同这一核心载体的实施过程，其合同的设计、监督与激励效应是协调的主要体现，其中质量合同的设计是关键。SMN 中，节点间通过外包合作、价值模块延伸等建立合作关系，且往往通过合同的签订开展业务往来，因此，本书认为质量合同的设计、质量合同的监督、质量合同的激励构成了 SMN 合约化质量协调运动规律的基本内容。SMN 节点合约化质量运动的基本规律如图 6 - 1 所示。

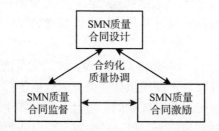

图 6 - 1　SMN 节点合约化质量协调的运动规律

6.2.1　SMN 质量合同的设计

6.2.1.1　质量合同的设计成因：机会主义行为与交易成本

事实上，SMN 的模块化服务过程中服务质量的形成，其质量信息存在许多不确定性和非对称性，在人的有限理性约束下，这些不确定性及非对称性导致了 SMN 模块节点的机会主义行为，使得交易成本在 SMN 质量形成过程得以存在并具有重要影响，交易成本的存在是质量合同产生的根源。机会主义行为是指人们在交易过程中通过不正当手段来谋求自身利益，以达到个人利益的最大化，包括事前行为的逆向选择与事后行为的道德风险。交易成本又称交易费用，是交易行为过程中合同行为所需费用的一种统称[171]。SMN 节点服务提供的交易成本，包括节点间事前为达成一项合同发生的成本，含节点选择成本、合同签订成本以及合同履行成本等。交易成本有许多影响因素，威廉姆森将科斯的交易成本分析具体化，落实到三个基本维度：交易不确定性、资产专用程度以及交易发生频率[170~172, 173]。SMN 的交易成本同样也包含以上三个维度，同时包括服务能力需求的多样性与服务质量水平投入的努力程度，使成本构成更加复杂。交易不确定性源于自然的随机变化、消费者偏好的变化以及人的机会主义行为，不确定性程度越高则合同设计越有必要且越复杂；资产专用程度与某些难以改变其功能作用的投资关联，即某些投资一旦形成则具有专用功能，如 SMN 节点专用能力投资（如第三方物流企业专门为某个制造企业建立的对接信息系统），资产专用程度越高，合同关系的连续性则越重要；交易发生频率即为交易发生的次数，在固定的资产专用投资下，交易频率越高，合同设计的成本就越能得到补偿，因此，交易频率通过影响交易费用间接影响交易合同的设计。SMN 中，许多具有相对竞争能力优势的节点企业，为寻求其合作模块价值利益的最大化，产生了复杂的交易维度，其质量行为方式的主体、客体变化多样，形成了不同的交易过程，如有些是简单的模块化流程外包，有些是相对复杂的模块化设计，有些则是企业服务模块的价值单元延伸，形成了更加复杂的合作关系，且具有竞争能力优势的节点企业为质量行为的博弈提供了更多的选择空间。因此，交易费用的构成与交易过程的发生将更加复杂，导致了不同约束条件下的复杂质量合同设计。

6.2.1.2　质量合同的设计机理：损失最小化与动态设计

质量合同设计的基本原则是交易费用最小，即合同的执行主体的损失最小化，包括由质量问题带来的质量成本损失与声誉损失。需要根据交易过程中的具体特征进行决策。SMN 中，需要根据交易不确定性、资产专用程度、交易发生频率、服务质量水平投入的努力程度等因素进行动态设计，需要考虑价值模块节点的交易与合同的协调机制相匹配及其各自激励与控制特征。对于有竞争能力优势的 SMN 节点，往往存在要挟（Hold-up）问题。所谓要挟问题，就是在人们在做出专有投资后，在其事后重新谈判中被迫接受不利于自身利益的合同条款，或对方的行为时自身利益贬值[171]。SMN 有竞争能力优势的节点，能力的比较优势增加了要挟对方的可能性，即发生事后机会主义的概率将增加。质量合同的动态设计，就是要降低要挟问题发生的可能性，可以通过两种途径达到目的[170]：一是直接运用合同减少要挟问题，如签订收益共享合同、成本分担合同等，合同中明示交付的产品或服务的数量、质量及价格等指标，促使双方减少要挟的可能性；二是通过转移支付改变未来成本与可能的事件，使要挟不出现，如终止交易需支付损失，交易者信誉损失等。

6.2.2　SMN 质量合同的监督

6.2.2.1　质量合同的监督缘由：非对称信息的存在

从委托代理理论的角度看，SMN 的节点质量行为是"委托代理方在节点模块化服务提供过程中的非对称质量信息的动态博弈过程"。SMN 的节点服务质量存在非对称性信息（Asymmetric Information）。所谓非对称性信息是指博弈过程中某些参与人拥有但另外一些参与人不拥有的信息[174]。前面第 5 章分析的适应性质量协作不能解决非对称性信息的质量问题，合约化质量协调借助委托代理理论与合同理论使得 SMN 节点的服务质量的非对称性信息得到有效解决，质量合同的设计是关键。

SMN 模块化服务质量非对称信息包括两个方面：一是节点间委托代理双方的不对称，即委托方与代理方两者之间一方拥有另一方不拥有的信息，如质量努力程度信息的隐匿；二是委托代理双方与"自然"之间的不对称，即委托代理双方都不拥有，但自然（虚拟方）拥有的信息。SMN

模块化服务主要形式的模块化外包与模块化延伸，其模块化服务质量是在一种委托代理关系中产生的，非对称信息是其典型特征，可以从非对称信息发生的时间及内容两个角度理解。从发生的时间看，非对称信息可能发生在模块化服务质量合同签订之前或合同签订之后，即事前非对称或事后非对称。从非对称信息的内容看，非对称信息可能是 SMN 节点的行为、能力及知识等，及隐蔽行动非对称或隐蔽知识非对称。

6.2.2.2　质量合同的监督模型：非对称信息的博弈

解决质量行为中的非对称信息问题，主要通过合理设计质量合同，建立非对称信息条件下质量合同的监督博弈模型。根据非对称信息的分类，可以将非对称信息博弈模型分为：逆向选择博弈模型、道德风险博弈模型、隐蔽行动博弈模型以及隐蔽知识博弈模型[175]。在此基础上，毛景立（2008）[170]又将非对称信息博弈模型分为三类 8 种：第一类是逆向选择的博弈模型，第二类是隐蔽行动的道德风险博弈模型，第三类是隐蔽信息的道德风险博弈模型，如图 6 – 2 所示。

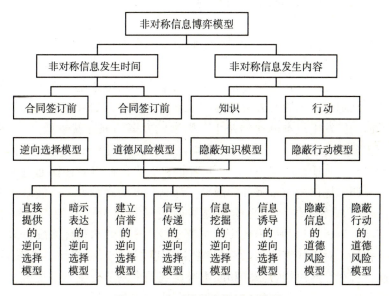

图 6 – 2　非对称信息的博弈模型

资料来源：毛景立. 装备采购合约化质量理论研究 ［M］. 北京：国防工业出版社，2008：185.

第 2 章的分析已经说明，SMN 本质是一个能力需求导向的模块化服务网络，其节点是提供模块化服务的组织单元，主要有服务模块集成商与服务模块提供商构成，集成商与提供商的能力差异使得委托代理双方的不对称性信息更加复杂。节点能力的竞争优势及差异化主观上为逆向选择、道德风险、信息隐匿及行动隐匿提供了可能。基于损失最小与动态设计的原则，各节点在服务合作之前应签订质量合同，发挥质量合同的监督效用：如委托方采用隐蔽信息的道德风险模型，设计质量合同，使代理方能够真实地反映质量信息提高质量的预防水平；采用信息诱导的逆向选择模型，设计质量激励机制，将代理方的私有信息诱导出来利用隐蔽行动的道德风险模型，设计激励合同诱使代理方选择对委托方有利的行动。基于服务型制造过程中两业渗透融合的特性，各节点企业建立价值模块融合的长期合作关系是必然选择，良好的声誉是基础，因此，服务模块集成商与服务模块提供商均有可能积极建立一个好的声誉来促进合作，基于声誉损失最小化的逆向选择模型是解决这一问题的质量合同设计原则。

6.2.3　SMN 质量合同的激励

非对称新信息下的质量合同关注质量成本损失最小化及声誉损失最小化，换句话说，质量合同具有成本激励与声誉激励效应。质量问题与最优激励方案强度之间存在对应关系：如果质量合同规定企业所承担的已发生成本的比例越大，则激励方案的强度就越高；反之，如果质量合同规定企业所承担的已发生成本的比例越小，则激励方案的强度就越低[176]。根据拉丰的质量规制理论，在 SMN 的模块化服务提供过程中，对于顾客购买后才能观察到其质量的服务模块，即经验品，合同制订者往往通过成本补偿规则来调节提供高质量服务的激励，即高强度的激励方案诱使服务模块提供商降低成本，但会提高模块提供商提供高质量服务的可观察成本（Perceived Cost），这种挤出效应意味着质量的重要性与最优激励方案的强度高度相关。对于顾客购买前就可观察到其质量的服务模块，即搜寻品，合同制订者往往通过销售激励和成本补偿规则来调节提供高质量服务的激励。服务模块提供商的销售水平反映出其质量指数，保持高质量的激励可通过基于质量指数的奖励提供；成本补偿规则促进服务模块提供商从事降低成本的活动。SMN 模块节点的合作关系中，服务质量的提高可能会增加或降低最优能力提供水平，从而改变降低边际成本的价值，影响质量合同激励效应。

6.3

SMN 竞争能力优势节点合约化质量协调的合同设计

SMN 中节点具备相对竞争能力优势时，节点间的合作具有更大的选择范围，即节点的竞争能力优势为节点间的合作在客观上提供了博弈空间，增加的节点质量行为的复杂性，需要通过质量合同的设计来达到监督与激励节点质量行为的目的。

在研究有多个节点构成的网络系统时，往往将网络系统的最小关联单元作为基本研究对象，所以，本节将研究一个简化的 SMN 节点关系，主要从节点质量损失最小化的角度，以节点服务的质量水平、质量行为优化努力程度、服务差错率及质量损失等为基本参数，利用合同理论、委托代理理论设计 SMN 节点合约化质量协调的质量合同。SMN 节点具有竞争能力优势时，基于质量损失最小，即付出的质量成本最小的原则，节点间将选择最优的质量行为优化努力程度，合同设计的目的可以协调节点之间的共同利益，以达到整体质量损失的最小化。

6.3.1　符号说明与研究假设

6.3.1.1　符号说明

(1) q：顾客需求条件下服务模块提供商的质量水平，若 q 为离散型，则 $q \in \{q_L, q_H\}$，若 q 为连续型，则 $q \in (0, 1)$；

(2) e：服务模块提供商质量行为优化努力程度，且 $e \geq 1$；

(3) $\psi(e)$：服务模块提供商质量行为优化努力的投入成本，$\psi(e) = be^2/2$，$b \geq 0$ 为努力成本系数，$\psi(e)$ 是关于 e 的单调递增凸函数；

(4) α：努力程度为 e 时的服务差错率；

(5) γ：模块化服务时 SMN 可能发生的质量损失；

(6) $c(\alpha)$：由于服务差错导致的 SMN 质量损失，$c(\alpha) = \alpha\gamma$；

(7) ω：发生服务差错时由服务模块集成商承担的质量损失比例，$0 \leq \omega \leq 1$；

(8) $\overline{\omega}$：发生服务差错时由服务模块提供商承担的质量损失比例，$\overline{\omega} = 1 - \omega$，$0 \leqslant \overline{\omega} \leqslant 1$；

(9) μ：发生服务差错时由服务模块集成商向服务模块提供商收取的单位惩罚费用；

(10) W：未发生服务差错时由服务模块集成商给予服务模块提供商的转移支付；

(11) $C_T(e)$：e 努力下 SMN 总质量成本；

(12) $C_I(e)$：e 努力下服务模块集成商的质量成本；

(13) $C_S(e)$：e 努力下服务模块提供商的质量成本。

6.3.1.2 研究假设

同第 5 章的基本假设，假设 SMN 是由四种节点构成，包括顾客效用模块节点、服务集成模块节点、服务性生产模块节点及生产性服务模块节点。其中，服务集成模块节点起主导作用，顾客效用模块节点与其他节点一起拟定质量需求水平 q，服务集成模块将顾客质量水平要求的流程模块外包给服务模块提供商。服务性生产模块节点与生产性服务模块节点均具有竞争能力优势，在客观上为其博弈行为准备了条件，这两类节点与服务集成模块节点的博弈决策参数主要是 $\{W(q),\ \mu(q),\ e\}$。节点间相互关系如图 6 - 3 所示。

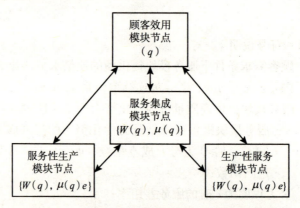

图 6 - 3　SMN 节点之间的合约化质量协调关系

同样，为方便模型建立与分析，只考虑一个简单的 SMN，将服务性生产模块节点及生产性服务模块节点统称为服务模块提供商，将服务集成模块节点称为服务模块集成商，将顾客效用模块节点简称为顾客，简化后的关系如图 6 - 4 所示。

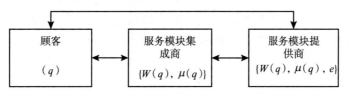

图 6 - 4　SMN 节点之间的合约化质量协调关系简化图

简化图中，有顾客效用价值模块节点、服务集成模块节点及服务提供价值模块节点三个节点之间的关系，其中，合约化质量协调行为主要为集成商与提供商之间的合同设计、监督与激励过程。假设服务集成商面对顾客的质量需求水平 q，将达到此需求的能力模块外包给服务提供商，并与服务提供商签订相关质量合同 $\{W(q)，\mu(q)\}$，服务模块提供商根据质量合同 $\{W(q)，\mu(q)\}$ 决定自己的质量行为努力水平，即采取 $\{W(q)，\mu(q)，e\}$ 决策，并使质量损失最小。并假设：（1）相对于服务模块集成商，服务模块提供商具有竞争能力优势，具有博弈空间；（2）当发生服务差错时，服务模块集成商承担损失的比例为 ω，服务模块提供商承担损失的比例为 $\overline{\omega}(\overline{\omega}=1-\omega)$；（3）SMN 总的质量成本只考虑与服务差错相关的质量损失和服务提供模块的质量行为优化努力成本；（4）当服务模块提供商的质量行为优化努力程度为 $e=1$ 时，服务差错率为 β，即对于任意给定的 e，服务差错率为 $\alpha=\beta/e$[177]。

6.3.2　完全信息下 SMN 节点合约化质量协调

完全信息条件下，服务模块集成商完全了解服务模块提供商的质量水平 q 和质量行为优化努力程度 e，则对于任意已知的 e，SMN 总的质量成本为：

$$C_T(e)=\beta\gamma/e+be^2/2 \tag{6.1}$$

此时，对 SMN 整体最优的努力程度为 $e^*=(\beta\gamma/b)^{1/3}$

根据假设，服务模块集成商承担损失的比例为 ω，服务模块提供商承担的服务差错质量损失比例为 $\overline{\omega}$，则在 e 努力下服务模块集成商和服务模块提供商的质量成本分别为：

$$C_I(e)=\beta\gamma\omega/e \tag{6.2}$$

$$C_S(e) = \beta\gamma\,\overline{\omega}/e + be^2/2 \qquad\qquad (6.3)$$

此时，对服务模块提供商最优的努力程度为 $e^{**} = (\beta\gamma\,\overline{\omega}/b)^{1/3}$，由于 $0 < \overline{\omega} < 1$，则 $e^{**} < e^*$，说明服务模块提供商在自身利益最大化时投入的努力小于对整体利益最大化，在理性约束机制下，有竞争能力优势的服务模块提供商可能产生投机行为。为解决这一问题，可引入惩罚机制，设计完全信息条件下的质量合同，实现 SMN 节点的合约化质量协调。

假设服务模块集成商给定一个合同菜单 (W, μ)，即合同规定：未发生服务差错时由服务模块集成商给予服务模块提供商的转移支付为 W；发生服务差错时由服务模块集成商向服务模块提供商收取的单位惩罚费用为 μ。在此合同约束下，服务模块提供商的质量成本为：

$$C_S(e) = \beta\gamma\,\overline{\omega}/e + be^2/2 + \mu\beta/e - W \qquad\qquad (6.4)$$

此时，完全信息下对服务模块提供商最优的努力程度为 $e^{***} = [(\beta\gamma\,\overline{\omega} + \mu\beta)/b]^{1/3}$，为达到整体优化协调，可令 $e^{***} = e^*$，即 $[(\beta\gamma\,\overline{\omega} + \mu\beta)/b]^{1/3} = (\beta\gamma/b)^{1/3}$，求得：

$$\mu = \gamma(1 - \overline{\omega}) = \gamma\omega \qquad\qquad (6.5)$$

对合同双方的参与约束是双方采用该合同机制的期望质量成本不低于不采用的期望质量成本，此时，合同给定的 W 必须满足以下条件：

对服务模块提供商，其参与约束条件为：

$$C_S(W, \mu, e^*) \leqslant C_S(e^{**}) \quad (IR) \qquad\qquad (6.6)$$

此时，可求得：

$$W \geqslant \frac{3}{2}b^{1/3}(\beta\gamma)^{2/3}(1 - \overline{\omega}^{2/3}) \qquad\qquad (6.7)$$

对服务模块集成商，其参与约束条件为：

$$W \leqslant C_I(e^{**}) \quad (IR) \qquad\qquad (6.8)$$

此时，可求得：

$$W \leqslant b^{1/3}(\beta\gamma)^{2/3}\omega(\overline{\omega})^{-1/3} \qquad\qquad (6.9)$$

令

$$\underline{W} = \frac{3}{2}b^{1/3}(\beta\gamma\omega)^{2/3} \qquad\qquad (6.10)$$

$$\overline{W} = b^{1/3}(\beta\gamma)^{2/3}\omega(\overline{\omega})^{-1/3} \qquad\qquad (6.11)$$

则 $\underline{W} \leqslant W \leqslant \overline{W}$，可以看出，对服务模块提供商而言，希望 W 越大越好，最佳合同条件是 $W = \overline{W}$，对服务模块集成商而言，希望 W 越小越好，

最佳合同条件是 $W = \underline{W}$，由此可得完全信息条件下 SMN 节点合约化质量协调的合同配置的命题 6.1。

命题 6.1：完全信息条件下，SMN 竞争优势能力节点合约化质量协调的质量合同是 (W, μ)，服务模块提供商的质量行为优化努力程度为 $e = (\beta\gamma/b)^{1/3}$，其中 (W, μ) 满足：$b^{1/3}(\beta\gamma)^{2/3}\omega(\overline{\omega})^{-1/3} \leq W \leq \dfrac{3}{2}b^{1/3}(\beta\gamma\omega)^{2/3}$；$\mu = \gamma\omega$。

由于发生服务差错时服务模块集成商给予服务模块提供商的质量惩罚 $\mu = \gamma\omega$，加上服务模块提供商本身应承担的质量损失 $\gamma\overline{\omega}$，实际上所有服务差错损失都转移给了服务模块提供商，由此得命题 6.2。

命题 6.2：完全信息条件下，发生服务差错时，SMN 竞争优势能力节点合约化质量协调的结果是由服务模块提供商全部承担服务差错损失。

6.3.3　不对称信息下 q 为离散型的 SMN 节点合约化质量协调

本书选择顾客需求条件下服务模块提供商能提供的质量水平 q 为不对称信息变量，假设服务模块集成商不清楚服务模块提供商的质量水平，仅知道其存在两种状态高质量水平 q_H 和低质量水平 q_L，q_H 与 q_L 均为归一化处理后的数值，即 $q_i \in \{q_L, q_H\}$，且 $0 < q_L < q_H < 1$，且知道质量水平为 q_H 和 q_L 的概率 $p_i (i = L, H)$ 分别为 p 和 $1 - p$。假设服务模块提供商在质量水平为 q_i 时可能导致的 SMN 质量损失为 $(1 - q_i)\gamma$，服务模块集成商先提供质量合同菜单 $\{W_i, \mu_i\}$，有竞争能力优势的服务模块提供商根据自己能提供的质量水平 q 选择合同条款，从而选择质量行为优化努力程度，即其博弈空间是 $\{W_i, \mu_i, e_i\}$。此时，服务模块提供商的质量成本可表示为：

$$C_S(e_i) = \beta(1 - q_i)\gamma\overline{\omega}/e_i + be_i^2/2 + \mu_i\beta/e_i - W_i, \quad i = L, H \qquad (6.12)$$

6.3.3.1　不区分质量水平类型的质量合同

根据委托代理理论，服务模块集成商为委托方，服务模块提供商为代理方，当服务模块集成商不考虑服务模块提供商质量水平类型的不同时，其质量合同的制定不涉及逆向选择问题，只与服务模块提供商的质量行为优化努力程度不可观测而引起的道德风险问题有关，其质量合同菜单是 $\{W, \mu\}$，W 为服务模块集成商根据服务价格等因素给定的固定转移支付，为简化分析，设为某一常数。此时，质量合同设计的规划问题表示为：

$$\min_{\{W,\ \mu\}} \sum \left[\beta(1-q_i)\gamma\omega/e_i - \mu\beta/e_i + W \right]p_i, \qquad i = L,\ H \qquad (6.13)$$

$$\text{s. t. } e_H^* \in \arg\min\left[\beta(1-q_H)\gamma\,\overline{\omega}/e_H + be_H^2/2 + \mu\beta/e_H - W \right] \qquad (IC) \qquad (6.14)$$

$$e_L^* \in \arg\min\left[\beta(1-q_L)\gamma\,\overline{\omega}/e_L + be_L^2/2 + \mu\beta/e_L - W \right] \qquad (IC) \qquad (6.15)$$

$$\beta(1-q_H)\gamma\,\overline{\omega}/e_H^* + be_H^*/2 + \mu\beta/e_H^* - W \leqslant c_S \qquad (IR) \qquad (6.16)$$

$$\beta(1-q_L)\gamma\,\overline{\omega}/e_L^* + be_L^{*2}/2 + \mu\beta/e_L^* - W \leqslant c_S \qquad (IR) \qquad (6.17)$$

其中，e_i 表示服务模块提供商为 q_i 类型的努力程度，e_H^*，e_L^* 分别表示为服务模块提供商质量水平为 q_H 和 q_L 的最优努力程度；c_S 为服务模块提供商的其他可获收益的投入成本；式（6.14）和式（6.15）是服务模块提供商的激励相容约束（IC）；式（6.16）和式（6.17）是服务模块提供商的个人理性参与约束（IR）。

由服务模块提供商的质量成本 $C_S(e_i) = \beta(1-q_i)\gamma\,\overline{\omega}/e_i + be_i^2/2 + \mu_i\beta/e_i - W_i$

令 $\dfrac{\partial C_S(e_i)}{\partial e_i} = 0$，求解式（6.14）和式（6.15）可得：

$$e_H^* = \left[\frac{\beta(1-q_H)\gamma\,\overline{\omega} + \mu\beta}{b} \right]^{1/3}, \quad e_L^* = \left[\frac{\beta(1-q_L)\gamma\,\overline{\omega} + \mu\beta}{b} \right]^{1/3}$$

将 e_H^*，e_L^* 代入式（6.16）和式（6.17）后化简得：

$$\mu \leqslant \frac{1}{b^{1/2}\beta}\left(\frac{2c_S + 2W}{3} \right)^{3/2} - (1-q_H)\gamma\,\overline{\omega} \qquad (6.18)$$

由假设条件 $e \geqslant 1$，则 $e_H^* \geqslant 1$，$e_L^* \geqslant 1$，可得：

$$\mu \geqslant \frac{b^3}{\beta} - (1-q_L)\gamma\,\overline{\omega} \qquad (6.19)$$

令

$$\overline{\mu} = \frac{1}{b^{1/2}\beta}\left(\frac{2c_S + 2W}{3} \right)^{3/2} - (1-q_H)\gamma\,\overline{\omega} \qquad (6.20)$$

$$\underline{\mu} = \frac{b^3}{\beta} - (1-q_L)\gamma\,\overline{\omega} \qquad (6.21)$$

则 $\underline{\mu} \leqslant \mu \leqslant \overline{\mu}$，可以看出，对服务模块提供商而言，在给定转移支付条件下，惩罚费用存在上限值，并且在一定范围内选择适合自身质量水平的质量合同 $\{W,\ \mu\}$，由此得命题6.3。

命题 6.3：不对称信息条件下，服务模块提供商质量水平 q 为离散类型且服务模块集成商不区分质量水平类型时，此时仅存在道德风险，SMN 竞争能力优势节点合约化质量协调可选择的质量合同是 (W, μ)，其中 (W, μ) 满足：

在服务模块集成商给定合同条件 W 为某固定转移支付时：

$$\frac{b^3}{\beta} - (1 - q_L)\gamma\bar{\omega} \leqslant \mu \leqslant \frac{1}{b^{1/2}\beta}\left(\frac{2c_S + 2W}{3}\right)^{3/2} - (1 - q_H)\gamma\bar{\omega};$$

服务模块提供商的质量行为优化努力程度为：

$$e_i^* = \left[\frac{\beta(1 - q_i)\gamma\bar{\omega} + \mu\beta}{b}\right]^{1/3}, \quad i = L, \ H$$

6.3.3.2　区分质量水平类型的质量合同

如果服务模块集成商考虑不同服务模块提供商之间存在的质量水平差异，则可通过设计合同 $\{W_H, \mu_H; W_L, \mu_L\}$ 来区分质量水平为 q_H 与 q_L 的服务模块提供商。此时，不仅存在与服务模块提供商的质量行为优化努力程度不可观测而引起的道德风险问题，还存在服务模块提供商的质量水平不可观测而引起的逆向选择问题。在这种情况下，质量合同设计的规划问题表示为：

$$\min_{\{W_H, \mu_H; W_L, \mu_L\}} \sum \left[\beta(1 - q_i)\gamma\omega/e_i - \mu_i\beta/e_i + W_i\right]p_i, \quad i = L, \ H \quad (6.22)$$

$$\text{s. t.} \quad e_H^* \in \arg\min\left[\beta(1 - q_H)\gamma\bar{\omega}/e_H + be_H^2/2 + \mu_H\beta/e_H - W_H\right] \quad (IC)$$

$$\tag{6.23}$$

$$e_L^* \in \arg\min\left[\beta(1 - q_L)\gamma\bar{\omega}/e_L + be_L^2/2 + \mu_L\beta/e_L - W_L\right] \quad (IC) \quad (6.24)$$

$$\beta(1 - q_H)\gamma\bar{\omega}/e_H^* + be_H^{*2}/2 + \mu_H\beta/e_H^* - W_H \leqslant c_S \quad (IR) \quad (6.25)$$

$$\beta(1 - q_L)\gamma\bar{\omega}/e_L^* + be_L^{*2}/2 + \mu_L\beta/e_L^* - W_L \leqslant c_S \quad (IR) \quad (6.26)$$

$$\beta(1 - q_H)\gamma\bar{\omega}/e_H^* + be_H^{*2}/2 + \mu_H\beta/e_H^* - W_H \leqslant$$
$$\beta(1 - q_H)\gamma\bar{\omega}/e_H + be_H^2/2 + \mu_L\beta/e_H - W_L \quad (IC) \quad (6.27)$$

$$\beta(1 - q_L)\gamma\bar{\omega}/e_L^* + be_L^{*2}/2 + \mu_L\beta/e_L^* - W_L \leqslant$$
$$\beta(1 - q_L)\gamma\bar{\omega}/e_L + be_L^2/2 + \mu_H\beta/e_L - W_H \quad (IC) \quad (6.28)$$

其中，式（6.27）和式（6.28）为区分逆向选择时 q_H 和 q_L 两类质量水平的服务模块提供商的两个激励相容约束（IC）。

对式（6.23）与式（6.24），求解道德风险情况下的两个（IC），分

别对 e_H 和 e_L 求偏导，并令之等于 0，可得：

$$e_H^* = \left[\frac{\beta(1-q_H)\gamma\overline{\omega}+\mu_H\beta}{b}\right]^{1/3}, \quad e_L^* = \left[\frac{\beta(1-q_L)\gamma\overline{\omega}+\mu_L\beta}{b}\right]^{1/3}$$

分别对将式（6.27）与式（6.28）不等式的右边分别改写为条件下限，即：

$$\beta(1-q_H)\gamma\overline{\omega}/e_H^* + be_H^{*2}/2 + \mu_H\beta/e_H^* - W_H \leqslant$$
$$\min_{e_H}\left[\beta(1-q_H)\gamma\overline{\omega}/e_H + be_H^2/2 + \mu_L\beta/e_H - W_L\right] \quad (IC) \quad (6.29)$$

$$\beta(1-q_L)\gamma\overline{\omega}/e_L^* + be_L^{*2}/2 + \mu_L\beta/e_L^* - W_L \leqslant$$
$$\min_{e_L}\left[\beta(1-q_L)\gamma\overline{\omega}/e_L + be_L^2/2 + \mu_H\beta/e_L - W_H\right] \quad (IC) \quad (6.30)$$

对式（6.29）与式（6.30），求解逆向选择情况下的两个（IC），分别对 e_H 和 e_L 求偏导，并令之等于 0，可得：

$$\overline{e}_H^* = \left[\frac{\beta(1-q_H)\gamma\overline{\omega}+\mu_L\beta}{b}\right]^{1/3}, \quad \overline{e}_L^* = \left[\frac{\beta(1-q_L)\gamma\overline{\omega}+\mu_H\beta}{b}\right]^{1/3}$$

服务模块集成商在设计质量合同时，需考虑三种情况：只考虑道德风险、只考虑逆向选择、同时考虑道德风险和逆向选择。为简化问题，本书只分析考虑道德风险时的合同约束。

在只考虑道德风险情况下，将 e_H^* 与 e_L^* 代入式（6.25）与式（6.26），化简后得：

$$\mu_H \leqslant \frac{1}{b^{1/2}\beta}\left(\frac{2c_S+2W_H}{3}\right)^{3/2} - (1-q_H)\gamma\overline{\omega} \quad (6.31)$$

$$\mu_L \leqslant \frac{1}{b^{1/2}\beta}\left(\frac{2c_S+2W_L}{3}\right)^{3/2} - (1-q_L)\gamma\overline{\omega} \quad (6.32)$$

由假设条件 $e \geqslant 1$，则 $e_H^* \geqslant 1$，$e_L^* \geqslant 1$，可得：

$$\mu_H \geqslant \frac{b^3}{\beta} - (1-q_H)\gamma\overline{\omega} \quad (6.33)$$

$$\mu_L \geqslant \frac{b^3}{\beta} - (1-q_L)\gamma\overline{\omega} \quad (6.34)$$

因此可得：

$$\frac{b^3}{\beta} - (1-q_H)\gamma\overline{\omega} \leqslant \mu_H \leqslant \frac{1}{b^{1/2}\beta}\left(\frac{2c_S+2W_H}{3}\right)^{3/2} - (1-q_H)\gamma\overline{\omega} \quad (6.35)$$

$$\frac{b^3}{\beta} - (1 - q_L)\gamma\,\overline{\omega} \leqslant \mu_L \leqslant \frac{1}{b^{1/2}\beta}\left(\frac{2c_S + 2W_L}{3}\right)^{3/2} - (1 - q_L)\gamma\,\overline{\omega} \qquad (6.36)$$

可以看出，在区分质量水平时，惩罚费用上下限值均存在差异，服务模块提供商将宣布自己的类型 q_i，从而选择适合自身质量水平的质量合同 $\{W_i,\ \mu_i\}$，由此得命题 6.4。

命题 6.4： 不对称信息条件下，服务模块提供商质量水平 q 为离散类型且服务模块集成商区分质量水平类型时，在只考虑道德风险问题时，SMN 竞争能力优势节点合约化质量协调可选择的质量合同是 $\{W_H,\ \mu_H;\ W_L,\ \mu_L\}$，其中 $\{W_H,\ \mu_H;\ W_L,\ \mu_L\}$ 满足：

在服务模块集成商给定合同条件 W_H 和 W_L 为某固定转移支付时，

$$\frac{b^3}{\beta} - (1 - q_H)\gamma\,\overline{\omega} \leqslant \mu_H \leqslant \frac{1}{b^{1/2}\beta}\left(\frac{2c_S + 2W_H}{3}\right)^{3/2} - (1 - q_H)\gamma\,\overline{\omega}$$

$$\frac{b^3}{\beta} - (1 - q_L)\gamma\,\overline{\omega} \leqslant \mu_L \leqslant \frac{1}{b^{1/2}\beta}\left(\frac{2c_S + 2W_L}{3}\right)^{3/2} - (1 - q_L)\gamma\,\overline{\omega}$$

服务模块提供商的质量行为优化努力程度为：

$$e_H^* = \left[\frac{\beta(1 - q_H)\gamma\,\overline{\omega} + \mu_H\beta}{b}\right]^{1/3},\quad e_L^* = \left[\frac{\beta(1 - q_L)\gamma\,\overline{\omega} + \mu_L\beta}{b}\right]^{1/3}$$

6.3.4　不对称信息下 q 为连续型的 SMN 节点合约化质量协调

若顾客需求条件下服务模块提供商的能提供的质量水平 q 为连续分布的不对称信息变量，且满足 $q \in A = (0,\ 1)$，其密度函数为 $f(q)$。同样，服务模块集成商先提供质量合同菜单 $\{W(q),\ \mu(q)\}$，有竞争能力优势的服务模块提供商根据自己能提供的质量水平 q 选择合同条款 $\{W(\hat{q}),\ \mu(\hat{q})\}$，通过选择质量合同的选择宣布自己的质量水平状况，从而选择质量行为优化努力程度 $e(\hat{q})$，即其博弈空间是 $\{W(q),\ \mu(q),\ e(q)\}$。此时，服务模块提供商的质量成本可表示为：

$$C_S[e(q)] = \beta(1 - q)\gamma\,\overline{\omega}/e(q) + be^2(q)/2 + \mu(q)$$
$$\beta/e(q) - W(q),\quad \forall q \in A \qquad (6.37)$$

在考虑服务模块提供商说真话的前提下，服务模块集成商的决策规划问题，即质量合同设计的规划问题表示为：

$$\min_{\{W(q),\ \mu(q)\}} \int_0^1 \left[\beta(1-q)\gamma\omega/e(q) - \mu(q)\beta/e(q) + W(q)\right]f(q)\mathrm{d}q, \qquad \forall q \in A$$

$$(6.38)$$

$$\text{s. t. } e(\hat{q}) \in \arg\min\left[\beta(1-q)\gamma\,\overline{\omega}/e(q) + be(q)^2/2\right.$$
$$\left. + \mu(q)\beta/e(q) - W(q)\right] \quad (IC) \tag{6.39}$$

$$C_S[e(\hat{q})] = \beta(1-\hat{q})\gamma\,\overline{\omega}/e(\hat{q}) + be^2(\hat{q})/2 + \mu(\hat{q})$$
$$\beta/e(\hat{q}) - W(\hat{q}) \quad (IC) \tag{6.40}$$

$$\beta(1-q)\gamma\,\overline{\omega}/e(q) + be^2(q)/2 + \mu(q)\beta/e(q) - W(q) \leqslant c_S \quad (IR)$$

$$(6.41)$$

其中，式（6.39）和式（6.40）为服务模块提供商的激励相容约束（IC），式（6.41）为服务模块提供商的个人理性参与约束（IR）。

令 $E(q) = \beta(1-q)\gamma\omega/e(q)$，则式（6.41）改写为：

$$C_S[e(q)] = E(q) + be^2(q)/2 + \mu(q)\beta/e(q) - W(q) \leqslant c_S \quad (IR)$$

$$(6.42)$$

上式对 q 求一阶与二阶导数，并令一阶导等于零，二阶导大于零：

$$E'(q) + be(q)e'(q) + \beta\mu'(q)/e(q) - \beta\mu(q)$$
$$\mu'(q)/e^2(q) - W'(q) = 0 \tag{6.43}$$

$$\frac{\partial C_S^2[e(q)]}{\partial q^2} > 0 \tag{6.44}$$

实际情况中，根据式（6.43）可求解服务模块提供商的最优努力水平 $e^*(q)$，代入上述模型进行求解。由于努力水平为不可观察的变量，因此，在合同设计时无法直接约束，但对于服务模块提供商，给定 $\{W(q), \mu(q)\}$ 时付出唯一的努力水平 $e^*(q)$，因此，可以通过合同 $\{W(q), \mu(q)\}$ 达到间接约束 $e^*(q)$ 的目的。由此，给出命题6.5。

命题6.5：不对称信息条件下，服务模块提供商质量水平 q 为连续类型时，SMN 竞争能力优势节点合约化质量协调可选择的质量合同是 $\{W(q), \mu(q)\}$，其中 $\{W(q), \mu(q)\}$ 满足：

$$\begin{cases} W(q) = kq \quad (k\ \text{为常数}) \\ E(q) = \beta(1-q)\gamma\omega/e(q) \\ W'(q) = E'(q) + be(q)e'(q) + \beta\mu'(q)/e(q) - \beta\mu(q)\mu'(q)/e^2(q) \\ \beta(1-q)\gamma\,\overline{\omega}/e(q) + be^2(q)/2 + \mu(q)\beta/e(q) - W(q) = c_S \\ \dfrac{\partial C_S^2[e(q)]}{\partial q^2} > 0 \end{cases}$$

6.4

数值仿真算例与分析

6.4.1　基础数据的假设

为方便分析，把以上模型中的相关参数与基础数据参数赋值，列表如下（见表6-1）。

表6-1　　　　　　　　　　　基础数据的参数赋值

参数符号	参数值	参数符号	参数值
q_H	0.8	β	0.05
q_L	0.2	c_s	2
$\omega, \bar{\omega}$	0～1	μ	≥0
p	0.5	W	4
γ	100	W_H	7
b	1	W_L	2

由于模型的复杂性，模型的求解过程显得很复杂，为简化分析，本书仅对 q 为离散类型时的质量合同进行仿真求解，并以 Matlab 7.10.0 软件为工具对上述模型进行求解，其目的有两个：一是当服务模块集成商承担的质量损失比例 ω 变化时，对质量合同规划问题最优结果的影响；二是服务模块提供商承担的单位惩罚费用 μ 变化时，对质量合同规划问题最优结果的影响，并求出最佳质量合同。

6.4.2　不区分质量水平类型的质量合同仿真分析

由命题6.3，将以上各参数代入

$$\frac{b^3}{\beta} - (1 - q_L)\gamma\bar{\omega} \leq \mu \leq \frac{1}{b^{1/2}\beta}\left(\frac{2c_s + 2W}{3}\right)^{3/2} - (1 - q_H)\gamma\bar{\omega}, \ \text{得：}$$

$$\frac{1^3}{0.05} - (1 - 0.2) \times 100 \times \bar{\omega} \leq \mu \leq \frac{1}{1 \times 0.05}\left(\frac{2 \times 2 + 2 \times 4}{3}\right)^{3/2} - (1 - 0.8) \times 100\bar{\omega},$$

由于 $0 \leqslant \overline{\omega} \leqslant 1$ 且 $\mu \geqslant 0$，所以上式化简为：

$$0 \leqslant \mu \leqslant 160 - 20\overline{\omega} < 160 \tag{6.45}$$

将以上各参数代入 $e_i^* = \left[\dfrac{\beta(1-q_i)\gamma\overline{\omega}+\mu\beta}{b}\right]^{1/3}$，$i=L$，$H$，得：

$$e_H^{\times} = \left[\frac{\beta(1-q_H)\gamma\overline{\omega}+\mu\beta}{b}\right]^{1/3} = \left(\frac{0.05\times(1-0.8)\times100\times\overline{\omega}+0.05\mu}{1}\right)^{1/3}$$

$$= (\overline{\omega}+0.05\mu)^{1/3}$$

$$e_L^{*} = \left[\frac{\beta(1-q_L)\gamma\overline{\omega}+\mu\beta}{b}\right]^{1/3} = \left(\frac{0.05\times(1-0.2)\times100\times\overline{\omega}+0.05\mu}{1}\right)^{1/3}$$

$$= (4\overline{\omega}+0.05\mu)^{1/3}$$

将 $e_H^{\times}$，$e_L^{\times}$，$\overline{\omega}=1-\omega$ 及各参数分别代入式（6.13）的目标函数中，可得：

$$\min_{\{W,\,\mu\}}\left[\frac{0.05\times(1-0.8)\times100\times(1-\overline{\omega})-0.05\mu}{2\times(\overline{\omega}+0.05\mu)^{1/3}} + \frac{0.05\times(1-0.2)\times100\times(1-\overline{\omega})-0.05\mu}{2\times(4\overline{\omega}+0.05\mu)^{1/3}}\right.$$

$$\left.+W\right]，化简后得：$$

$$Z_1 = \min_{\{W,\,\mu\}}\left[\frac{\omega-0.05\mu}{2\times(1-\omega+0.05\mu)^{1/3}} + \frac{4\omega-0.05\mu}{2\times(4-4\omega+0.05\mu)^{1/3}} + W\right]$$

$$\tag{6.46}$$

用 Matlab 7.10.0 仿真后，绘制其结果如图 6 - 5 所示：

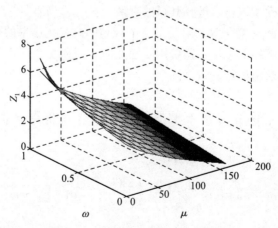

图 6 - 5　ω 和 μ 的变化对 Z_1 的影响

由图 6-5 可知，从纵轴看，随着 ω 的逐步增大，目标函数 Z_1 逐步增大，即，服务模块集成商的质量成本在逐步增大；从横轴看，随着 μ 的逐步增大，服务模块集成商的质量成本逐步下降。这表明，ω 的逐步增大将会增加服务模块集成商的质量成本，而随着 μ 的逐步增大，服务模块集成商从服务模块提供商那里得到的惩罚收入增加，导致其最终质量成本下降。

从 μ 与 Z_1 的关系看，质量合同约束的目标函数 Z_1 在 $0 \leq \mu \leq 160$ 时单调递减，故最优的质量惩罚费用为 $160 - 20\overline{\omega}$，若取 $\overline{\omega} = 0.5$，即此时质量合同 (W, μ) 为 $(4, 150)$，这说明，在给定质量损失承担比例的情况下，质量合同规划问题可以得到最优解，即 SMN 的节点之间可以通过质量合同的设计，以间接监督和激励节点的努力程度，达到协调效果；服务模块提供商的质量行为优化努力程度为 $e_H^* = 2$，$e_L^* \doteq 2.1$，两者相差较小，说明在不区分质量水平类型的情况下，高水平和低水平的服务模块提供商的质量行为优化努力程度相当，这不利于 SMN 整体质量的改进；在这一合同约束下，由于服务差错问题导致服务模块提供商而实际支付的惩罚费用分别为 $\mu\beta/e_H = 3.75$，$\mu\beta/e_L = 3.57$，两者相差不大，这一合同机制会加大低质量水平服务模块提供商的投机行为，不利于 SMN 整体利益。

6.4.3　区分质量水平类型的质量合同仿真分析

由命题 6.4，将基础数据参数赋值代入式（6.35）与式（6.36）后可得：

$$\frac{1^3}{0.05} - (1 - 0.8) \times 100\overline{\omega} \leq \mu_H \leq \frac{1}{1 \times 0.05}\left(\frac{2 \times 2 + 2 \times 7}{3}\right)^{3/2} - (1 - 0.8) \times 100\overline{\omega}$$

$$20 - 20\overline{\omega} \leq \mu_H \leq 20 \times 6^{3/2} - 20\overline{\omega}$$

$$\frac{1^3}{0.05} - (1 - 0.2) \times 100\overline{\omega} \leq \mu_L \leq \frac{1}{1 \times 0.05}\left(\frac{2 \times 2 + 2 \times 2}{3}\right)^{3/2} - (1 - 0.2) \times 100\overline{\omega}$$

$$20 - 80\overline{\omega} \leq \mu_L \leq 20 \times \left(\frac{8}{3}\right)^{3/2} - 80\overline{\omega}$$

服务模块提供商的质量行为优化努力程度为：

$$e_H^{\times} = \left[\frac{\beta(1 - q_H)\gamma\overline{\omega} + \mu_H\beta}{b}\right]^{1/3}, \quad e_L^{\times} = \left[\frac{\beta(1 - q_L)\gamma\overline{\omega} + \mu_L\beta}{b}\right]^{1/3}$$

$$e_H^* = \left[\frac{\beta(1 - q_H)\gamma\overline{\omega} + \mu_H\beta}{b}\right]^{1/3} = \left(\frac{0.05 \times (1 - 0.8) \times 100 \times \overline{\omega} + 0.05\mu_H}{1}\right)^{1/3}$$

$$= (\overline{\omega} + 0.05\mu_H)^{1/3}$$

$$e_L^* = \left[\frac{\beta(1-q_L)\gamma\overline{\omega} + \mu_L\beta}{b}\right]^{1/3} = \left(\frac{0.05 \times (1-0.2) \times 100 \times \overline{\omega} + 0.05\mu_L}{1}\right)^{1/3}$$

$$= (4\overline{\omega} + 0.05\mu_L)^{1/3}$$

将 e_H^*，e_L^*，$\overline{\omega} = 1 - \omega$ 及各参数分别代入式（6.22）的目标函数中并令之为 $\min\limits_{\{W_H, \mu_H; W_L, \mu_L\}} Z_2$，

$$Z_2 = \frac{0.05 \times (1-0.8) \times 100 \times (1-\overline{\omega}) - 0.05\mu_H}{2 \times (\overline{\omega} + 0.05\mu_H)^{1/3}} + \frac{W_H}{2}$$

$$+ \frac{0.05 \times (1-0.2) \times 100 \times (1-\overline{\omega}) - 0.05\mu_L}{2 \times (4\overline{\omega} + 0.05\mu_L)^{1/3}} + \frac{W_L}{2}$$

$$= \frac{\omega - 0.05\mu_H}{2 \times (1-\omega+0.05\mu_H)^{1/3}} + \frac{W_H}{2} + \frac{4\omega - 0.05\mu_L}{2 \times (4-4\omega+0.05\mu_L)^{1/3}} + \frac{W_L}{2}$$

$$(6.47)$$

令 $Z_{2H} = \dfrac{\omega - 0.05\mu_H}{2 \times (1-\omega+0.05\mu_H)^{1/3}} + \dfrac{W_H}{2}$，$Z_{2L} = \dfrac{4\omega - 0.05\mu_L}{2 \times (4-4\omega+0.05\mu_L)^{1/3}} +$

$\dfrac{W_L}{2}$，则原目标函数 $\min\limits_{\{W_H, \mu_H; W_L, \mu_L\}} Z_2$ 等价为 $\min\limits_{\{W_H, \mu_H\}} Z_{2H} + \min\limits_{\{W_L, \mu_L\}} Z_{2L}$

用 Matlab 7.10.0 对 Z_{2H} 与 Z_{2L} 仿真后，其结果如图 6-6 和图 6-7 所示：

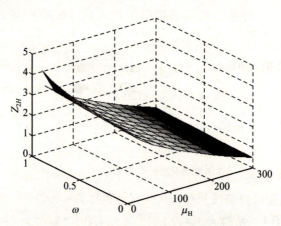

图 6-6　ω 和 μ_H 的变化对 Z_{2H} 的影响

由图 6-6 可知，从纵轴看，随着 ω 的逐步增大，目标函数 Z_{2H} 逐步增

大，即服务模块提供商为高质量水平时，服务模块集成商的质量成本也会随 ω 的增大而上升；从横轴看，随着 μ_H 的逐步增大，服务模块集成商的质量成本逐步下降。这表明，即使服务模块提供商为高质量水平，ω 的逐步增大也会增加服务模块集成商的质量成本，而随着 μ_H 的逐步增大，服务模块集成商能得到更多的惩罚收入增加，从而有利于其最终质量成本的下降。

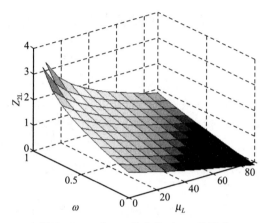

图 6 - 7　ω 和 μ_L 的变化对 Z_{2L} 的影响

由图 6 - 7 可知，从纵轴看，随着 ω 的逐步增大，目标函数 Z_{2L} 逐步增大，即服务模块提供商为低质量水平时，服务模块集成商的质量成本会随 ω 的增大而上升；从横轴看，随着 μ_L 的逐步增大，服务模块集成商的质量成本逐步下降。这表明，即使服务模块提供商为低质量水平时，ω 的逐步增大也会增加服务模块集成商的质量成本，而随着 μ_L 的逐步增大，服务模块集成商能得到更多的惩罚收入增加，以减少质量成本的支出。

由图 6 - 6 与图 6 - 7 可以看出，也可在给定质量损失承担比例的情况下，质量合同规划问题可以得到最优解。若取 $\overline{\omega} = 0.5$，则 $\mu_H \doteq 284$，$\mu_L \doteq 47$，此时，质量合同 $\{W_H,\ \mu_H;\ W_L,\ \mu_L\}$ 为 $\{7,\ 284;\ 2,\ 47\}$，$W_H > W_L$，$\mu_H > \mu_L$，说明在区分质量水平类型时，质量合同中对高质量水平的服务模块提供商的正向转移支付激励与负向惩罚费用激励均高于低水平的服务模块提供商；服务模块提供商的质量行为优化努力程度为 $e_H^* \doteq 2.4$，$e_L^* \doteq 1.6$，两者相差较大，且 $e_H^* > e_L^*$，说明高质量水平的服务模块提供商会付出更大的努力优化质量行为，这利于 SMN 整体利益优化，促进整体质量水平提高；在这一合同约束下，由于服务差错问题导致服务模块提供商而实际支付的惩罚费用分别为 $\mu_H \beta / e_H = 5.9$，$\mu_L \beta / e_L = 1.5$，这说明，对高质量水平的服务模块提供商的实际惩罚费用要高于低质量水平的提供商，这一合同机制也利于约束低质量水平服务模块提供商的投机行为。

6.4.4 SMN 节点合约化质量协调数值仿真的主要结论

结论 6.1：不对称信息条件下，在给定质量损失承担比例 ω 与 $\bar{\omega}$ 时，SMN 节点之间可以通过设计最优质量合同，达到合约化质量协调的目的。

结论 6.2：不对称信息条件下，当发生服务差错时，服务模块集成商质量损失承担比例 ω 值越小，越有利于降低其质量成本。

结论 6.3：不对称信息条件下，当发生服务差错时，服务模块提供商承担的单位质量惩罚费用 μ 越高，越有利于服务模块集成商质量成本的降低。

结论 6.4：在只考虑道德风险问题时，不区分质量水平 q 的高低类型设计质量合同 $\{W, \mu\}$ 时，不同类型的服务模块提供商的质量行为优化努力程度 e_H^* 与 e_L^* 没有明显区别；区分质量水平 q 的高低类型设计质量合同 $\{W_H, \mu_H; W_L, \mu_L\}$ 时，不同类型的服务模块提供商的质量行为优化努力程度 e_H^* 与 e_L^* 相差较大，且高质量水平的提供商会选择更高的质量行为努力程度。

结论 6.5：服务模块提供商的质量水平 q 为离散型，在只考虑道德风险问题时，区分质量水平 q 类型的质量合同 $\{W_H, \mu_H; W_L, \mu_L\}$ 比不区分质量水平 q 类型的质量合同 $\{W, \mu\}$ 更有利于激励高质量水平提供商优化其质量行为，约束低质量水平提供商的质量投机行为，从而更有利于提高 SMN 整体质量水平。

6.5

本章小结

在 SMN 中，具有竞争能力优势的节点在客观上具备了质量合作的博弈空间，合同约束是实现其合作关系的重要途径，因此，具有竞争能力优势的 SMN 节点的质量行为将由被动的适应性质量协作转变为主动的合约化质量协调。

　　首先，本章基于前人的研究界定了合约化质量及合约化质量协调的概念和内涵，认为合约化质量是合同与竞争能力约束下产品或服务提供过程中形成的关系满足要求的程度，而合约化质量协调是质量行为主体通过质量合同的设计、监督和激励使竞争能力平衡优化以完成质量任务的过程。研究了 SMN 合约化质量协调的运动规律，认为质量合同的设计、质量合同的监督、质量合同的激励构成了 SMN 合约化质量协调运动规律的基本内容。

　　其次，运用合同理论设计了 SMN 竞争能力优势节点合约化质量协调的合同模型：完全信息下 SMN 节点合约化质量协调模型，不对称信息下节点质量水平为离散型的合约化质量协调模型，以及不对称信息下质量水平为连续型的 SMN 节点合约化质量协调模型。主要讨论了服务模块提供商的质量水平为离散型时，在考虑道德风险情况下，区分质量水平与不区分质量水平高低类型的质量合同设计问题。

　　最后，文章以 Matlab 7.10.0 为分析工具，对服务模块提供商的质量水平为离散型的质量合同进行数值仿真分析，并给出各种情况下相关数据的结论，结果显示区分质量水平类型时的质量合同对 SMN 整体质量水平的提高更有利。

　　在讨论不对称信息下的质量合同时，本章主要从质量损失最小化的角度考虑了质量水平为离散型时道德风险情况下的模型求解，节点质量行为可能存在隐匿质量水平类型的逆向选择问题，且质量水平可能存在连续性。因此，考虑道德风险、逆向选择多种情况，仿真分析连续型质量水平的质量合同需要进一步的研究。SMN 节点间良好的声誉是合作的基础，具有竞争优势能力的节点在积极建立一个好的声誉方面进行质量改进，所以，从声誉损失最小化的角度研究节点质量行为，基于声誉激励进行质量合同的设计是值得研究的另一个方面。

第 7 章

核心能力优势节点质量行为：
模块化质量协同

SMN 中处于高层次且有核心能力优势的节点之间的质量合作是复杂的非线性自适应过程，在质量合作的过程中协同演化，且各价值模块节点的质量参数在合作中起着重要的支配作用，形成了自适应的复杂系统。本章从协同学的角度，研究的是第 3 章提出的分析框架模型的第四部分，在研究中界定为服务模块提供商具有核心能力优势时与服务模块集成商的质量合作行为，借助模块化思想，研究各价值模块节点质量协同问题。本章的结构安排如下：首先，界定模块化质量与模块化质量协同的内涵；其次，参考前人的相关研究，提出 SMN 核心能力优势节点模块化质量协同的概念模型、演化模型与力学模型；最后，分析三个模型间的关系及管理学意义，提出 SMN 节点模块化质量协同行为控制对策。

7.1
模块化质量协同的内涵

7.1.1 模块化质量

哈佛大学商学院 Badlwin 和 Clark 于 1997 年在哈佛商业评论上发表一篇题为"模块化时代的管理"的文章，模块和模块化的研究日益引起学者重视。鲍德温和克拉克（Baldwin and Clark）认为模块化是指利用每个可以独立设计的，并且能够发挥整体作用的更小的子系统来构筑复杂产品或业务的过程；而 Langlois (2000)[178] 认为模块化是管理复杂事物的一整套规则，是将复杂系统分为独立的部分，各部分在结构内部可通过标准界面交流。关于模块化质量，目前尚未发现有文献对之专门论述，本书基于模块化思想以及对质量的理解，将模块化质量定义为：一组由产品或服务通过标准界面分解形成的产品模块或服务模块所具有的固有特性满足要求的程度，如图 7 - 1 所示。

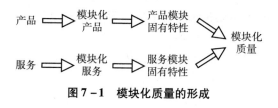

图 7 - 1　模块化质量的形成

　　模块化质量的形成是伴随产品或服务模块化分解的动态过程，对模块化质量的理解应包括以下几个方面：

　　（1）模块化质量是产品或服务模块分解的动态结果。产品或服务的模块化是当前及未来发展的主流趋势，模块界面的确定与系统结构有关，模块的分解与整合随模块界面及系统结构的变化而变化，因此，模块分解的结果不同，伴随的模块特性满足要求的程度存在差异，模块化质量是一个动态的结果。

　　（2）模块化质量是产品或服务模块固有特性的表现形式。固有特性是事物本身所具有的特性，模块固有特性是产品或服务模块本身质量参数的抽象概括。这些参数与顾客要求的符合性程度、适应性程度、满意性程度以及合同约定满足程度相关，模块化质量是对这些特性参数满足要求的表现形式。

　　（3）模块化质量是质量观发展的高级阶段。从前面的分析可知，质量观已经经历了符合性质量、适用性质量、适应性质量、满意性质量、主观性质量、体验性质量以及合约化质量等形式。这些质量观点都伴随特定的背景或约束条件，模块化质量观是这些质量观的综合。模块化是标准符合与适用的结果，需满足符合性质量与适用性质量的要求；模块分解不仅需要适应标准的需求以及界面结构的安排，而且需要更大程度地让顾客满意；产品或服务模块任务由相关模块化组织完成，合同的约束是主要表现形式。因此，模块化质量综合了前面所有质量观的观点，是质量观发展的高级阶段。

7.1.2　模块化质量协同

　　根据哈肯的观点：协同是系统各部分之间的相互协作，使整个系统形成微个体层次所不存在的新质的结构和特征。自然，模块化的流程服务在各模块单元服务能力的作用下趋于协同，并形成新的结构和特征是模块化组织协同的结果。各模块固有特性相互关联、相互作用，形成具有质量结构特性的复杂质量，共同满足顾客要求。因此，本书认为模块化质量协同是具有核心能力优势的质量行为主体质量合作与模块质量特性的自适应过程。

（1）模块化质量协同是行为主体核心能力的合作。模块单元的核心能力是模块化质量合作的驱动力，在这一驱动作用下形成新的质量特性，模块化质量协同本质上是行为主体的核心优势能力合作的结果。

（2）模块化质量协同具有合作博弈特性。从博弈理论的角度看，模块化质量协同是各模块单元合作博弈的结果。质量行为主体能力优势的强强联合，使参与方从非合作博弈走向合作博弈，寻找最优的质量效应。

（3）模块化质量协同具有自适应性。从协同学的角度看，在模块单元的能力合作中，形成了一个复杂的自适应的模块化组织网络，复杂网络的任何子系统都具有两种运动趋势：一种是自发式的无序运动，使整个系统走向无序和瓦解；另一种是关联式的协同合作运动，使系统走向有序。模块化质量协同是质量行为主体之间产生大量的质量特性相关的竞争与合作，从而引起质量协同效用，由此产生质量序参量支配，使模块化质量有序形成。

在 SMN 中，具有核心能力优势的节点，即高层能力优势节点同时具有较强的通用能力和特殊能力，使得能力特性的界面更加清晰，价值模块优势更加明显。从能力合作角度看，模块化质量合作更能提供高质量的产品和服务；从协同学角度看，弱能力优势节点的从无序竞争演变为强能力优势节点的有序合作，模块化质量从被动适应、合同约定演变为自适应，模块化质量特性参数由控制参量演变为可主导的序参量。

7.2

SMN 核心能力优势节点模块化质量协同的概念模型

7.2.1 SMN 节点模块化质量协同的序参量

序参量是协同学中的一个重要概念，用来描述系统的有序程度。协同学的创始人哈肯（1971）把"序参量"的概念引入复杂系统的自组织研究中，哈肯认为在一个复杂系统的自组织协同演化过程中，存在着许多参变量，如果某个或某几个参量在协同演化过程中从无到有地变化，并能够支配或役使系统中其他参变量，主宰着整个系统的演化过程，从而指示出新的系统结构形成及其有序程度，这样的参变量即为"序参量"。"序参量"的产生是系统内部大量子系统之间的合作和协同一致的结果。"序参量"被许多学者广泛地用于社会科学领域的研究，如 T. D. Frank（2008）[179]、卜华白（2010）[180]、舒辉等（2011）[181]。SMN 中，各价值模块节点基于能力需求合作，从协作、协调演变为协同关系，形成了模块化服务的自组织网络，是一个复杂的自组织系统。该系统是由许多价值模块节点子系统构成的，各模块子系统又包括许多更小的表现其内涵特征的更小子系统，模块化质量协同系统即为其中的结构单元。本书仅讨论 SMN 自组织系统中模块化质量协同系统，研究具有核心能力优势的 SMN 节点的模块化质量协同的自适应行为。同样，在 SMN 节点模块化质量协同过程中，存在主导协同的质量序参量。影响节点能力合作的质量因素有很多，如核心能力优势影响程度、质量标准化水平、服务质量水平、质量创新水平以及组织间的合作与学习能力等，这些都是确定 SMN 模块化质量协同的序参量应考虑的因素。但对于具有核心能力优势的 SMN 节点，相互间的协同合作相对于基础能力优势节点和竞争能力优势节点而言，具有新的特征，其中，能力优势与主动的自适应性具有重要影响。因此，本书考虑 SMN 节点的模块化服务核心能力、模块化服务质量水平以及模块化质量创新水平为其模块化质量协同演化的序参量，这三者共同确定了具有核心能力优势的 SMN 节点模块化质量协同的质量状态变量空间，如图 7-2 所示。

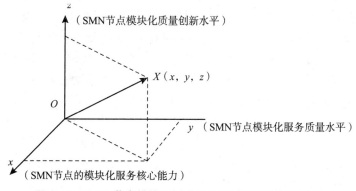

图 7-2　SMN 节点模块化质量协同的质量状态变量空间

7.2.2 SMN 节点模块化质量协同的概念模型

本书参考卜华白（2010）[180] 提出的企业价值网低碳共生演化的序参量控制机理概念模型，提出 SMN 核心能力优势节点模块化质量协同演化概念模型，如图 7-3 所示。

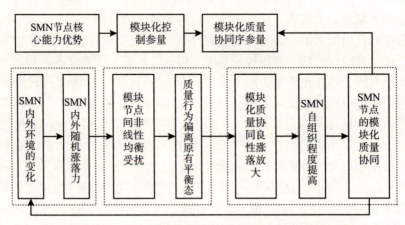

图 7-3   SMN 核心能力优势节点模块化质量协同的概念模型

该模型表明，在 SMN 内外环境的变化，如开放的、非线性的、远离平衡的、有外部物质、能量、信息等非特定输入或输出条件发生变化时，SMN 整个系统、各价值模块节点子系统以及各子系统之间发生非线性相互作用。对于各子系统的模块化服务质量系统，在内、外涨落随机作用下，各价值模块节点间的质量系统非线性均衡受到干扰，从而可能导致 SMN 节点质量行为偏离原有平衡态。在节点核心能力优势、模块化服务质量控制参数调节以及模块化质量协同序参量支配下，通过 SMN 中服务集成商、生产性服务模块提供商、服务性生产模块提供商的能力合作系统、模块化服务系统、质量创新系统的竞争与协同，使得支持模块化质量协同演化的良性涨落放大，自适应程度提高，节点间的主动性增强，原有的各模块节点的被动适应性、合同约束性的非良性涨落受抑，SMN 自组织程度不断提高，各模块质量系统特性经并不断的渐变和突变，最终实现 SMN 节点的模块化质量协同演化。

从模型中可以看到，SMN 节点的核心能力优势扮演着重要角色，是模块化质量协同的首要输入因素。节点的核心能力优势为模块化服务控制参量提供了具有指导作用的状态变量，是形成模块化质量协同序参量的重要因素。因此，可通过提升节点核心能力优势来影响模块化质量的控制参量，从而改变模块化质量协同的序参量，为 SMN 节点质量行为决策提供依据，促进 SMN 模块化质量的形成，利于 SMN 整体的有效运行。

7.3

SMN 核心能力优势节点模块化质量协同的演化模型

从网络组织演化的角度看，网络组织中成员企业的核心能力优化整合是最终的必然结果。在 SMN 的运行过程中，存在许多具有能力优势的价值模块节点，最终而言，是许多具有核心能力优势的协同合作。当生产性服务模块或服务性生产模块节点等服务模块提供商具备核心能力优势时，模块节点之间的合作便构成了模块化协同服务关系，这种关系是自组织发展的结果，模块间服务能力需求与核心能力优势提供是主动的自适应行为。此时，研究 SMN 节点的质量行为应从协同学的角度来分析其质量序参量的影响作用。

7.3.1 主要符号说明与研究假设

7.3.1.1 主要符号说明

（1）q_i：SMN 中各价值模块节点的质量状态变量，$i = 1, 2, \cdots, n$；

（2）x：SMN 中各价值模块节点模块化服务核心能力；

（3）y：SMN 中各价值模块节点模块化服务质量水平；

（4）z：SMN 中各价值模块节点模块化质量创新水平；

（5）$X_i(x, y, z)$：状态变量 q_i 的空间坐标，q_i 是 $X(x, y, z)$ 和时间 t 的函数；

（6）$G_i(q_i)$：各价值模块节点质量协同作用函数；

（7）$F_i(t)$：随机涨落力；

（8）ε_j：各状态变量的阻尼系数，$j = x, y, z$。

7.3.1.2 研究假设

假设一个简单的 SMN 由顾客效用模块节点、服务集成模块节点、服务性生产模块节点及生产性服务模块节点四个价值模块节点构成。同样，顾客参与到其余三个节点中，制定质量标准需求，服务性生产模块节点与生产性服务模块节点都具有核心能力优势，且模块化水平较高，为服务模块集成商提供能力服务，服务模块集成商也具有核心能力优势，可以有效地集成各提供商的核心能力，节点间是协同合作关系。各节点是 SMN 的子系统，其中，模块化质量系统又是各子系统中更小的构成单元，本书仅考虑与质量行为有关的模块化质量系统。该质量系统的协同演化过程即为各价值模块节点质量行为演化过程，研究其模块化质量协同的序参量变化如何影响节点的协同质量行为。根据前面质量序参量的描述，假设各模块节点模块化质量协同的状态变量 $q_i(i=1,2,3,4)$ 的空间坐标 $X_i(x,y,z)$ 由质量序参量构成，即节点模块化服务核心能力、节点模块化服务质量水平与节点模块化质量创新水平支配了 SMN 的模块化质量协同。顾客效用模块节点的质量标准是在顾客参与下与各模块节点共同制订的，各节点（服务模块集成商和服务模块提供商）根据质量标准进行模块化质量合作。SMN 节点间质量协同关系如图 7 - 4 所示。

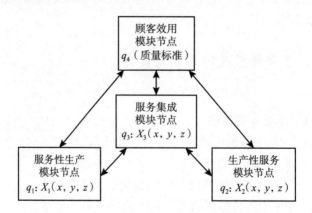

图 7 - 4 SMN 中节点之间的模块化质量协同关系

7.3.2 SMN 节点模块化质量协同的动力学模型

7.3.2.1 SMN 节点模块化质量协同的动力学分析

根据 7.3.1.2 的假设，SMN 中有四个模块子系统，各模块子系统中均包括质量系统，子系统间相互影响和相互作用，系统的协同过程不存在以特定方式作用于系统的外力，系统自组织的演化过程都是一种内部的过程，外部作用力的变化只是一种随机涨落。黄晓伟等（2010）[182]用自组织运动方程描述了供应链系统各子系统的状态变化及其相互作用，本书参考该方程进行 SMN 节点模块化质量协同的动力学分析，建立的动力学方程如下：

$$
\begin{cases}
\dfrac{\mathrm{d}q_1}{\mathrm{d}t} = -a_1 q_1 + b_1(q_2, q_3, q_4) + F_1(t) \\[2mm]
\dfrac{\mathrm{d}q_2}{\mathrm{d}t} = -a_2 q_2 + b_2(q_1, q_3, q_4) + F_2(t) \\[2mm]
\dfrac{\mathrm{d}q_3}{\mathrm{d}t} = -a_3 q_3 + b_3(q_2, q_1, q_4) + F_3(t) \\[2mm]
\dfrac{\mathrm{d}q_4}{\mathrm{d}t} = -a_4 q_4 + b_4(q_2, q_3, q_1) + F_4(t)
\end{cases}
\tag{7.1}
$$

式（7.1）中，q_1，q_2，q_2，q_4 分别表示服务性生产模块节点、生产性服务模块节点、服务集成模块节点以及顾客效用模块节点；a_1，a_2，a_3，a_4 分别表示各模块节点质量状态 q_1，q_2，q_2，q_4 的变化率；b_1，b_2，b_3，b_4 分别表示各价值模块节点间相互作用对 q_1，q_2，q_2，q_4 变化率的影响程度；$F_1(t)$，$F_2(t)$，$F_3(t)$，$F_4(t)$ 为随时间变化的随机涨落力。

对于一般自组织过程的描述即为系统演化过程分析，以上 SMN 节点模块化质量协同过程建立的是一个多变量的微分方程组，其中主要讨论的是质量序参量变化。根据哈肯的协同学理论，多变量的微分方程组中含有序参量可以应用役使原理[183]。哈肯在役使原理数学表示分析的基础上，给出了系统协同演化方程的快变量浸渐消去法，其思想是协同过程中的序参量变化慢，是慢变量，决定着协同进程，在求解中体现为将微分方程中的快变量的导数取为零，求出快变量与慢变量之间的关系[183]。基于这一思想，研究具有自组织过程的协同行为可转化为求解含有序参量的少数微分方程。对于具有核心能力优势节点的模块化质量协同行为分析，实际上就是对模块节点质量序参量状态变化的求解。因此，在研究 SMN 节点模块化质量协同的质量行为时，只需要分析各价值模块节点模块化服务核心能力、模块化服务质量水平以及模块化质量创新水平的演化及其优化改进过程。

7.3.2.2　SMN 节点模块化质量协同的动力学演化模型

协同学的研究对象复杂，可以是不同形式的复杂系统，但其核心本质是研究不同对象的共性问题，即研究各种复杂系统中共同存在的协同现象，可以用共同的数学模型来进行描述。在具体研究过程中，各类复杂系统的状态变量随着内外环境对系统的作用而发生变化，可以用适当的运动方程来描述系统在外界环境的作用下的动力学行为，其中，统计物理学的朗芝万方程是解决这一问题的主要研究工具，该方程最简单的表达形式如式 (7.2)[182]，[184]：

$$\frac{\mathrm{d}x_i(t)}{\mathrm{d}t} = F_i(x_i,\ \cdots,\ x_n) + \delta_i \quad i = 1,\ 2,\ \cdots,\ n \tag{7.2}$$

式 (7.2) 中，$F_i(x_i,\ \cdots,\ x_n)$ 是复杂系统状态变量 $x_i(t)$ 的非线性函数，δ_i 是随机涨落力。根据这一方程，SMN 节点模块化质量协同演化的一般方程可表示为：

$$\frac{\mathrm{d}X_i}{\mathrm{d}t} = -\varepsilon_j X_i + G_j(X_i) + F(t) \quad (i = 1,\ 2,\ \cdots,\ n,\ j = x,\ y,\ z) \tag{7.3}$$

考虑 SMN 模块化质量协同的状态变量序参量空间 $X_i(x,\ y,\ z)$，方程 (7.3) 又可以改写为：

$$\begin{cases} \dfrac{\mathrm{d}x}{\mathrm{d}t} = -\varepsilon_x x + G_x(x) + F_x(t) \\[2mm] \dfrac{\mathrm{d}y}{\mathrm{d}t} = -\varepsilon_y y + G_y(y) + F_y(t) \\[2mm] \dfrac{\mathrm{d}z}{\mathrm{d}t} = -\varepsilon_z z + G_z(z) + F_z(t) \end{cases} \tag{7.4}$$

式 (7.4) 中，ε_x，ε_y 与 ε_z 为与各质量序参量相关的阻尼系数；$G_x(x)$，$G_y(y)$ 与 $G_z(z)$ 是各质量序参量协同作用函数；$F_x(t)$，$F_y(t)$ 与 $F_z(t)$ 是随机涨落力。

该式表明了 SMN 中价值模块节点之间的质量状态空间非线性协同作用，其中随机涨落力使得 SMN 节点的质量系统在临界点发生结构性变化，出现新的模块化质量结构特性，即在环境作用力下，SMN 价值模块节点的质量特性将发生改变，并相互间形成自组织现象，为模块化质量目标的实现，以满足顾客要求的质量标准，呈现出自适应性特征。

从 SMN 核心能力优势节点模块化质量协同演化概念模型可以看出，

其模块化质量协同受到节点核心能力优势及序参量的影响，因此，其协同演化的自组织程度受到各价值模块节点模块化服务核心能力、模块化服务质量水平以及模块化质量创新水平的驱动作用。这些序参量使得各价值模块节点的质量系统之间相互制约、产生耦合协同效应，从而 SMN 节点间相互的质量行为发生改变，由能力较低状态的被动适应性质量、合同约束的合约化质量转变为能力较高状态的自适应模块化质量，节点质量系统间的自组织程度增强，所以质量序参量主宰了 SMN 节点质量行为的协同演变进程和方向。以服务性生产模块节点 q_1 的质量状态变量空间 $X_1(x, y, z)$ 为例，其中 x, y, z 分别为 SMN 服务性生产模块节点的模块化服务核心能力、模块化服务质量水平、模块化质量创新水平，分析序参量如何影响模块化质量协同的演化。根据方程式（7.4）可得，微分方程式（7.5）详细描述了这三个序参量对节点模块化质量协同行为的影响。

$$\begin{cases} \dfrac{\mathrm{d}x}{\mathrm{d}t} = (\alpha - \varepsilon_x)x - \lambda_1 x^2 - \beta_1 xy - \beta_2 xz + F(t) \\[2mm] \dfrac{\mathrm{d}y}{\mathrm{d}t} = -\varepsilon_y y + \beta_3 x^2 \\[2mm] \dfrac{\mathrm{d}z}{\mathrm{d}t} = -\varepsilon_z z + \beta_4 x^2 \\[2mm] \dfrac{\mathrm{d}q_1}{\mathrm{d}t} = \alpha_1 x + \alpha_2 y + \alpha_3 z + \alpha_4 q_1 + \alpha_5 xy + \alpha_6 xz \end{cases} \tag{7.5}$$

式（7.5）中，α 是服务性生产模块节点模块化服务核心能力的质量效益系数；ε_x，ε_y 与 ε_z 为阻尼系数；β_1 为 x 与 y 之间相互作用力系数，β_2 为 x 与 z 之间相互作用力系数，β_3 为模块化服务核心能力与模块化服务质量水平之间的关系，β_4 为模块化服务核心能力与模块化质量创新水平之间的关系；λ_1 为随着时间的推移服务性生产模块节点核心能力衰减系数；α_1 为模块化服务核心能力对节点模块化质量协同行为的影响，α_2 为模块化服务质量水平对节点模块化质量协同行为的影响，α_3 为模块化质量创新水平对节点模块化质量协同行为的影响，α_4 为服务性生产模块节点质量系统的自反馈系数，α_5 为模块化服务核心能力与模块化服务质量水平之间的作用对节点模块化质量协同行为的影响，α_6 为模块化服务核心能力与模块化质量创新水平之间的作用对节点模块化质量协同行为的影响；$F(t)$ 表示服务性生产模块节点质量系统的随机涨落力。

式（7.5）的前三个方程描述了序参量模块化服务核心能力、模块化服务质量水平以及模块化质量创新水平影响节点质量系统的自组织演化，第四个方程主要考察的是三个序参量如何具体作用服务性生产模块节点的模块化质量系统。方程主要从模块化服务核心能力与模块化质量创新水平、模块化服务核心能力与模块化服务质量水平的相互作用影响进行分析，事实上质量创新水平对服务质量水平也是有相互影响的，鉴于问题分析的复杂性，该模型简化了这一作用过程。

7.4

SMN 核心能力优势节点模块化质量协同的力学模型

图 7-2 给出了 SMN 节点模块化质量协同的质量状态变量空间 $X(x, y, z)$，如果用价值模块节点的控制参量与序参量作为其质量特性描述参数，则任何一个节点在质量协同状态时都可以用质量特性参数的多维空间点来表示。根据协同学思想，序参量决定了协同状态，因此，可以对质量序参量构成的多维"相空间"进行进一步分析，以更好地刻画具有核心能力优势的 SMN 节点模块化质量协同行为。邹辉霞（2007）[185]从理论力学的角度探讨了序参量对供应链协同的影响，本书参考这一研究思路，给出 SMN 核心能力节点模块化质量协同的力学模型。

7.4.1 符号说明与基本假设

7.4.1.1 主要符号说明

（1）F_x：质量序参量模块化服务核心能力 x 的作用力；

（2）F_y：质量序参量模块化服务质量水平 y 的作用力；

（3）F_z：质量序参量模块化质量创新水平 z 的作用力；

（4）$\sum F$：质量序参量的综合作用力；

（5）$X(x, y, z)$：SMN 价值模块节点模块化质量协同的模拟状态点；

（6）v_j：X 点在序参量 j 的作用力下的运动速度，$j = x, y, z$；

（7）α_j：X 点在序参量 j 的作用力下的加速度，$j = x, y, z$；

（8）v：X 点在质量序参量综合作用力下的运动速度；

（9）α：X 点在质量序参量综合作用力下的加速度；

（10）a：沿坐标轴 Ox 方向的单位矢量；

（11）b：沿坐标轴 Oy 方向的单位矢量；

（12）c：沿坐标轴 Oz 方向的单位矢量；

（13）r：X 点质量状态空间的矢径。

7.4.1.2　基本假设

（1）在空间直角坐标系中，以 Ox 轴代表 F_x 的作用方向，以 Oy 轴代表 F_y 的作用方向，以 Oz 轴代表 F_z 的作用方向；

（2）质量协同状态点 X 在 $\sum F$ 作用下，受其速度 v 和加速度 α 的影响，随时间 t 发生单调连续变化，使节点模块化质量协同的自组织程度越高，自适应性越强；

（3）$X(x,\ y,\ z)$ 是关于时间 t 的连续函数，即 $x = f_x(t)$，$y = f_y(t)$，$z = f_z(t)$。

7.4.2　SMN 节点模块化质量协同的理论力学模型

根据以上假设，在空间直角坐标系 $Oxyz$ 中，可以绘出 X 点的运动轨迹，如图 7–5 所示。

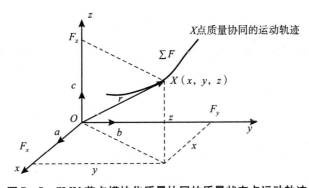

图 7–5　SMN 节点模块化质量协同的质量状态点运动轨迹

由图 7–5，X 点质量状态空间的矢径 r 可以表示为：

$$r = xa + yb + zc \qquad (7.6)$$

X 点在质量序参量 $\sum F$ 综合作用力下的瞬时运动速度为：

$$v = \lim_{\Delta t \to 0} \frac{\Delta r}{\Delta t} = \frac{dr}{dt} \tag{7.7}$$

将式（7.6）代入式（7.7），可得：

$$v = \frac{dr}{dt} = \frac{d}{dt}(xa + yb + zc) = \frac{dx}{dt}a + \frac{dy}{dt}b + \frac{dz}{dt}c \tag{7.8}$$

由 $x = f_x(t)$，$y = f_y(t)$，$z = f_z(t)$，X 点在质量序参量作用力 F_x，F_y 与 F_z 的影响下的速度可分别表示为：

$$\begin{cases} v_x = \dfrac{dx}{dt} = f_x'(t) \\[2mm] v_y = \dfrac{dy}{dt} = f_y'(t) \\[2mm] v_z = \dfrac{dz}{dt} = f_z'(t) \end{cases} \tag{7.9}$$

根据单位矢量的含义，X 点质量状态空间瞬时速度又可表示为：

$$v \cdot = v_x a + v_y b + v_z c \tag{7.10}$$

即 X 点质量状态空间瞬时速度大小为：

$$v = \sqrt{v_x^2 + v_y^2 + v_z^2} = \sqrt{(f_x'(t))^2 + (f_y'(t))^2 + (f_z'(t))^2} \tag{7.11}$$

同理，X 点在质量序参量综合作用力下的瞬时加速度为：

$$\alpha = \lim_{\Delta t \to 0} \frac{\Delta v}{\Delta t} = \frac{dv}{dt} = \frac{d^2 v}{dt^2} \tag{7.12}$$

X 点在质量序参量作用力 F_x，F_y 与 F_z 的影响下的加速度可分别表示为：

$$\begin{cases} \alpha_x = \dfrac{dv_x}{dt} = f_x''(t) \\[2mm] \alpha_y = \dfrac{dv_y}{dt} = f_y''(t) \\[2mm] \alpha_z = \dfrac{dv_z}{dt} = f_z''(t) \end{cases} \tag{7.13}$$

又由于

$$\alpha = \frac{dv}{dt} = \frac{d}{dt}(v_x a + v_y b + v_z c) = \frac{dv_x}{dt}a + \frac{dv_y}{dt}b + \frac{dv_z}{dt}c \tag{7.14}$$

$$\alpha = \alpha_x a + \alpha_y b + \alpha_z c \tag{7.15}$$

所以，X 点质量状态空间瞬时加速度大小为：

$$\alpha = \sqrt{\alpha_x^2 + \alpha_y^2 + \alpha_z^2} = \sqrt{(f_x''(t))^2 + (f_y''(t))^2 + (f_z''(t))^2} \tag{7.16}$$

式（7.11）和式（7.16）求出了 X 点质量状态空间瞬时速度和加速度与时间 t 的力学表达式。由此可知，SMN 节点模块化质量协同的序参量作用力 F_x，F_y 与 F_z 的方向和大小决定了 X 点质量状态的运动速度大小和方向，即决定了 SMN 节点模块化质量协同程度和协同运动方向。在实际应用研究中，需要收集大量的真实数据，并建立 $x = f_x(t)$，$y = f_y(t)$，$z = f_z(t)$ 的函数关系，得到具体的 v 和 α，以清晰观察各节点的模块化质量协同行为。实际应用中，可根据协同行为效应及其自组织程度（方向和大小），在管理中采取被组织策略，解决协同行为"瓶颈"问题。

7.5
模型分析与模块化质量协同行为控制对策

7.5.1　三个模型间的关系与意义

7.5.1.1　三个模型间的关系

（1）三个模型都是揭示 SMN 节点模块化质量协同机理的重要形式，是面线点的关系。概念模型展示了 SMN 节点模块化质量协同的一般规律，将节点的核心能力、序参量作用、外界随机涨落力、自组织程度之间的逻辑控制关系进行了描述，如同一个模块化质量协同平面的展示；演化模型主要揭示了 SMN 节点模块化质量协同的自组织演化规律，将质量序参量如何影响 SMN 节点的质量系统自组织演化、寻找系统协同的平衡态进行了刻画，类似一条模块化质量协同曲线的变化；力学模型揭示了 SMN 节点模块化质量协同的程度，描述了质量序参量协同力的大小和方向，刻画了质量序参量作用力如何影响协同状态点的运动方向和速度，类似一个模块化质量协同状态点的运动。

（2）三个模型都围绕质量序参量对 SMN 节点模块化质量协同的影响这一主题，研究对象层层清晰化。概念模型、演化模型及力学模型依次展示了 SMN 节点模块化质量协同的影响因素、影响状态、影响程度，即揭示了质量序参量对模块化质量协同的基本机理，三个模型结合在一起使研究对象层层清晰化。质量序参量对模块化质量协同有决定性作用，因此，在管理中如何通过被组织改变序参量以改变其自组织影响状态，促进节点间模块化质量协同的自组织程度提升是优化节点质量行为的主要途径。从这个角度看，这三个模型是 SMN 节点模块化质量协同研究的统一体，三者互为补充。

7.5.1.2 模型的管理意义

这三个模型的建立都具有重要的现实管理意义，对决策者有重要的参考作用，主要表现如下：

概念模型揭示了 SMN 节点模块化质量协同的序参量控制逻辑关系，为 SMN 中行为主体的决策者提供了一个简单的分析框架；同时，模型将节点服务核心能力优势作为重要的输入变量，在服务经济背景下，对于 SMN 中的行为主体，不管是服务性生产模块提供商、生产性服务模块提供商，还是服务模块集成商，要想在当今大背景下成功地实现服务型制造模式的转型，都需要设定相关的模块化质量序参量和提升核心能力优势。

演化模型表明，外部涨落力的干扰会使序参量的作用发生变化，序参量与控制参量达到新的阈值时，模块化质量状态的相空间也发生变化，即模块化质量特性将改变，出现新的模块化协同过程。这说明，SMN 价值模块节点间的质量协同不是永恒的，而涨落才是永恒的。这为决策者提供的管理参考是：模块化质量协同需要时刻关注外部环境的变化（涨落力），需要提升价值模块节点的服务核心能力，以适应涨落的作用，要通过涨落达到有序，达到模块化质量的结构特性，满足顾客的质量标准。

力学模型则对 SMN 节点模块化质量改进方向具有指导意义。由理论力学原理可知，质量序参量的综合作用力 $\sum F$ 与 F_x，F_y，F_z 方向和大小有关。如果 $\sum F$ 的方向与 F_x，F_y，F_z 中部分相反，则表明自组织的质量协同产生了负效应，即模块化质量协同的有序结构特性满足顾客要求的程度下降，这不利于 SMN 的有效运行，需要通过被组织策略削弱自组织模块化质量协同的负效应，增强其正效应。因此，行为主体的管理决策者除了要关注序参量是什么外，还应对序参量的作用方向、作用大小进行科学设计，即要努力科学地进行模块化质量改进。

7.5.2 SMN 节点模块化质量协同行为控制对策

在服务经济时代，制造业与服务业的融合发展已成了必然趋势，生产型制造向服务型制造转变是企业发展的必然选择。服务型制造模式下，各价值模块节点即服务模块提供商和集成商的质量协同行为对 SMN 的有效运行有重要意义。为了科学地对 SMN 节点模块化质量协同实施被组织策略，以调节控制参量，改进序参量，达到发挥 SMN 节点核心能力优势，增强模块化质量协同自组织正效应的目的，参考上述模型的管理意义，提出以下几个方面的质量协同行为控制对策。

7.5.2.1　正确认识模块化质量协同序参量特征及其核心作用

序参量在节点的模块化质量协同中具有决定性作用，它决定着模块间的有序程度。如果没有序参量或序参量作用产生负效应，SMN 节点的质量行为就会失去整体协同发展的方向，SMN 的质量状态将处于混乱的状态，无法实现 SMN 服务价值增值的目标。在服务经济背景下，SMN 节点序参量与传统的供应链节点不同，其中节点的服务核心能力是重要决定因素，质量水平不仅在技术要求上符合顾客质量标准，还要突出服务质量水平以及质量创新水平，即核心能力、服务水平、创新水平是 SMN 模块化服务质量序参量的新特征。各模块提供商或集成商的高管层必须从战略的角度，正确认识服务经济时代模块化服务质量序参量的新特征及其对模块化质量协同演化的核心作用，积极培育具有核心能力优势的节点模块化质量协同良性序参量。SMN 的各模块节点间要从产品与服务集成的各个环节提升服务的核心能力、服务水平与创新水平，促进 SMN 节点模块化质量协同的良性发展，以更好地满足顾客效用模块的质量需求。

7.5.2.2　科学提升节点模块化服务核心能力

在模块化质量序参量中，模块化服务核心能力是关键因素，节点的核心能力优势决定了 SMN 节点模块化质量协同的程度，这也是本章研究的前提条件。因此，要控制模块节点的协同质量行为，需要科学提升各节点的模块化服务核心能力，不同的模块节点提升其核心能力的方向应有所取舍：对服务模块集成商，应提升系统整合能力，需要站在产业链的高度，从市场分析、整体设计、产品研发、产品制造、产品销售及顾客服务等全方位的角度提升整合能力，提升"产品＋服务"的集成化服务水平以及客服网络管理水平；对生产性服务模块提供商，应突出其专业化核心作用，加强生产性服务标准化，提升服务效率，加强生产性服务模块化，优化服务结构，加强生产性服务集成化，提升服务层次；对服务性生产模块提供商，应加强集成化服务能力，不仅仅是承担简单的制造加工外包服务，应主动渗透到整机制造企业中，重点提升制造技术服务水平，提供服务合作层次，从低度的外包服务转向高层次的集成化服务。

7.5.2.3 正确处理节点模块化质量协同在服务经济背景下的局域涨落

非平衡系统的局域涨落在非平衡态变化中起着重要的触发作用。在系统未达到相变临界点以前，会出现局域涨落现象：一方面，外部局域涨落力是干扰"自稳定"的破坏因素，会扰动系统结构的稳定性；另一方面，由于系统本身具有自稳定性特征，局域涨落力造成的偏离和影响程度会不断衰减直至消失，最后会回到原构型的稳定态。当系统受到持续的扰动而趋于临界点时，随机的局域小涨落会被不断放大，促进整体的宏观巨涨落形成，从而呈现一组新的稳定局域序参量结构，此时，系统完成新的非平衡相变[180]。在 SMN 节点模块化质量协同行为控制中，应需正确处理服务经济背景下 SMN 面临新的产业结构调整时出现的局域涨落，促成 SMN 整体质量系统的宏观良性巨涨落生成和模块化质量协同演化，提升服务价值的增值。

7.5.2.4 科学设计节点模块化质量协同的质量改进方向

序参量的组合及结构形态决定了 SMN 节点模块化质量协同的状态空间，序参量的变化表现为序参量作用力大小和方向的改变，从而改变质量状态点的运动轨迹。因此，科学设计节点模块化质量协同的质量改进方向实际上是如何设计和控制序参量的状态参数问题。从本书设定的模块化服务核心能力、模块化服务质量水平以及模块化质量创新水平来讲，其质量改进方向是：科学设计核心能力、质量水平和质量创新的评价体系，找出影响的作用力是什么；调整和控制各因素的权重大小，改进作用力的大小；调整各质量序参量影响因素的关联性，控制作用力的方向。从数学模型的角度讲，以上质量改进方向实际上是改变 $x = f_x(t)$，$y = f_y(t)$，$z = f_z(t)$ 的函数关系，从而改变了质量状态点的运动速度和加速度。

7.6

本章小结

本章的研究对象界定为 SMN 中具有核心能力优势的节点，即服务性生产模块提供商、生产性服务模块提供商或服务模块集成商具有核心能力优势时，其相互间的节点质量行为是模块化质量协同问题。

首先，本章定义了模块化质量及模块化质量协同的概念并深入分析其内涵，认为模块化质量是一组由产品或服务通过标准界面分解形成的产品模块或服务模块所具有的固有特性满足要求的程度，而模块化质量协同是具有核心能力优势的质量行为主体质量合作与模块质量特性的自适应过程。

其次，运用协同学理论建立了核心能力优势 SMN 节点模块化质量协同的概念模型、演化模型和力学模型：概念模型给出了 SMN 节点模块化质量协同的三个序参量，模块化服务核心能力、模块化服务质量水平以及模块化质量创新能力，揭示了核心能力优势 SMN 节点模块化质量协同的序参量控制机理；演化模型的研究主要是动力学分析的角度，应用统计物理学中的朗万芝方程，给出了三个序参量如何影响 SMN 节点模块化质量协同的质量系统自组织演化的动力学模型，以刻画协同系统平衡态的演化；力学模型的研究是借助理论力学基本原理，对 SMN 节点模块化质量协同的质量空间状态点的运动轨迹进行了描述，模型给出了序参量作用力下质量空间状态点运动的速度和加速度求解过程，以从序参量作用力的大小和方向两个方面更清晰地研究模块化质量协同的自组织程度，以指导节点模块化质量协同行为的有效控制。

最后，分析了三个模型之间的关系及其管理意义，并在此基础上从质量序参量、服务核心能力、局域涨落以及质量改进方向四个方面提出了 SMN 节点模块化质量协同行为的控制对策。

由于实际应用资料的欠缺，本章的研究没有对演化模型与力学模型进行实际应用模拟，只是从模型研究思路上给出了 SMN 模块化质量协同的量化诊断方法，这也是本研究的不足之处。在实际的应用研究中，需要根据模型的思路建立符合实际情况的协同演化模型与力学模型，以从实践上控制模块化质量协同行为，这是有待进一步研究的重要方面。

第 *8* 章

波音公司的 SMN 结构
及其节点质量行为
案例分析[*]

　　本章结合第 2 章至第 7 章的研究，对波音公司的 SMN 结构及其节点质量行为进行案例分析。首先，从波音公司的全球化制造简况，提炼出波音公司的服务型制造模式；其次，分析波音公司为主导的 SMN 结构及其节点的构成；最后，分析波音与中国服务模块提供商合作过程中，在各阶段中国提供商的能力及质量行为的变化，分析结果对我国航空工业企业国际合作具有一定参考意义。

8. 1
波音公司的服务型制造模式

8.1.1　波音公司简介

　　波音公司的总部位于芝加哥，成立于 1916 年，是世界上最大的民用和军用飞机制造商，1958 年以来在全球大型民用飞机产业中一直保持领先地位。波音公司主要有两大业务部门：波音民用飞机集团和波音防务、空间与安全集团。在民用方面，波音民用飞机集团有三大主要的业务部门，即 787 项目部、飞机项目部和民用航空服务部，并且提供飞机贸易服务；在军用方面，波音公司结合了武器和飞机制造、情报侦察系

---

　　* 本案例资料主要来源于波音中国网站 http：//www. boeingchina. com/与中国航空工业集团下属的各航空制造企业网站，经作者整理后所得。

统、通信构架，以及广泛集成三个业务盈利与成本中心的能力，设计并制造旋翼飞机、电子和防御系统、导弹、卫星以及先进的信息和通信系统。波音公司是美国国家航空航天局的主要服务提供商，提供航天飞机和国际空间站运营服务。另外，波音公司向全球 90 多个国家提供军用和民用航线支持服务。波音公司非常重视发挥在全球供应商中的人才作用，全球化人才战略为波音产品与服务的成功与进步做出重要贡献[186]。

8.1.2　波音公司"产品 + 服务"的服务型制造模式

波音公司秉承创新的传统，是航空航天领域实施服务型制造模式的典型代表。波音公司不断扩大产品线和服务，实施"产品 + 服务"的集成模式，以满足客户的最新需求：在产品创新方面包括开发新机型，通过网络整合军事平台、防御系统和战斗机；在服务方面包括研发先进的技术解决方案，制订创新型的客户融资方案等。波音民用飞机集团是全球民用航空领域的领袖，始终以飞机运营商和乘客为中心。波音系列"产品 + 服务"为航空客户提供出色的设计、效率和支持，使乘客可以随心所欲地选择飞行目的地和飞行时间。选择波音产品的用户不但拥有了最好的飞机，同时还获得了业内最全面的航空支持与服务，波音公司的"产品 + 服务"的服务型制造模式引领着全球航空产业的发展。

8.2

波音公司的服务型制造网络结构

由第 2 章的分析可知，服务型制造网络本质上是能力需求导向的模块化服务网络，一般存在两种组织结构模式：一是有主导企业的支配型价值模块集成模式；二是无主导企业的平等型价值模块集成模式。波音公司是全球最大的民用和军用飞机制造商，波音的 SMN 结构是典型的有主导企业的支配型价值模块集成模式，波音承担了主导企业的重要角色，不仅是制造模块的集成商，更是服务模块的集成商，其 SMN 结构示意图如图 8 - 1 所示。

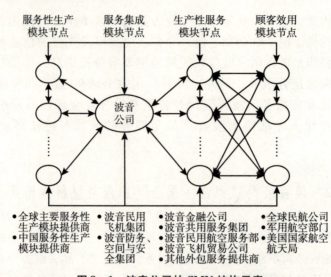

服务性生产　服务集成　生产性服务　顾客效用
模块节点　　模块节点　　模块节点　　模块节点

波音
公司

● 全球主要服务性　● 波音民用　　● 波音金融公司　　● 全球民航公司
　生产模块提供商　　飞机集团　　● 波音共用服务集团　　军用航空部门
● 中国服务性生产　● 波音防务、　● 波音民用航空服务部　● 美国国家航空
　模块提供商　　　　空间与安　● 波音飞机贸易公司　　航天局
　　　　　　　　　　全集团　　● 其他外包服务提供商

图 8 - 1　波音公司的 SMN 结构示意

8.2.1　波音模块化延伸的生产性服务提供商

为更好地提供航空服务，波音公司实施模块化服务延伸战略，包括金融服务和共用服务等生产性服务模块，主要的服务模块提供商包括波音金融公司、共用服务集团、波音民用航空服务部以及波音飞机贸易公司等。服务领域涉及提供全球融资服务，为全球的波音机构提供各种共用服务，以及开发、收购、应用及保护创新性技术和流程的波音工程、运营和技术服务等。在波音的服务型制造网络中，其主要生产性服务模块节点的模块化服务体系如图 8 - 2 所示。

8.2.1.1　波音的金融服务模块提供商

波音金融公司是一家提供全方位服务的全球性融资公司，在 SMN 网络中承担了金融服务模块提供商角色，通过量身定制融资方案，创造顾客服务价值。作为波音的全资子公司，波音金融公司提供综合性的客户融资服务，重点借助第三方融资，同时积极管理风险，交付强大的金融服务。公司现有两个业务部门：飞机金融服务部、空间和防御金融服务部。

（1）飞机金融服务部。主要为民用飞机客户提供金融支持方案和服务产品。金融服务支持方案包括：以资产为基础的融资方案；管理技术资产的金融方案；为波音民用产品和服务提供广泛而高效的融资方案。提供的

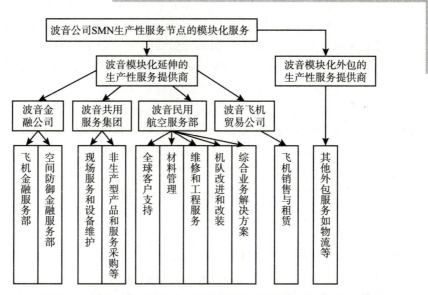

图 8 - 2　波音公司 SMN 生产性服务节点的模块化服务体系

金融服务产品包括：支持性承诺、运营租赁、融资租赁、销售/售后回租、货机改造融资、长期和短期融资，以及有担保的优先和次级贷款等。

（2）空间和防御金融服务部。主要为空间和防御客户提供融资支持服务。波音公司空间和防御金融服务部于 2000 年设立，主要的服务项目有卫星、军用运输机和加油机以及其他高科技产品的融资服务，以帮助卫星、军事运输、加油机和旋翼飞机获得资金。特别的项目包括军用产品、国际防御融资、私营/国有合作伙伴关系、项目融资、发射装置、卫星和相关空间系统等。

8.2.1.2　波音的共用服务模块提供商

波音共用服务集团（Shared Services Group，SSG）主要为波音公司的其他业务部门，以及波音全球总部提供创新而有效的公共服务，以支持航空航天及防御产品的设计和制造业务。其服务范围包括现场服务、设备维护和全部非生产性产品和服务的采购、灾难预防、业务持续能力、安全和防火服务、招聘和培训员工、面向全体波音员工的全面旅程服务、员工健康、虚拟工作场所、创造性服务、运输、储备等服务项目。

8.2.1.3　波音的民用航空服务模块提供商

波音民用航空服务部提供综合的产品和服务解决方案，在客户支持、材料管理、维护与工程服务、机队的改进和改装、飞行运营支持综合业务解决方案等 6 个关键领域的能力服务方面帮助飞机运营商获得优势。

（1）全球客户支持。波音建立了全球性的基础设施以支持航空公司的航班计划，解决技术问题，快速提供技术信息并即时交付他们所需的关键产品和服务。服务内容包括：面向全球的现场技术指导，飞机结构、系统、材料和维护问题的应急支持，全天候的综合飞机支持服务。建立了分布全球的机构设施，包括 8 个备件中心、23 个飞行培训基地和 9 个部件修理中心。在机队支持方面，民用航空服务部的 B2B 门户网站 MyBoeing-Fleet. com，可以为客户提供维护和运营波音机队所需的全部信息。

（2）材料管理。波音拥有业内最完备的飞机备件销售与配送网络，保持近 50 万种不同类型备件的库存，为全球机队提供支持。全球的配送中心分布在西雅图、洛杉矶、亚特兰大、新加坡、北京、伦敦、迪拜以及阿姆斯特丹，为全球客户提供服务。在物流服务质量改进方面，波音民用航空服务部为修理、大修和航空电子设备及硬件部件的更换提供服务。创新的一体化材料管理（IMM）计划，消除了航空公司消耗性飞机部件的购买、库存管理和物流负担。

（3）维修和工程服务。民用航空服务部开发、管理并交付机队维护和工程支持所需的大量技术信息。波音公司领导着航空业向全数字化格式的转变，以提高准确性并降低存储需求。MyBoeingFleet 网站提供数字化信息，加速了飞机故障查找以及管理维护服务。将其维护和工程工具与航班运营工具集成，帮助运营商实现高水平的性能和运营。

（4）机队改进和改装。利用波音和道格拉斯飞机设计使用的所有工程数据，波音民用航空服务部可以帮助航空公司改变飞机布局，提高机队性能，改进客舱舒适性。通过提供设计、工程和项目管理专长并与一些业内知名的改装中心联手合作，部门的改装工程人员能够监管客机到货机的改装。利用大规模系统集成的特长，部门还提供包括工程、设计、零件和整合手册以及客户支持的航空电子设备升级项目。

（5）飞行运营支持。波音民用航空服务部为航空公司的飞行运营部门提供全面支持，例如创新的信息管理解决方案和全球培训网络。波音民用航空服务部提供的服务还包括：提供飞行技术出版物（如飞行手册、缺件放行指南、主最低设备清单和其他相关文件），飞行运营工程支持以及模拟数据支持，利用数字技术改进驾驶舱管理，空中运输系统电子化，集成和管理航空运输信息，全球航空公司培训网络（含飞行和维修培训以及乘务员安全培训）。

（6）综合业务解决方案：随着客户逐渐采用多种波音服务以实现运营效率最大化，波音将这些服务集成起来，以便最大限度地满足客户的需求。其中，波音 787 的"金色关怀"为航空公司提供了全面而灵活的业务解决方案，服务包括全面材料管理以及工程与维护计划和控制，可以简化客户运营，降低与飞机使用情况相关的可预测价格成本。

8.2.1.4　波音的飞机贸易服务模块提供商

波音飞机贸易公司销售和租赁波音通过交易、租赁回报及其他方式获得的飞机，以及从二手市场上获得的满足波音高标准的飞机。该公司专为需要迅速扩充机队的运营商，以及目前没有能力购买新飞机的运营商提供服务。由波音飞机贸易公司提供的每一架飞机都满足波音最高的质量和可靠性标准，并享受波音的全球支持服务。

8.2.2　波音模块化外包的全球服务性生产模块提供商

波音公司在全球范围内实施模块化外包战略，各种机型的许多系统模块都外包给分布在世界各地的服务性生产模块提供商。各种模块的提供商主要分布在全球 66 个国家，主要分为两种类型：一是直接模块提供商；二是间接模块提供商。直接模块提供商主要负责飞机子系统的研发与生产制造[187]。直接模块提供商一般为具有一定竞争能力优势或核心能力优势的航空制造企业，主要集中在美国、法国、加拿大、西班牙、德国、中国、意大利、中东地区、印度、韩国与日本等国家和地区。图 8 - 3 是波音 787 的全球主要服务性生产模块提供商。

从图 8 - 3 可以看出，波音 787 的大部分子系统分布在全球几十个国家和地区生产，子系统是按波音 787 飞机的结构模块化分解后，再外包给世界各地模块提供商的。这些提供商按模块任务进行集成化合作，除了完成所承担部件和系统的生产，还要完成相关部件的综合和系统集成。如负责机头 41 段和前机身模块的精灵航空系统公司，不仅要承担该模块的制造服务，同时还需要负责安装驾驶舱、前起落架、通用计算机系统以及布线、液压和控制器等部件、并使之与中机身相连接[187]。可以看出，服务性生产模块提供商在集成化服务方面是一个发展趋势。

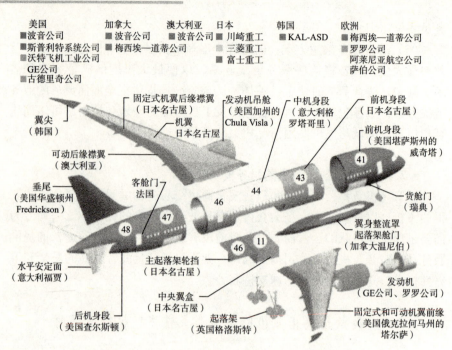

美国
■波音公司
■斯普利特系统公司
■沃特飞机工业公司
　GE公司
■古德里奇公司

加拿大
■波音公司
■梅西埃—道蒂公司

澳大利亚
■波音公司

日本
■川崎重工
　三菱重工
　富士重工

韩国
■KAL-ASD

欧洲
■梅西埃—道蒂公司
■罗罗公司
　阿莱尼亚航空公司
　萨伯公司

翼尖
（韩国）

固定式机翼后缘襟翼
（日本名古屋）

机翼
日本名古屋

发动机吊舱
（美国加州的
Chula Visla）

中机身段
（意大利格
罗塔哥里）

前机身段
（日本名古屋）

前机身段
（美国堪萨斯州的
威奇塔）

可动后缘襟翼
（澳大利亚）

垂尾
（美国华盛顿州
Fredrickson）

客舱门
法国

货舱门
（瑞典）

翼身整流罩
起落架舱门
（加拿大温尼伯）

水平安定面
（意大利福贾）

主起落架轮挡
（日本名古屋）

发动机
（GE公司、罗罗公司）

中央翼盒
（日本名古屋）

后机身段
（美国查尔斯顿）

起落架
（英国格洛斯特）

固定式和可动机翼前缘
（美国俄克拉何马州的
塔尔萨）

图8-3　波音787全球主要服务性生产模块提供商

资料来源：胡问鸣．世界民用飞机工业概览［M］．航空工业出版社，2007．

8.2.3　波音模块化外包的中国服务性生产模块提供商

8.2.3.1　总体情况

中国的许多航空企业在波音公司的系列飞机产品转包生产中扮演了重要的服务性生产模块提供商角色。例如，中航工业集团所属企业西飞、成飞和洪都均为747-8项目的成功做出了巨大贡献（见图8-4），他们在该机的研制过程中，负责747-8的内侧襟翼固定后缘翼肋、垂直尾翼、副翼、扰流板、水平尾翼零部件和次组件、水平安定面、48段部件等的制造工作[188]。

此外，中国航空制造企业参与了所有波音机型的制造，包括737、747、767、777和787飞机。从波音中国网站公布的信息看，近10年来，为波音提供生产性服务模块的中国的航空制造企业有[186]：

图 8 - 4　中国航空企业做出重大贡献的波音 747 - 8 的成功首飞

资料来源：中国空港网. 波音 747 - 8 洲际客机成功首飞　用中国制造的零部件 [EB/OL]. www. chinaairport. com，2011/03/23.

（1）陕西宝钛集团。负责钛锭及钛金属薄板。

（2）天津波音复合材料有限公司。2002 年起负责波音 737、747、767、777、787 的内饰零部件和复合材料结构；波音新一代 737 复合材料面板和零部件；波音 747 多种复合材料面板、舱门衬垫、机翼后缘固定装置；波音 767 无油隔舱隔板、机翼固定前缘装置和机翼固定后缘装置面板；波音 777 无油隔舱隔板、机翼固定前缘装置、机翼固定后缘装置、驾驶舱内饰面板；波音 787 垂直尾翼后缘面板；向 787 翼身整流罩供应商提供支持。

（3）成都飞机工业集团有限公司（CAC）。波音 787 方向舵；波音新一代 737 前登机门；波音新一代 737 翼上紧急出口；747 - 8 副翼和扰流板的唯一供应商；747 - 8 水平安定面零部件和次组件。

（4）哈飞航空工业有限公司（HAIC）。波音 787 翼身整流罩的上部和下部面板；787 垂直尾翼零部件；787 三级零部件。

（5）陕西三原的红原（HYFC）。钛锻造件，每架 747 飞机 12 件。

（6）上海飞机制造厂。波音新一代 737 水平安定面。

（7）沈阳飞机工业集团有限公司。波音 787 垂直尾翼前缘；波音新一代 737 尾段部件、整件 48 尾段。

（8）重庆西南铝业。铝锻造件，每架 747 飞机 4 件。

（9）厦门太古飞机工程有限公司。零部件、次组件和 747 - 400 波音改装货机项目的车间工作。

(10) 西安飞机工业集团有限公司。波音新一代 737 垂直尾翼；波音 747 固定后缘翼肋；747 - 8 内侧襟翼；747 波音改装货机的地板梁、具体部件及次组件，地板梁优化中心。

8.2.3.2 波音 737 项目情况

中国在 737 项目中扮演了非常重要的角色。垂直尾翼由西飞制造，水平安定面由上飞制造，第 48 段由沈飞制造，前登机门和翼上紧急出口由成飞制造，尾锥、翼板、整流罩、多种复合材料零部件和面板在天津制造，束线在廊坊制造（如图 8 - 5）[189]。

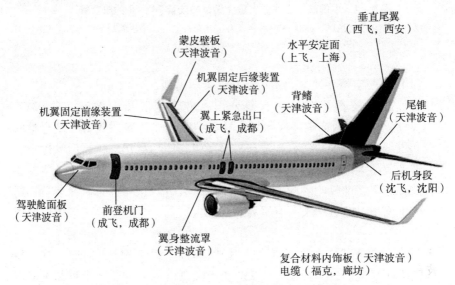

图 8 - 5　波音 737 中国主要服务性生产模块提供商

资料来源：搜狐军事. 波音公司与中国在航空等领域合作广泛 [EB/OL]. http://mil. news. sohu. com/20081026/n260249234_3. shtml

8.2.3.3 波音 747 - 8 项目情况

中国在新的 747 - 8 飞机上担当着特殊的角色：其中，江西洪都航空工业股份有限公司生产 747 - 8 飞机 48 段部件[190]；西飞制造 747 - 8 内侧襟翼，是唯一供应商，747 - 8 内侧襟翼是波音从中国采购的最大飞机结构件，西飞制造 747 - 8 固定后缘翼肋；成飞制造 747 - 8 副翼和扰流板，唯一供应商，747 - 8 水平尾翼零部件和次组件；天津波音提供复合材料零部件及面板[189]（如图 8-6 所示）。

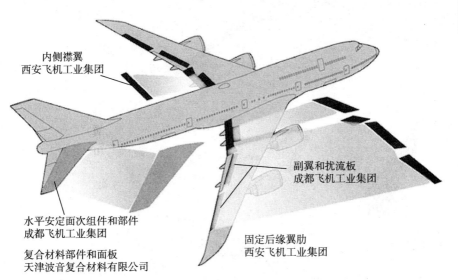

内侧襟翼
西安飞机工业集团

副翼和扰流板
成都飞机工业集团

水平安定面次组件和部件
成都飞机工业集团

复合材料部件和面板
天津波音复合材料有限公司

固定后缘翼肋
西安飞机工业集团

图 8-6　波音 747-8 中国主要服务性生产模块提供商

资料来源：搜狐军事. 波音公司与中国在航空等领域合作广泛［EB/OL］. http：//mil. news. sohu. com/20081026/n260249234_3. shtml

8.2.3.4　波音 787 项目情况

在全新 787 梦想飞机项目中中国航空企业承担了重要工作。2004 年 6 月，波音宣布，并在 2005 年签订了合同，2007 年 6 月签订了更多零部件和面板的供应合同。主要的模块提供商为包括：成飞是方向舵唯一供应商；哈飞承担上部和下部翼身整流罩面板，垂直尾翼零部件；天津波海（波音合资公司）承担垂直尾翼后缘面板以及垂尾其他部分的面板；沈阳承担垂直尾翼前缘。南昌洪都航空工业集团生产 787 短舱零部件套件。在这一项目中，有几个重要的标志性事件：首次选择中国工厂作为唯一供应商；波音首次依靠中国来制造客机的关键复合材料结构；中航二集团首次加入波音民用飞机项目；波音首次将其遍及全世界的供应商介绍给中国的工厂，并向他们介绍中国的能力和强项并鼓励供应商和中国进行工业合作；在 787 项目整个生命周期内，787 方向舵、翼身整流罩、垂直尾翼前缘工作的总价值可达数亿美元。这些说明中国航空企业具备了较强的核心服务能力[189]（见图 8-7）。

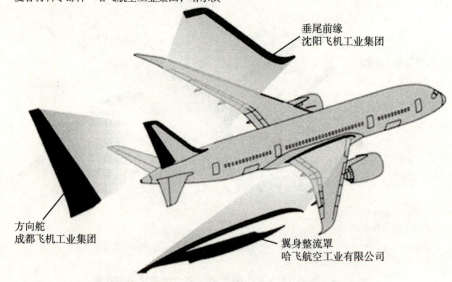

其他零部件:
复合材料面板—天津波海航空复合材料有限公司
复合材料零部件—哈飞航空工业集团,哈尔滨

垂尾前缘
沈阳飞机工业集团

方向舵
成都飞机工业集团

翼身整流罩
哈飞航空工业有限公司

图 8-7　波音 787 中国主要服务性生产模块提供商

资料来源:搜狐军事.波音公司与中国在航空等领域合作广泛〔EB/OL〕.http://mil.news.sohu.com/20081026/n260249234_3.shtml

8.3

波音公司与中国服务性生产模块提供商的质量行为

8.3.1　由早期合作到转包生产的适应性质量协作

波音公司与中国的渊源可以追溯到 90 多年前。1916 年,波音聘请的第一位工程师王助来自中国,他帮助波音设计了 C 型双翼机。自 1972 年起,波音公司与中国各航空公司、航空工业界、民航总局及中国政府建立了持久稳定的合作关系。

8.3.1.1　波音公司投资中国,帮助中国服务模块提供商提升质量水平 $\alpha^* \beta^*$

波音公司致力于帮助中国发展安全、高效和盈利的航空体系,以适应中国经济发展的步伐。民用航空业对于中国的经济发展至关紧要,波音公司为中国提供了世界上最好的飞机。波音公司在中国投资巨大，从中国的采购大大高于业内其他任何公司。波音公司在中国最重要的投资是对人员的培训，特别是在航空安全、质量管理、企业管理和高管人员方面的培训及技术支持。位于北京的波音（中国）投资有限公司，包含政府关系、销售、市场营销、业务发展、民用航空服务、全球合作伙伴，翱腾、杰普逊和传播事务部门；波音金融在香港设有办事处；波音公司在中国共有 150 名波音员工，与波音业务相关的企业（分公司及合资公司）员工超过 6100 人。这些投资行为，为中国的生产性服务模块提供商满足波音顾客要求奠定了很好的基础，对初期合作服务质量水平 $\alpha^* \beta^*$ 的提升具有重要影响。

8.3.1.2　中国模块提供商承接转包生产任务，适应国际航空工业质量的需求$\overline{\alpha}\overline{\beta}$

在全球价值创造的大环境下，中国航空工业发挥航空制造基础能力优势，积极加强国际合作，嵌入航空产品的全球价值链，其中，波音产品的转包生产是重要途径，先后承担了 737、747、767、777 和 787 等飞机零部件的转包生产任务。要成为波音产品的转包生产的模块提供商，必须满足国际航空工业质量的要求，需建立健全企业技术标准体系，完善质量管理体系，做到技术标准及质量体系与国际接轨。中国生产性服务模块提供商为适应转包生产的国际航空工业质量要求，进行了质量优化改进。如西飞公司在这方面取得了较好的效果，他们根据波音转包生产的技术要求，编制和完善了公司的技术标准，向国际先进航空技术标准靠拢，适应国际航空工业质量要求[191, 192]。在质量管理体系方面，转包生产的每一个项目都要求有一个质量管理体系大纲。大纲中对质量体系组织机构、设计评审、工艺方案评审、工装设计与制造评审、检验与试验、人员的培训与取证、不合格品的审理与控制、计量与测试设备的定期检查、检验设备的使用、检验工具的生产、工装的使用和定期检查、特种工艺控制、无损检验控制、技术状态管理、构型状态控制、生产编号及批/架次管理、供应商控制、首件检验、质量报告、质保文件交付等都做出明确规定，有章可循[190, 191]。企业技术标准体系的建立与质量管理体系的完善有助于适应国际航空工业质量的需求$\overline{\alpha}\overline{\beta}$。

8.3.2 由转包生产到风险合作的合约化质量协调

飞机的国际转包生产目前主要有三个层次：一是简单的来图、来料及来样的"三来"加工，价值仅来源于劳务费用；二是来图购料加工，价值来源于劳务和原料采购；三是风险投资，除来图制造外，还承担部分研发设计，价值来源更加多样。中国航空工业制造企业早期的转包生产以"三来"加工起步，充分利用了企业的生产加工等基础能力优势。但简单的转包生产模式不利于掌握航空制造核心技术，缺乏核心能力，不利于长远发展。而风险合作是在飞机研制过程中，通过签订合作开发和制造相关部件及设备的合同，规定时间、质量以及收益和损失支付等方面的要求，如转移支付与惩罚 (W, μ)，由模块提供商从事相关部件的研制，并确保合同规定的质量要求。因此，在与波音公司的国际合作中，中国的生产性服务模块提供商加强了竞争能力的提升，其质量行为是基于竞争能力优势的合约化质量协调过程，以合同形式实施风险合作或战略合作模式开拓航空产品国际合作的新模式，并为质量提升投入最优努力 e^*。

8.3.2.1 成飞集团积极争取以风险合作模式介入波音公司新机研制

成飞集团积极争取以风险合作伙伴或战略合作伙伴的形式介入波音公司新研发机型，并成功与波音公司签订合同，取得 787 方向舵的全球独家生产权，标志着中国航空工业参与国际先进客机研发，已经从原来的转包生产，发展到了战略合作层面。波音 787 飞机史无前例地大量使用了碳纤维复合材料，而成飞集团负责制造的方向舵是全复合材料。复合材料比传统金属材料轻，而强度等指标与传统金属材料相当。美国政府对复合材料加工技术实施了严格的管制，要求波音公司不能将复合材料加工技术提供给下面的转包生产商，787 方向舵完全是成飞自主的技术，体现了成飞在这一领域的竞争能力优势[193]。

8.3.2.2 洪都公司在大型飞机关键结构件制造与特种工艺上形成竞争能力优势

2009 年 12 月双方在江西南昌举行合同签字仪式，签署合作生产波音 747-8 飞机 48 段部件合同，该合同的签订体现了洪都公司在大型飞机关键结构件制造上的独立优势，同时展示了洪都在全球航空工业中的地位。

2010 年 10 月 20 日，美国波音公司对中航工业洪都的特种工艺过程发出正式批准函，并将洪都公司列入其合格供应商名录，这标志着洪都公司取得 B747 - 8 项目的正式生产许可，正式成为波音公司的特种工艺全球供应商[194]。此前，波音公司质量代表对洪都公司进行了二方审核，审核内容主要涉及基础质量体系、表面处理、铝合金热处理和渗透检验四个方面。通过审核，一方面从质量体系上验证了洪都公司的特种工艺过程符合波音公司的规范，另一方面通过与波音公司其他供应商的实验比对验证了洪都公司的实际生产能力。洪都公司正式成为波音公司特种工艺全球供应商，说明洪都公司的质量体系建设取得了新的进步，达到了新的高度，也反映出了洪都公司的生产工艺和生产能力达到或超过了国际同类生产水平，具有竞争能力优势，可以为更广阔的全球市场提供优质服务。

8.3.2.3　西飞公司突出机翼制造技术的竞争能力优势，实施风险合作模式

从 1980 年 9 月 4 日西飞与加拿大庞巴迪公司签订第一份转包生产合同至今，西飞公司先后与美国波音公司、美国应用材料公司等 10 多家世界著名航空制造商建立了转包生产合作关系，是中国航空工业转包项目最多、规模最大的单位之一。目前，西飞公司已确立了"将国际合作项目发展成为支柱产业"的战略指导思想，规划了"使西飞成为世界级航空产品供应商"的战略远景。未来西飞国际合作发展战略，将以航空产品为重点，突出机翼制造技术特色，打造机翼、机身部件专业化生产平台；探索合资合作，联合研发、风险投入等多种运作模式，扩大国际合作规模，实现从"中国西飞"到"世界西飞"的战略目标[195]。

8.3.2.4　哈飞公司突出复合材料的竞争能力优势，开拓合作领域

2005 年 4 月 26 日，公司与美国波音公司签署了新研制的 21 世纪梦幻飞机——波音 787 飞机的复合材料翼身整流罩的转包生产协议。公司作为唯一供应商，承担从 2006 年至 2013 年的 1300 架份整流罩产品的交付任务。2007 年 11 月 14 日，公司与美国波音公司签订了波音 787 垂尾复材件转包合同。波音项目按计划节点交付，以及交付产品的高质量是该项目的最大亮点。公司在这一项目中通过了 Nadcap 无损检测、复合材料制造、表面处理、热处理四个大项的认证，而且通过项目团队的不懈努力，波音把哈飞公司和上飞公司列为在中国最成功的两大合作伙伴，充分体现了哈

飞公司在复合材料方面的竞争能力优势。结合未来 20 年国际民用航空市场的高速发展趋势，根据哈飞公司自身的特点，哈飞公司国际合作的突破方向着眼于复合材料零部件制造和发动机短舱的制造[196]。

8.3.3　由风险合作到集成联盟的模块化质量协同

世界航空工业的发展越来越趋于寡头市场形式，尤其是大型客机的全球寡头市场基本形成，对生产性服务模块提供商提出更严峻的挑战，具有核心能力优势的航空制造企业进入与寡头企业的集成化合作以及国际化联盟合作，即提供商集成模式与国际企业联盟模式是具有核心能力优势的企业发展方向，在这两种模式下，模块间的质量协同效应更加明显，作为模块提供商的中国航空制造企业应在这些模式下有效控制协同的质量序参量，以适应这一形势的发展。

8.3.3.1　提供商集成模式下中国提供商的模块化质量协同行为优化

风险合作行为可以充分发挥各模块提供商的竞争能力优势，波音公司在最新研制的新型飞机时，对提供商提出了集成效应的新要求。即要求模块提供商不仅提供模块的外包生产，还要进行模块质量的创新改革，提供相关模块的系统集成。通过模块提供商的系统集成，不仅可以减少风险投资，还可以加强各模块提供商的信息交流与技术传递，提高服务质量水平，这样，模块化质量得以形成，各模块的质量影响因素关联性更强。因此，提供商模块的系统集成过程实际上演变为模块化质量的协同过程，提供商应具有更高的核心能力优势，才能较好地实施这一模式。所以，中国的各生产性服务模块提供商的核心能力优势挖掘，服务质量水平提升以及模块化质量创新能力的增强成了其质量优化改进的主要途径。

8.3.3.2　国际企业联盟模式下中国提供商的模块化质量协同行为关键策略

航空制造的国际企业联盟是具有核心能力优势的航空企业在国际范围的联盟，联盟各方都是为了追求联合的协同效应，将各自的核心能力优势结合起来。波音公司作为世界航空制造巨头，已经与欧美许多航空制造企业形成了战略联盟关系。联盟的前提是联盟各方具有核心能力优势，各模块提供商的质量协同效应成为必然。在这一模式下，中国航空制造企业在提供模块化服务时，核心能力建设成为模块化质量协同的必然途径。中航工业许多企业已经制定了相关战略部署，以适应这一形势的要求。如哈飞公司把发展复合材料部件研发能力、加强和扩大国际合作项目作为未来发展的主要战略之一，把生产飞机结构件、发动机及短舱复合材料件作为主抓产品，实现国际化开拓，积极融入世界航空产业链，不断扩大市场份额、提升合作层次。西飞公司优化综合集成能力、数控加工能力和大部件制造能力，加大管理技术的创新力度，先后实施了战略管理、项目管理、信息化管理、全面预算管理、六西格玛管理、风险管理、绩效管理、6S管理等一批管理创新工具，有效地提升了西飞公司的综合管理水平。对整个中航工业集团而言，更要整合国内航空制造企业的优势资源，打造中国航空工业的核心能力优势。

8.4

本章小结

　　本章结合第 2 章对服务型制造网络特性与结构的研究，首先分析了波音公司的服务型制造模式及其 SMN 结构体系，详细描述了波音公司模块化延伸下的 SMN 生产性服务节点的模块化服务体系，重点分析了模块化外包情况下波音公司的 SMN 服务性生产模块节点，对全球主要服务性生产模块提供商与中国服务性生产模块提供商的项目合作情况进行了分析。对波音公司的 SMN 结构体系的分析，可有效验证本书第 2 章提出的观点，即服务型制造网络本质是能力需求导向的模块化服务网络。

　　在分析波音 SMN 结构体系的基础上，根据本书第 3 章至第 7 章的观点，本章对该 SMN 中的中国提供商的质量行为进行了分析。中航工业下属的主要航空制造企业，大部分均参与了波音主要机型的转包生产及其他合作。分析结果表明，早期合作的简单"三来"加工是适应性质量协作行为，提升竞争能力的转包生产合作以及相关风险合作是合约化质量协调的过程，而未来参与世界航空工业的竞争，与波音公司的合作应是提升核心能力优势的模块化质量协同行为。

第9章

结论和展望

9.1

主要结论

　　服务型制造网络是服务经济时代制造业与服务业融合发展的结果，也是服务科学领域研究的重要课题之一。研究服务型制造网络节点的质量行为问题对于服务经济背景下的网络组织质量管理具有重要意义，对服务科学的发展是一个重要的探索，对制造业与服务业融合发展的质量保证具有较好的现实意义。本书得到的主要结论如下：

　　(1) 服务型制造网络是一种能力需求导向的模块化服务网络。服务型制造网络是一种新的制造模式下的网络组织，其概念、内涵、结构等与产品供应链、服务供应链、模块化组织紧密相关。服务型制造网络是制造业和服务业融合发展过程中，在服务需求及服务能力驱动下，由制造企业、服务企业的相关部门或人员以及顾客组成的价值模块节点单元构成的一种能力与需求合作网络，包括两种结构模式：有主导企业的支配型价值模块集成模式和无主导企业的平等型价值模块集成模式。两种模式均由服务性生产模块节点、生产性服务模块节点、顾客效用服务模块节点以及服务集成模块节点四种类型的节点构成。本书分析了服务型制造网络的内涵特征，并与其他网络组织如传统供应链、虚拟企业进行了对比，认为服务型制造网络是一种复杂的制造服务混合供应链系统，其本质是一种能力需求导向的模块化服务网络。

　　(2) 服务型制造网络的模块化服务与节点能力及其质量行为有关。本书运用系统动力学基模分析技术构建了服务型制造网络模块化服务的能力成长上限基模、质量水平成长上限基模、模块化服务成长上限的对策基模以及模块化服务合作基模，从理论上进一步揭示了服务型制造网络是能力需求导向的模块化服务网络的本质；通过对沿海四大省市及中部江西省的部分制造企业、服务企业的服务能力与质量行为调查，从实证的角度说明了服务型制造网络的形成具有必然性，其节点能力具有差异性，节点质量行为具有多样性特征，开展基于能力的服务型制造网络节点质量行为研究具有重要意义。

（3）服务型制造网络节点能力的差异性导致其质量行为的不同。本书从企业能力理论的发展角度，给出的企业能力的内涵解释是从产出的角度将企业能力看做是企业经营过程内外资源要素经建立、整合与重构后所具有的最高产出水平，且企业能力具有层次性差异，认为 SMN 中存在三种能力类型的节点，即基础能力优势节点、竞争能力优势节点以及核心能力优势节点；从历史演进的角度，分析了合作行为与质量理念的演变过程，并给出了节点质量行为内涵解释是 SMN 中模块化服务组织单元基于自身能力的差异性与环境变化匹配需求的服务质量规律性反应；提出了基于能力差异的 SMN 节点质量行为框架模型，包括节点能力选择、基础能力优势节点的适应性质量协作、竞争能力优势节点的合约化质量协调以及核心优势节点的模块化质量协同四个组成部分。

（4）服务型制造网络节点能力选择的本质是对价值模块节点的评价及其关系决策，是能力差异化质量行为的前提。本书分析了 SMN 节点能力选择的本质及选择原则，提出了 SMN 节点能力选择流程的三阶段模型。针对节点能力选择的节点评价选择问题，本书以制造流程模块化外包为例，借助可拓理论提出了一种服务型制造网络模块节点选择的综合评价方法，并用一个实例进行验证，结果表明此方法解决了构建模型时对指标的模糊主观判断问题，使得节点选择更加有效；针对节点能力选择的节点关系决策问题，本书以物流服务模块化外包为例，建立了 SMN 的物流服务模块化外包决策的 QFD 展开模型，提出了物流服务模块化外包网络概念，提出了模块化外包成熟度及外包合作关系成熟度评价指标体系，从网络节点中需求企业的角度展开，分析了网络节点的模块化外包质量措施，提出了与之相适应的网络合作关系决策方案，并通过实例分析说明决策过程的有效性。

（5）基础能力优势节点的质量行为是适应性质量协作。本书定义了适应性质量及适应性质量协作的内涵。本书认为：适应性质量是指产品或服务在环境变化条件下，企业根据自身能力所提供的质量行为水平以及产品对顾客需求的满足程度；适应性质量协作是指参与质量任务合作的行为主体以适应性质量为目标，在制定和执行质量任务时，依据各自能力资源、产品、服务消费者以及质量环境的整体变化，灵活变通地完成质量任务分工合作的过程。分析了 SMN 基础能力优势节点适应性质量协作的情形：一是模块化服务外包情况下的节点适应性质量协作，包括服务性生产模块外包和生产性服务模块外包；二是模块化服务延伸情况下的节点适应性质量协作。综合以上两种情况，提出了 SMN 节点适应性质量协作的四阶段过程模型。提出了能力需求变化情况下 SMN 节点的适应性质量协作的成本模型，该模型主要研究了模块化服务外包情况下服务模块提供商的适应性质量行为决策以及服务模块集成商的适应性质量行为决策问题，研究了模块化服务延伸情况下 SMN 节点的适应性质量行为决策问题，并进行了最优质量行为水平的求解与分析。本书以 Matlab 7.10.0 为分析工具，对 SMN 节点适应性质量行为的最优水平进行数值仿真分析。结果表明：在能力需求变化时，两种情况下的 SMN 基础能力优势节点均存在最优质量水平或执行顾客要求的最低质量水平，且在服务模块提供商的最优质量水平仅能满足集成商的基本要求时，服务模块集成商将在较小范围内进行质量行为优化投资，以帮助服务模块提供商提供更好的服务。

（6）竞争能力优势节点的质量行为是合约化质量协调。在 SMN 中，具有竞争能力优势的节点在客观上具备了质量合作的博弈空间，合同约束是实现其合作关系的重要途径。本书界定了合约化质量及合约化质量协调的概念及内涵，认为合约化质量是合同与竞争能力约束下产品或服务提供过程中形成的关系满足要求的程度，而合约化质量协调是质量行为主体通过质量合同的设计、监督和激励使竞争能力平衡优化以完成质量任务的过程，认为质量合同的设计、质量合同的监督、质量合同的激励构成了 SMN 合约化质量协调运动规律的基本内容。运用合同理论设计了 SMN 竞争能力优势节点合约化质量协调的合同模型：完全信息下 SMN 节点合约化质量协调模型，不对称信息下节点质量水平为离散型的合约化质量协调模型，以及不对称信息下质量水平为连续型的 SMN 节点合约化质量协调模型。主要讨论了服务模块提供商的质量水平为离散型时，在考虑道德风险情况下，区分质量水平与不区分质量水平高低类型的质量合同设计问题。本书以 Matlab 7.10.0 为分析工具，对服务模块提供商的质量水平为离散型的质量合同进行数值仿真分析，并给出各种情况下相关数据的结论。结果显示：区分质量水平时的质量合同对 SMN 整体质量水平的提高更有利。

（7）核心能力优势节点的质量行为是模块化质量协同。本书定义了模块化质量及模块化质量协同的概念并深入分析其内涵，认为模块化质量是一组由产品或服务通过标准界面分解形成的产品模块或服务模块所具有的固有特性满足要求的程度，而模块化质量协同是具有核心能力优势的质量行为主体质量合作与模块质量特性的自适应过程。运用协同学理论建立了核心能力优势 SMN 节点模块化质量协同的概念模型、演化模型和力学模型：概念模型给出了 SMN 节点模块化质量协同的三个序参量，模块化服务核心能力、模块化服务质量水平以及模块化质量创新能力，揭示了核心能力优势 SMN 节点模块化质量协同的序参量控制机理；演化模型的研究主要是从动力学分析的角度，应用统计物理学中的朗万芝方程，给出了三个序参量如何影响 SMN 节点模块化质量协同的质量系统自组织演化的动力学模型，以刻画协同系统平衡态的演化；力学模型的研究是借助理论力学基本原理，对 SMN 节点模块化质量协同的质量空间状态点的运动轨迹进行了描述，模型给出了序参量作用力下质量空间状态点运动的速度和加速度求解过程，以从序参量作用力的大小和方向两个方面更清晰地研究模块化质量协同的自组织程度，以指导节点模块化质量协同行为的有效控制。分析了三个模型之间的关系及其管理意义，并在此基础上从质量序参量、服务核心能力、局域涨落以及质量改进方向四个方面提出了 SMN 节点模块化质量协同行为的控制对策。

（8）波音公司 SMN 结构体系是波音主导的支配型价值模块集成模式，中国的模块提供商在不同阶段采取差异化的质量行为。本书分析了波音公司的服务型制造模式及波音公司主导下的 SMN 结构体系，对该 SMN 中的中国提供商的质量行为进行了分析。中航工业下属的主要航空制造企业，大部分均参与了波音公司主要机型的转包生产及其他合作。分析结果表明，早期合作的简单"三来"加工是适应性质量协作行为，提升竞争能力的转包生产合作以及相关风险合作是合约化质量协调的过程，而未来参与世界航空工业的竞争，与波音公司的合作应是提升核心能力优势的模块化质量协同行为。

9.2

不足之处与展望

（1）研究不足。

本书对 SMN 的结构与本质内涵、节点能力选择、能力差异下节点的适应性质量协作、合约化质量协调及模块化质量协同行为进行了系统研究，但受到时间和作者研究能力的限制，还存一些不足：

一是模型研究的局限。本书的研究简化了 SMN 结构组成，从 SMN 的最小组成单元来展开研究，具体模型研究表现为分析的是两节点之间的质量行为关系，即服务模块集成商和服务模块提供商的关系，且将生产性服务模块提供商与服务性生产模块提供商统一简称为服务模块提供商，在区分类型分析、网络整体分析方面存在不足。

二是实证方面的局限。本书仅对 SMN 节点能力及质量行为做了简单的描述性统计调查分析以及波音公司的案例分析，模型涉及的实际应用资料较缺乏，在实证研究方面还需要进一步加强。

（2）研究展望。

在研究方法方面，应从网络层面展开研究，如应用复杂网络理论、社会网络理论，结合实证调查进行更有说服力的定量化分析；在模型构建方面，应从两节点关系拓展为多节点关系。

在研究内容方面，许多内容有待进一步研究：比如顾客能力需求质量要求波动时节点如何实现适应性质量的目标；考虑道德风险、逆向选择多种情况，仿真分析连续型质量水平的质量合同；从声誉损失最小化的角度研究节点质量行为，设计基于声誉激励进行质量合同；在实际的应用研究中，需要根据模块化质量协同模型的思路建立符合实际情况的协同演化模型与力学模型，以从实践上控制模块化质量协同行为，这也是有待进一步研究的重要方面。

在研究范围方面，服务型制造网络质量行为研究属于网络组织质量管理的范畴，在服务型制造网络质量管理的研究还涉及许多问题：如服务型制造网络质量控制的集成化方法；传统的质量管理方法在服务型制造网络中的集成创新应用；服务型制造网络质量管理与其他网络组织（如虚拟企业及传统供应链）质量管理的共同点与不同之处。

附录 A 服务型制造网络节点服务能力及质量行为调查问卷

尊敬的女士/先生：

您好！首先非常感谢您在百忙之中抽空填写此问卷。此调查问卷的目的是了解制造业、服务业企业服务能力及其融合发展的质量行为情况，以此作为我们课题研究的第一手数据。其中，问卷涉及的服务包含专业性、广义的服务。

我们课题研究的结论将直接依赖于各位提供给我们的数据与信息的客观性与准确性！希望我们的此次调查能够得到贵公司经理、技术部门、管理部门及其他相关人员的支持。本问卷纯属学术研究目的，我们郑重承诺将会对所有参与调研企业的数据保密，请您放心并尽可能客观地填答。

南昌航空大学工业工程研究所

企业名称：　　　　　　　　　地址：

填写人所在部门：　　　　　职务：　　　　　从业　　年

一、企业概况

1. 贵公司所属企业类型

□制造业企业　□服务业企业　□其他_____

2. 企业规模

□世界500强　□大型跨国公司　□大规模　□中等规模　□小型企业

3. 企业性质

□中外合资　□国有　□私有　□其他_____

4. 贵公司的业务模块有哪些？【可多选】

生产性服务模块：

□科研开发　□管理咨询　□工程设计　□金融　□通信　□售后服务
□物流　□营销策划　□其他_____

服务性生产模块：

□OEM：原始设备制造，提供产品生产，没有自己独立的品牌

□CEM：合同电子制造，专注于电子产品的生产，提供产品生产全过程服务

□CDM：合同设计制造，提供产品的设计和制造服务

□EMS：电子制造服务，提供涵盖产品工程、制造和采购、物流、设计等综合服务

□BPO：业务流程外包，将一些非核心的、辅助的功能和业务外包给专业服务机构

□国际转包生产

□其他_____

顾客效用服务模块：

□个性化定制　□顾客全程参与设计　□其他_____

5. 贵公司的业务辐射范围

□仅本市　□本省　□本省及周边省区　□全国　□跨国境

6. 贵公司与合作伙伴的合作主要采取哪种形式？【可多选】

□短期合约　□战略联盟　□临时外包　□供应协同

□其他_____

7. 贵公司与客户签署合同的期限一般为：【可多选】

□临时合同　□半年合同　□年度合同　□长期合同（1年以上）

二、服务能力状况

请对以下问题打分，采用李克特5点等级量表，用1到5分别表示从非常不同意到非常同意，设置分值分别为1，2，3，4，5。

1. 服务意识

以下是对贵企业（无论制造业企业还是服务业企业）服务意识进行的评述，请分别选择合适的分数来表达您对下列各个陈述的同意程度。

问题选项	非常不同意				非常同意
A. 无论制造业企业还是服务业企业，提供面向顾客需求的服务已成为主要的竞争手段	1	2	3	4	5
B. 提供模块化的产品和服务已成为公司未来发展的趋势	1	2	3	4	5
C. 从企业层面上来说，公司所提供的产品都是一项服务	1	2	3	4	5
D. 贵公司有面向客户提供个性化服务的意愿	1	2	3	4	5
E. 制造业与服务业在服务领域相融合是大势所趋	1	2	3	4	5

2. 客户服务能力需求

以下是对客户对贵公司产品或服务的要求进行的评述，请分别选择合适的分数来表达您对下列各个陈述的同意程度。

问题选项	非常不同意				非常同意
A. 贵公司业务范围需要沿价值链延伸到终端消费者	1	2	3	4	5
B. 客户注重产品质量的不断提升	1	2	3	4	5
C. 客户在选择产品或者服务时，会优先考虑公司的规模和声誉	1	2	3	4	5
D. 客户要求周到服务的同时更注重高效率	1	2	3	4	5
E. 当前客户期待公司提供更多的个性化、定制服务	1	2	3	4	5
F. 当前客户更追求一种消费体验和心理满足。	1	2	3	4	5

3. 企业服务能力现状

以下是对贵公司服务能力现状进行的评述，请分别选择合适的分数来表达您对下列各个陈述的同意程度。

问题选项	非常不同意				非常同意
A. 贵公司在该行业中有竞争优势，占据行业领先位置	1	2	3	4	5
B. 贵公司对顾客需求可以做到快速响应	1	2	3	4	5
C. 贵公司可以提供有竞争力的个性化服务	1	2	3	4	5
D. 贵公司注重产品的创新和多样化，而较少关注服务	1	2	3	4	5
E. 贵公司主导产品或服务的质量有好的声誉，成为行业标准	1	2	3	4	5
F. 贵公司拥有功能完善的产品服务系统和分销渠道	1	2	3	4	5
G. 贵公司一贯秉承 JIT 等先进生产理念，追求速度和卓越	1	2	3	4	5
H. 贵公司拥有全面的信息系统支持	1	2	3	4	5

4. 主要服务方式

以下是对贵公司提供产品或服务的主要方式进行的评述，请分别选择合适的分数来表达您对它们的同意程度。

问题选项	非常不同意				非常同意
A. 贵公司提供专业性、模块化的生产性服务	1	2	3	4	5
B. 贵公司面向终端消费者实行个性化定制和全程参与设计	1	2	3	4	5
C. 贵公司提供制造流程模块化服务	1	2	3	4	5
D. 贵公司与行业内众多公司形成协同网络，共同服务	1	2	3	4	5

三、服务质量行为

以下是对贵公司提供的产品或服务的质量行为状况进行的评述，请分别选择合适的分数来表达您对下列各个陈述的同意程度。

问题选项	非常不同意				非常同意
A. 公司在满足产品最低质量标准前提下，被动适应客户的质量要求	1	2	3	4	5
B. 公司与上下游企业的价格及质量保证的谈判能力不足	1	2	3	4	5
C. 公司的业务受到一家或一定范围主要客户的制约	1	2	3	4	5
D. 公司在达到标准的前提下，利用剩余能力实现更高品质	1	2	3	4	5
E. 公司对供应商主要以合约的形式实施服务质量控制	1	2	3	4	5
F. 公司合作伙伴广泛，不依赖于一家或一定范围的客户	1	2	3	4	5
G. 公司不断追求并有能力实现更高品质的产品或服务	1	2	3	4	5
H. 公司有专门的外包承包商	1	2	3	4	5
I. 公司开始转变为接受外包的专业化企业	1	2	3	4	5
J. 上下游企业对公司有依赖性，公司成为上下游网络的纽带和核心	1	2	3	4	5
K. 公司提供模块化服务，实施模块化协同的质量控制	1	2	3	4	5
L. 服务能力是影响公司质量行为的关键因素	1	2	3	4	5

再次感谢您的支持与合作，谢谢！

附录 B　适应性质量协作数值仿真程序

一、命题 5.1 Matlab7.10.0 仿真程序

```
clear
m_alpha = 1500;
r = 1000;
k = 120;
sigma = 0:0.01:1;
omega = 0:0.01:1;
cs = 40;
ct = 1200;
d = 1000;
kouth1 = 0 + sqrt(128) * randn(1,101);
kouth2 = 0 + sqrt(16) * randn(1,101);
upper = 2 * (m_alpha)^2 * r;
lower1 = k * [sigma. * cs + (1 - sigma). * (1 - omega). * ct]. * (d +
kouth1). ^2;
lower2 = k * [sigma. * cs + (1 - sigma). * (1 - omega). * ct]. * (d +
kouth2). ^2;
alpha_beta1 = (upper. /lower1);
for i = 1:101
    if alpha_beta1(i) > 0.8;
        alpha_beta1(i) = 0.8;
    end
end
alpha_beta2 = (upper. /lower2);

for i = 1:101
    if alpha_beta2(i) > 0.8;
        alpha_beta2(i) = 0.8;
    end
```

```
end

figure(1);
plot(sigma,alpha_beta1);
title('δ 的变化对 αβ 值的影响,方差为128');
xlabel('δ');
ylabel('αβ');
axis([0 1 0 1])

figure(2);
plot(omega,alpha_beta1);
title('ω 的变化对 αβ 值的影响,方差为128');
xlabel('ω');
ylabel('αβ');
axis([0 1 0 1])

figure(3);
plot(sigma,alpha_beta2);
title('δ 的变化对 αβ 值的影响,方差为16');
xlabel('δ');
ylabel('αβ');
axis([0 1 0 1])

figure(4);
plot(omega,alpha_beta2);
title('ω 的变化对 αβ 值的影响,方差为16');
xlabel('ω');
ylabel('αβ');
axis([0 1 0 1])

figure(5);
plot(kouth1,alpha_beta1,'*');
title('ξ 的变化对 αβ 值的影响,方差为128');
```

```
xlabel('ξ');
ylabel('αβ');
axis([ -40 40 0 1])


figure(6);
plot(kouth2,alpha_beta2,'*');
title('ξ 的变化对 αβ 值的影响,方差为 16');
xlabel('ξ');
ylabel('αβ');
axis([ -40 40 0 1])


figure(7);
plot3(sigma,kouth1,alpha_beta1);
title('δ 和 ξ 的变化对 αβ 值的影响(三维图),方差为 128');
xlabel('δ');
zlabel('αβ');
ylabel('ξ');
axis([0 1 -40 40 0 1])


figure(8);
plot3(sigma,kouth1,alpha_beta1);
title('δ 和 ξ 的变化对 αβ 值的影响(三维图),方差为 16');
xlabel('δ');
zlabel('αβ');
ylabel('ξ');
axis([0 1 -40 40 0 1])


[SIGMA,KOUTH1] = meshgrid(sigma,kouth1);
figure(9);
plot3(SIGMA,KOUTH1,alpha_beta1);
title('δ 和 ξ 的变化对 αβ 值的影响(三维网孔图),方差为 128');
xlabel('δ');
zlabel('αβ');
```

```
ylabel('ξ');
axis([0 1 -40 40 0 1])
```

```
[SIGMA, KOUTH2] = meshgrid(sigma, kouth2);
figure(10);
plot3(SIGMA, KOUTH2, alpha_beta2);
title('δ 和 ξ 的变化对 αβ 值的影响(三维网孔图),方差为 16');
xlabel('δ');
zlabel('αβ');
ylabel('ξ');
axis([0 1 -40 40 0 1])
```

```
[SIGMA, OMEGA] = meshgrid(sigma, omega);
figure(11);
plot3(SIGMA, OMEGA, alpha_beta1);
title('δ 和 ω 的变化对 αβ 值的影响(三维网孔图),方差为 128');
xlabel('δ');
zlabel('αβ');
ylabel('ω');
axis([0 1 0 1 0 1])
```

```
[SIGMA, OMEGA] = meshgrid(sigma, omega);
figure(12);
plot3(SIGMA, OMEGA, alpha_beta2);
title('δ 和 ω 的变化对 αβ 值的影响(三维网孔图),方差为 16');
xlabel('δ');
zlabel('αβ');
ylabel('ω');
axis([0 1 0 1 0 1])
```

二、命题 5.2 Matlab7.10.0 仿真程序

```
clear
m_alpha = 1500;
r = 1000;
```

```
k = 120;
sigma = 0 : 0.01 : 1;
omega = 0 : 0.01 : 1;
cs = 40;
ct = 1200;
d = 1000;
M_alpha = 2000;
min_value_128 = 1;
min_num_128 = 1;
min_value_16 = 1;
min_num_16 = 1;


kouth1 = 0 + sqrt(128) * randn(1,101);
kouth2 = 0 + sqrt(16) * randn(1,101);
upper = 8 * (M_alpha)^2 * r * (sigma. * cs + (1 - sigma). * (1 - omega) * ct);
lower1 = (1 - sigma).^2. * omega.^2. * ct^2. * (d + kouth1).^2. * k;
lower2 = (1 - sigma).^2. * omega.^2. * ct^2. * (d + kouth2).^2. * k;
alpha_beta1 = (upper./lower1);
for i = 1:101
    if alpha_beta1(i) > 0.8;
        alpha_beta1(i) = 0.8;
    end
end


for i = 1:101
    if alpha_beta1(i) < min_value_128
        min_value_128 = alpha_beta1(i);
        min_num_128 = i;
    end
end
min_value_128
min_num_128
```

```
alpha_beta2 = ( upper. /lower2 ) ;
for i = 1 :101
    if alpha_beta2( i ) > 0. 8 ;
        alpha_beta2( i ) = 0. 8 ;
    end
end
for i = 1 :101
    if alpha_beta2( i ) < min_value_16
        min_value_16 = alpha_beta2( i ) ;
        min_num_16 = i ;
    end
end
min_value_16
min_num_16

figure( 1 ) ;
plot( sigma, alpha_beta1 ) ;
title( 'δ 的变化对 αβ 值的影响, 方差为 128 ') ;
xlabel( 'δ ') ;
ylabel( 'αβ ') ;
axis( [ 0 1 0 1 ] )

figure( 2 ) ;
plot( omega, alpha_beta1 ) ;
title( 'ω 的变化对 αβ 值的影响, 方差为 128 ') ;
xlabel( 'ω ') ;
ylabel( 'αβ ') ;
axis( [ 0 1 0 1 ] )

figure( 3 ) ;
plot( sigma, alpha_beta2 ) ;
title( 'δ 的变化对 αβ 值的影响, 方差为 16 ') ;
xlabel( 'δ ') ;
```

```
ylabel('αβ');
axis([0 1 0 1])

figure(4);
plot(omega,alpha_beta2);
title('ω 的变化对 αβ 值的影响,方差为 16');
xlabel('ω');
ylabel('αβ');
axis([0 1 0 1])

figure(5);
plot(kouth1,alpha_beta1,'*');
title('ξ 的变化对 αβ 值的影响,方差为 128');
xlabel('ξ');
ylabel('αβ');
axis([-40 40 0 1])

figure(6);
plot(kouth2,alpha_beta2,'*');
title('ξ 的变化对 αβ 值的影响,方差为 16');
xlabel('ξ');
ylabel('αβ');
axis([-40 40 0 1])

figure(7);
plot3(sigma,kouth1,alpha_beta1);
title('δ 和 ξ 的变化对 αβ 值的影响(三维图),方差为 128');
xlabel('δ');
zlabel('αβ');
ylabel('ξ');
axis([0 1 -40 40 0 1])

figure(8);
```

```
plot3(sigma,kouth1,alpha_beta2);
title('δ 和 ξ 的变化对 αβ 值的影响(三维图),方差为 16');
xlabel('δ');
zlabel('αβ');
ylabel('ξ');
axis([0 1 -40 40 0 1])


[SIGMA,KOUTH1] = meshgrid(sigma,kouth1);
figure(9);
plot3(SIGMA,KOUTH1,alpha_beta1);
title('δ 和 ξ 的变化对 αβ 值的影响(三维网孔图),方差为 128');
xlabel('δ');
zlabel('αβ');
ylabel('ξ');
axis([0 1 -40 40 0 1])


[SIGMA,KOUTH2] = meshgrid(sigma,kouth2);
figure(10);
plot3(SIGMA,KOUTH2,alpha_beta2);
title('δ 和 ξ 的变化对 αβ 值的影响(三维网孔图),方差为 16');
xlabel('δ');
zlabel('αβ');
ylabel('ξ');
axis([0 1 -40 40 0 1])


[SIGMA,OMEGA] = meshgrid(sigma,omega);
figure(11);
plot3(SIGMA,OMEGA,alpha_beta1);
title('δ 和 ω 的变化对 αβ 值的影响(三维网孔图),方差为 128');
xlabel('δ');
zlabel('αβ');
ylabel('ω');
axis([0 1 0 1 0 1])
```

```
[SIGMA,OMEGA] = meshgrid(sigma,omega);
figure(12);
plot3(SIGMA,OMEGA,alpha_beta2);
title('δ 和 ω 的变化对 αβ 值的影响(三维网孔图),方差为 16');
xlabel('δ');
zlabel('αβ');
ylabel('ω');
axis([0 1 0 1 0 1])
```

三、命题 5.3 Matlab7.10.0 仿真程序

```
clear
m_alpha = 1500;
r = 1000;
k = 120;
sigma = 0:0.01:1;
omega = 0:0.01:1;
cs = 40;
ct = 1200;
d = 1000;
M_alpha = 2000;
M = 1500;


kouth1 = 0 + sqrt(128) * randn(1,101);
kouth2 = 0 + sqrt(16) * randn(1,101);
upper = 2 * r * M^2;
lower1 = (sigma. * cs + (1 - sigma). * ct). * k. * (d + kouth1). ^2;
lower2 = (sigma. * cs + (1 - sigma). * ct). * k. * (d + kouth2). ^2;
alpha_beta1 = (upper. /lower1);


for i = 1:101
    if alpha_beta1(i) > 0.8;
        alpha_beta1(i) = 0.8;
    end
end
```

```
alpha_beta2 = (upper. /lower2);

for i = 1:101
    if alpha_beta2(i) >0. 8;
        alpha_beta2(i) =0. 8;
    end
end


figure(1);
plot(sigma,alpha_beta1);
title('δ 的变化对 αβ 值的影响,方差为 128');
xlabel('δ');
ylabel('αβ');
axis([0 1 0 1])


figure(3);
plot(sigma,alpha_beta2);
title('δ 的变化对 αβ 值的影响,方差为 16');
xlabel('δ');
ylabel('αβ');
axis([0 1 0 1])


figure(5);
plot(kouth1,alpha_beta1,'*');
title('ξ 的变化对 αβ 值的影响,方差为 128');
xlabel('ξ');
ylabel('αβ');
axis([ -40 40 0 1])


figure(6);
plot(kouth2,alpha_beta2,'*');
title('ξ 的变化对 αβ 值的影响,方差为 16');
xlabel('ξ');
```

```matlab
ylabel('αβ');
axis([ -40 40 0 1])

figure(7);
plot3(sigma,kouth1,alpha_beta1);
title('δ 和 ξ 的变化对 αβ 值的影响(三维图),方差为 128');
xlabel('δ');
zlabel('αβ');
ylabel('ξ');
axis([0 1 -40 40 0 1])

figure(8);
plot3(sigma,kouth1,alpha_beta2);
title('δ 和 ξ 的变化对 αβ 值的影响(三维图),方差为 16');
xlabel('δ');
zlabel('αβ');
ylabel('ξ');
axis([0 1 -40 40 0 1])

[SIGMA,KOUTH1] = meshgrid(sigma,kouth1);
figure(9);
plot3(SIGMA,KOUTH1,alpha_beta1);
title('δ 和 ξ 的变化对 αβ 值的影响(三维网孔图),方差为 128');
xlabel('δ');
zlabel('αβ');
ylabel('ξ');
axis([0 1 -40 40 0 1])

[SIGMA,KOUTH2] = meshgrid(sigma,kouth2);
figure(10);
plot3(SIGMA,KOUTH2,alpha_beta2);
title('δ 和 ξ 的变化对 αβ 值的影响(三维网孔图),方差为 16');
xlabel('δ');
```

```
zlabel('αβ');
ylabel('ξ');
axis([0 1 -40 40 0 1])
```

附录 C 合约化质量协调数值仿真程序

一、命题 6.1 Matlab7.10.0 仿真程序

```
omega = 0:0.1:1;
miu = 0:(160/10):160;
[MIU,OMEGA] = meshgrid(miu,omega);
f = 4 + [(1. * omega - 0.05. * miu)./(2 * (1. * (1 - omega) + 0.05. *
miu).^(1/3))] + [(4. * omega - 0.05. * miu)./(2 * (4. * (1 - omega) +
0.05. * miu).^(1/3))];
F = 4 + [(1. * OMEGA - 0.05. * MIU)./(2 * (1. * (1 - OMEGA) +
0.05. * MIU).^(1/3))] + [(4. * OMEGA - 0.05. * MIU)./(2 * (4. * (1 -
OMEGA) + 0.05. * MIU).^(1/3))];
    figure(1)
    plot(miu,f)
    figure(2)
    plot(omega,f)
    figure(3)
    surf(MIU,OMEGA,F)
    title("μ 和 ω 的变化对 Z1 值的影响");
    xlabel('μ');
    zlabel('Z1');
    ylabel('ω');
    axis([0 200 0 1 0 8])
```

二、命题 6.2 Matlab7.10.0 仿真程序

```
omega = 0:0.1:1;
miu = 0:(300/10):300;
[MIU,OMEGA] = meshgrid(miu,omega);
f = 7/2 + [(1. * omega - 0.05. * miu)./(2 * (1. * (1 - omega) + 0.05. *
miu).^(1/3))];
F = 7/2 + [(1. * OMEGA - 0.05. * MIU)./(2 * (1. * (1 - OMEGA) +
0.05. * MIU).^(1/3))];
```

```
figure(1)
plot(miu,f)
figure(2)
plot(omega,f)
figure(3)
surf(MIU,OMEGA,F)
title("μ 和 ω 的变化对 Z2H 值的影响");
xlabel('μH');
zlabel('Z2H');
ylabel('ω');
axis([0 300 0 1 0 5])

omega = 0:0.1:1;
miu = 0:(90/10):90;
[MIU,OMEGA] = meshgrid(miu,omega);
f = 1 + [(4. * omega - 0.05. * miu)./(2 * (4. * (1 - omega) + 0.05. *
miu).^(1/3))];
F = 1 + [(4. * OMEGA - 0.05. * MIU)./(2 * (4. * (1 - OMEGA) +
0.05. * MIU).^(1/3))];
figure(1)
plot(miu,f)
figure(2)
plot(omega,f)
figure(3)
surf(MIU,OMEGA,F)
title('μ 和 ω 的变化对 Z2L 值的影响');
xlabel('μL');
zlabel('Z2L');
ylabel('ω');
axis([0 90 0 1 0 4]
```

参 考 文 献

［1］刘作仪，杜少甫．服务科学管理与工程：一个正在兴起的领域
［J］．管理学报，2008，5（4）：607－615．

［2］赵晓波，谢金星，张汉勤，华中生．展望服务科学［J］．工业工程与管理，2009，（1）：1－4．

［3］刘作仪，查勇．行为运作管理：一个正在显现的研究领域［J］．管理科学学报，2009，12（4）：1－11．

［4］Pappas N. , Sheehan P. The New Manufacturing：Linkages between Production and Service Activities, in Working for the Future：Technology and Employment in the Global Knowledge Economy［M］. Victoria：Melbourne University Press，1998.

［5］孙林岩，李刚，江志斌等．21世纪的先进制造模式——服务型制造［J］．中国机械工程，2007，18（19）：2307－2312．

［6］赵晓雷．产业转移与服务型制造业．http：//news. sohu. com/20060615/n243750739. shtml.

［7］孙林岩，高杰，朱春燕，李刚．服务型制造：新型的产品模式和制造范式［J］．中国机械工程，2008，19（21）：2600－2604．

［8］Måns Söderbom, Francis Teal. Size and Efficiency in African Manufacturing Firms：Evidence from Firm-Level Panel Data［J］. Journal of Development Economics，2004，73（1）：369－394.

［9］冯泰文．生产性服务业的发展对制造业效率的影响——以交易成本和制造成本为中介变量［J］．数量经济与技术经济研究，2009，（3）：56－65．

［10］冯泰文，孙林岩．生产性服务业影响制造业消耗强度的路径分析［J］．科研管理，2009，30（4）：80－88．

［11］蔺雷，吴贵生．制造业的服务增强研究：起源、现状与发展［J］．科研管理，2006，（1）：91－99．

［12］蔺雷，吴贵生．服务延伸产品差异化：服务增强机制探讨——

基于 Hotelling 地点模型框架内的理论分析 [J]. 数量经济技术经济研究, 2005, (8): 137 – 147.

[13] 蔺雷, 吴贵生. 制造企业服务增强的质量弥补: 基于资源配置视角的实证研究 [J]. 管理科学学报, 2009, 12 (3): 142 – 154.

[14] 何哲, 孙林岩, 朱春燕. 服务型制造的产生和政府管制的作用——对山寨机产业发展的思考 [J]. 管理评论, 2011, 23 (1): 103 – 113.

[15] Bernd Hirschl, Wilfried Konrad, Gerd Scholl. New concepts in product use for sustainable consumption [J]. Journal of Cleaner Production, 2003, 11 (8): 873 – 881.

[16] Cook M. B., Bhamra T. A., Lemon M. The Transfer and Application of Product Service Systems: from Academia to UK Manufacturing firms [J]. Journal of Cleaner Production, 2006, 14: 1455 – 1465.

[17] 顾新建, 祈国宁, 唐任仲. 产品服务系统理论和关键技术探讨 [R]. 中国西安, 2008.

[18] 李刚, 孙林岩, 高杰. 服务型制造模式的体系结构与实施模式研究 [J]. 科技进步与对策, 2010, (7): 45 – 50.

[19] 林文进, 江志斌, 李娜. 服务型制造理论研究综述 [J]. 工业工程与管理, 2009, 14 (6): 1 – 7.

[20] 青木昌彦, 安藤晴彦. 模块时代: 新产业结构的本质 [M]. 上海: 上海远东出版社, 2003.

[21] Timothy J. Sturgeon. What really goes on in Silicon Valley? Spatial clustering and dispersal in modular Production networks [J]. Journal of Economic Geography, 2003, (3): 199 – 225.

[22] Ari Van Assche and HEC Montreal. A Theory of Modular Production Networks [R]. 2005.

[23] 朱瑞博, 价值模块整合与产业融合 [J]. 中国工业经济, 2003, (8): 25 – 33.

[24] 胡晓鹏. 从分工到模块化: 经济系统演进的思考 [J]. 中国工业经济, 2004, (8): 56 – 70.

[25] 罗珉. 大型企业的模块化: 内容、意义与方法 [J]. 中国工业经济, 2005, (3): 71 – 79.

[26] 周绍东, 安同良. 传统外包与模块化外包视野中的企业技术创

新 [J]. 现代经济探讨，2008，(4)：76-78.

[27] 俞姗. 模块化、外包与闽港金融合作的新思路 [J]. 经济论坛，2008，(19)：34-37.

[28] Martins A., Pinto Ferreira J. J. Mendonça J. M. Quality management and certification in the virtual enterprise [J]. International Journal of Computer Integrated Manufacturing. 2004, 17 (3)：212-223.

[29] Martins A., João José Pinto FerreiraJo, é M. Mendonça. Quality certification in the virtual enterprise：An objective tool for supply chain management and customer satisfaction [C]. Proceedings of the Second IFIP Working Conference on Infrastructures for Virtual Organizations. 2000. 479-486.

[30] Zhixiang, C. Quality Management Method of Virtual Enterprise [C]. Proceedings of the Sino-Korea International Conference on Quality Science and Productivity Promotion. 2001.

[31] 王雪聪，唐晓青. 虚拟企业质量管理系统体系结构研究 [J]. 制造业自动化，2001 (11)：7-13.

[32] 杨鸿鹏，赵丽萍等. 敏捷制造模式下质量保证系统体系结构研究 [J]. 计算机集成制造系统（CIMS），1998，(6)：31-33.

[33] 杜苏，朱祖平. 虚拟企业质量管理的特点 [J]. 中国工业经济. 1998，(2)：70-72.

[34] 许邺，苏秦. 虚拟企业生产过程质量保证模型 [J]. 工业工程与管理. 2002 (2)：27-30.

[35] 李程，杨世元. 敏捷虚拟企业的质量管理体系结构研究 [J]. 机械设计与制造. 2006，(7)：171-172.

[36] Qiang Su, Jian Chen, Shih-Ming Lee. Quality Management System's Design for Virtual Organizations [J]. Virtual Organization Net. 2001, 35 (3)：65-79.

[37] 段桂江，唐晓青. 动态企业环境下的质量信息系统研究 [J]. 计算机集成制造系统. 1999, 5 (3)：44-48.

[38] 段桂江. 敏捷制造企业集成质量系统的研究与实践 [D]. 北京：北京航空航天大学博士学位论文.

[39] 要义勇，赵丽萍. 敏捷制造模式下质量信息系统的重构方法研究 [J]. 机械工业自动化，1999 (1).

[40] 西安交通大学 CIMS 研究所. 敏捷制造模式下分布式计算机辅

助质量信息系统体系结构研究报告 . 1997，9.

[41] L. M. Camarinha-Matos, H. Afsarmanesh, T. Cardoso. Partner Search and Quality-related Information Exchange in a Virtual Enterprise [C]. Proceedings of International conference on Advances in production management systems table of contents Berlin, Germany 2000, 76 – 84.

[42] Biqing Huang, Hongmei Gou, Wenhuang Liu, Yu Li, and Min Xie. A framework for virtual enterprise control with the holonic manufacturing paradigm [J]. Computers in Industry, 2002, 49 (3)：299 – 310.

[43] H. C. W. Lau, Christina W. Y. Wong, Eric W. T. Ngai, I. K. Hui. Quality management framework for a virtual enterprise network：a multi-agent approach [J]. Managing Service Quality. 2003, 13 (4)：300 – 309.

[44] 辛研, 易红等 . 质量计划流程重组环境的研究 [J]. 计算机集成制造系统—CIMS, 2002, (4) 326 – 329.

[45] 郑文军, 张旭梅等 . 基于质量监理的敏捷虚拟企业质量管理机制研究 [J]. 工业工程与管理, 2000, (4)：37 – 39.

[46] 陈琨, 林志航 . 虚拟企业基于质量功能配置的多功能质量小组选配 [J]. 管理学报, 2006, (6)：647 – 665.

[47] Baldwin, C. Y. and Clark, K. B. Managing in an age of modularity [J]. Harvard Business Review, 1997, 75 (5)：84 – 93.

[48] Murat Kaya, Ozalp Ozer. Quality Risk in Outsourcing：Noncontractible, Product Quality and Private Quality Cost Information [J]. Naval Research Logistics, 2009, 56 (7)：669 – 685.

[49] Ravi Aron, Subhajyoti Bandyopadhyay, Siddharth Jayanty, Praveen Pathak. Monitoring process quality in off-shore outsourcing：A model and findings from multi-country survey [J]. Journal of Operations Management, 2008, 26 (2)：303 – 321.

[50] Minsoo Choi, Michael Brand, Jinu Kim. A feasibility evaluation on the outsourcing of quality testing and inspection [J]. International Journal of Project Management, 2009, 27 (1)：89 – 95.

[51] Karthik Balakrishnan, Usha Mohan, Sridhar Seshadri. Outsourcing of front-end business processes：Quality, information, and customer contact [J]. Journal of Operations Management, 2008, 26 (2)：288 – 302.

[52] Edward D. Arnheiter, Hendrik Harren. Quality management in a

modular world [J]. The TQM Magazine. 2006, 18 (1): 87 – 96.

[53] Chew, W. B., Pisano, G. P. Vertical integration, long term contracts, and cost of Quality [J]. Harvard Business School Working Paper, 1990, (5): 103 – 113.

[54] Reyniers D., Tapiero C. The delivery and control of quality in supplier-producer contracts [J]. Management Science, 1995, 41 (1): 1581 – 1589.

[55] Starbird S. Penalties, rewards, and inspection: provisions for quality in supply chain contracts [J]. Journal of the Operational Research Society, 2001, 52 (1): 109 – 115.

[56] Stanley B., Paul E., Madhav V. Information, contracting, and quality costs [J]. Management Science, 2000, 46 (6): 776 – 789.

[57] Stanley B., Paul E, Madhav V. Performance measurement and design in supply chains [J]. Management Science, 2001, 47 (1): 173 – 188.

[58] Kaijie Zhu, Rachel Q. Zhang, and Fugee Tsung. Pushing Quality Improvement Along Supply Chains [J]. Management Science, 2007, 53 (3): 421 – 436.

[59] Gary H. Chao, Seyed M. R. Iravani, R. Canan Savaskan. Quality Improvement Incentives and Product Recall Cost Sharing Contracts [J]. Management Science, 2009, 55 (7): 1122 – 1138.

[60] Akerlof G. A. The market for "lemons": qualitative uncertainty and the market mechanism [J]. Quarterly Journal of Economics, 1970, 84: 488 – 500.

[61] Wei Shi Lim. Producer-supplier contracts with incomplete information [J]. Management Science, 2001, 47 (5): 709 – 715.

[62] 张翠华, 黄小原. 供应链中的道德风险问题 [J]. 东北大学学报 (自然科学版), 2003, 24 (7): 703 – 706.

[63] Starbird S. The effect of acceptance sampling and risk aversion on the quality delivered by suppliers [J]. Journal of Operational Research Society, 1994, 45 (2): 309 – 320.

[64] 张翠华, 黄小原. 供应链质量监督问题及其决策 [J]. 工业工程, 2002, 5 (5): 35 – 38.

[65] 黄小原, 卢震. 非对称信息条件下供应链管理质量控制策略

[J]. 东北大学学报（自然科学版），2003，24（10）：998 - 1001.

[66] Corbet C. J., Groote X. D. A supplier's optimal quantity discount policy under asymmetric information [J]. Management Science, 2000, 46 (3): 445 - 450.

[67] Gauder G., Pierre L., Long I. V. V. Real investment decisions under adjustment costs and asymmetric information [J]. Journal of Economic Dynamics and Control, 1998, 23 (1): 71 - 95.

[68] Yeom S., Balachandran K., Ronen J. The role of transfer price for coordination and control within a firm [J]. Review of Quantitative Finance and Accounting, 2000, 14 (2): 161 - 192.

[69] Demange G., Laroque G. Long-sighted principal and myopic agents [J]. Journal of Mathematical Economics, 1998, 30 (2): 119 - 146.

[70] Barucci E., Gozzi F., Swiech A. Incentive compatibility constraints and dynamic programming in continuous time [J]. Journal of Mathematical Economics, 2000, 34 (4): 471 - 508.

[71] Hirshleifer J., Riley J. 不确定性与信息分析 [M]. 刘广灵，李绍，等译. 北京：中国社会科学出版社，2000，50 - 75.

[72] 张翠华，黄小原. 非对称信息下供应链的质量预防决策 [J]. 系统工程理论与实践，2003，(12)：95 - 99.

[73] 张翠华，黄小原. 非对称信息对供应链质量成本决策的影响 [J]. 东北大学学报（自然科学版），2003，24（3）：303 - 305.

[74] 张翠华，黄小原. 非对称信息条件下业务外包的质量评价和转移支付决策 [J]. 管理工程学报，2004，18（3）：82 - 86.

[75] 曹東，杨春节. 考虑质量失误的供应链博弈模型研究 [J]. 中国管理科学，2006，14（1）：25 - 29.

[76] 华中生，陈晓伶. 考虑质量失误与延期交货问题的供应链博弈分析 [J]. 运筹与管理，2003，12（2）：11 - 14.

[77] 陈祥锋. 供应链中质量担保决策 [J]. 科研管理，2001，11（3）：114 - 120.

[78] 华中生，陈晓伶. 考虑质量风险时供应链订货批量的博弈分析 [J]. 系统工程理论方法应用，2005，14（4）：303 - 307.

[79] 张斌，华中生. 供应链质量管理中抽样检验决策的非合作博弈分析 [J]. 中国管理科学，2006，14（3）：27 - 31.

[80] 陈育花. 供应链中基于质量控制的契约模型分析 [J]. 物流科技, 2006, 29 (8): 78-81.

[81] 周明, 张异, 李勇, 但斌. 供应链质量管理中的最优合同设计 [J]. 管理工程学报, 2006, 20 (3): 120-122.

[82] 洪江涛, 陈俊芳. 供应商产品质量控制的激励机制研究 [J]. 管理评论, 2007, 19 (3): 49-52.

[83] 杨艳萍, 刘宇宸, 刘威. 基于委托代理的供应链质量管理激励策略 [J]. 物流科技, 2008, 2: 99-101.

[84] 孙林岩. 服务型制造理论与实践 [M]. 北京: 清华大学出版社, 2009.

[85] 何哲, 孙林岩, 贺竹磬, 等. 服务型制造的兴起及其与传统供应链体系的差异 [J]. 软科学, 2008, (4): 77-81.

[86] Grant R. M. The resource-based theory of competitive advantage: Implications for Strategy Formulation [J]. California Management Review, 1991, 33 (2): 114-135.

[87] 胡旭初, 孟丽君. 顾客价值理论研究概述 [J]. 山西财经大学学报, 2004, 26 (5): 109-113.

[88] 楚丽明, 袁波, 万融. 基于环境和经济综合考虑的产品服务系统 [J]. 环境保护, 2003, (12): 54-57.

[89] Stoughton M., Votta T. Implementing service-based chemical procurement: lessons and results [J]. Journal of Cleaner Production, 2003, 11 (8): 839-849.

[90] 李艳萍. 论延伸生产者责任制度 [J]. 环境保护, 2005, (7): 13-16.

[91] 林光平, 杜义飞, 刘兴贵. 制造企业潜在服务价值创造及其流程再造——东方汽轮机厂案例研究 [J]. 管理学报, 2008, 5 (4): 602-606.

[92] Houlihan J. B. International supply chain management [J]. International Journal of Physical Distribution and Material Management, 1987, 17 (2): 51-66.

[93] Stevens J. Integrating the supply chain. International Journal of Physical Distribution and Material Management, 1989, 19 (8): 3-8.

[94] Christopher M. Logistics and Supply Chain Management: Strategies

for Deducing Costs and Improving Services［M］. London：Pitman，1992.

［95］Saunders M. J. Chains, pipelines, network and value stream: the role, nature and value of such metaphors in forming perceptions of the task of purchasing and supply management［C］. The First Worldwide Research Symposium on Purchasing and Supply Chain Management. Tempe, Arizona, USA: 1995. 476 – 485.

［96］Lee H. L. , Ng S. M. Introduction to the special issue on global supply chain management［J］. Production and Operations Management, 1997, 6 (3): 191 – 192.

［97］Lin F. R. , Shaw M. J. Reengineering the Order Fu lfillment Process in Supply Chain Network［J］. Int. J. of FMS, 1998, 10 (2): 197 – 239.

［98］韩坚，吴澄，范玉顺. 供应链建模与管理的技术现状和发展趋势［J］. 计算机集成制造系统，1998，(4)：8 – 14.

［99］马士华，林勇，陈志祥. 供应链管理［M］. 北京：机械工业出版社，2000.

［100］靳伟. 现代物流系列讲座——第十一讲：供应链［J］. 中国物流与采购，2002，(12)：42 – 43.

［101］刘伟华，刘希龙. 服务供应链管理［M］. 北京：中国物资出版社，2009.

［102］Scott E. , Sampson. Customer-supplier Duality and Bi-directional Supply Chains in Service Organizations［J］. International Journal of Service Industry Management, 2000, 11 (4): 348 – 355.

［103］Edward G. Anderson Jr; Douglas J. Morrice. A Simulation Game for Teaching Services-oriented Supply Chain Management: Does Information Sharing Help Managers with Service Capacity Decisions?［J］. Production and Operations, 2000, 9 (1): 40 – 55.

［104］Dirk De Waart, Steve Kremper. Five Steps to Service Supply Chain Excellence［J］. Supply Chain Management Review, 2004 (1): 179 – 204.

［105］Ellram, L. M. , Tate, W. L. , Billington, C. Understanding and Managing the Services Supply Chain［J］. Journal of Supply Chain Management, 2004, 40 (4): 17 – 33.

［106］金立印. 服务供应链管理、顾客满意与企业绩效［J］. 中国管理科学，2006，14 (2)：100 – 106.

［107］ Simon H. A. The architecture of comp lexity ［J］. Proceeding of the American Philosophical Society, 1962, 106: 467－482.

［108］ Starr M. K. Modular production: a new concept ［J］. Harvard Business Review, 1965, 43: 131－142.

［109］ Langlois R. N. , Robert son P L. Networks and innovation in a modular system: lesson from microcomputer and stereocomponents industries ［J］. Research Policies, 1992, 21 (4): 297－313.

［110］ Baldw N. C. Y. , Clark K. B. Managing in an age of modularity ［J］. Harvard Business Review, 1997, 75 (5): 84－93.

［111］ Sanchez R. , Mahoney J. T. Modularity, flexibility, and knowledge management in product and organization design ［J］. Strategic Management Journal, 1996: 63－76.

［112］ Schillingm A. , Steensma H. K. The role of modular organization forms: an industrial2level analysis ［J］. Academy of Management Review, 2001, 44 (6): 1149－1168.

［113］ 昝廷全. 产业经济系统研究 ［M］. 北京: 科学出版社, 2002.

［114］ 周鹏. DIY: 企业组织分析的另一个视角 ［J］. 中国工业经济, 2004 (9): 86－93.

［115］ 雷如桥, 陈继祥, 刘芹. 基于模块化的组织模式及其效率比较研究 ［J］. 中国工业经济, 2004 (10): 83－90.

［116］ 徐宏玲. 模块化组织研究 ［M］. 成都: 西南财经大学出版社, 2006.

［117］ 冯良清, 马卫. 面向虚拟企业生命周期的集成质量管理系统与方法 ［J］. 系统科学学报, 2011, (2).

［118］ Feng Liangqing, Deng Jin. System Reliability Analysis Based on Virtual Enterprise. Institute of Electrical and Electronics Engineers Computer Society, Piscataway, United States. 2007: 4268－4272.

［119］ 吴隽, 王世凡, 任丽娟. 基于产品生命周期的供应链管理对策模型 ［J］. 黑龙江大学自然科学学报, 2005, 22 (1): 81－85.

［120］ 贾仁安. 系统动力学——反馈动态性复杂分析讲义 ［M］. 南昌: 南昌大学管理科学与工程系, 2008, 10: 18－34.

［121］ ［英］ 斯密. 国富论 ［M］. 杨敬年译. 西安: 陕西人民出版社, 2001. 29.

［122］［英］阿尔弗雷德．马歇尔．经济学原理［M］．刘生龙译．北京：中国社会科学出版社，2008，35．

［123］Penrose E. T. The theory of the growth of the form［M］．Oxford：Oxford University Press，1959．

［124］姜晨，谢富纪，刘汉民．间断性平衡中的企业能力观［J］．工业工程与管理，2007，(6)：30－34．

［125］张笑楠，仲秋雁，买生．企业能力与企业竞争力动态关系研究［J］．科技进步与对策，2011，28 (17)：72－75．

［126］谷奇峰，丁慧平．企业能力理论研究综述［J］．北京交通大学学报：社会科学版，2009，8 (1)：17－22．

［127］杨继伟，企业能力理论述评［J］．产业与科技论坛，2008，7 (6)：138－139．

［128］Richardson G. B. The organization of industry［J］．Economic Journal，1972，82：883－896．

［129］Alfred D. C. Scale and Scope：The Dynamics of industrial Capitalism［M］．Cambridge：The Belkans Press of Harvard University Press，1990，125－160．

［130］Niolai Foss，Christian Knudsen．企业万能：面向企业能力理论［M］．李东红译．大连：东北财经大学出版社，1998，33－46．

［131］张钢．基于技术转移的企业能力演化过程研究［J］．科学学研究，2001，19 (3)：70－77．

［132］康荣平，何银斌．中国企业核心能力剖析：海尔与长虹［J］．中国工业经济，2000，(3)：64－69．

［133］齐庆祝．企业能力的维度、层次及层次演进研究［D］．天津大学博士学位论文，2004．

［134］李瑾，崔婷．基于系统涌现机理的企业能力层次演进研究［J］．西安电子科技大学学报 (社会科学版)，2006，16 (2)：82－86．

［135］潘开灵，白烈湖．管理协同理论及其应用［M］．北京：经济管理出版社，2006，10．

［136］丹尼尔．雷恩，李柱流等译．管理思想的演变［M］．北京：中国社会科学出版社，1997，348．

［137］［德］赫尔曼，哈肯著，郭治安译．高等协同学［M］．北京：科学出版社，1989．

[138] 杨钢. 质量无神 [M]. 北京：中国城市出版社，2003，248.

[139] 章帆，刘建萍. 质量经济分析 [M]. 北京：中国计量出版社，2007，11.

[140] [美] 约瑟夫. M. 朱兰，[美] A. 布兰顿. 戈弗雷. 朱兰质量手册（第五版）[M]. 北京：中国人民大学出版社，2003，11：7－24.

[141] 任恕崇. 企业质量行为初探 [J]. 江苏机械，1987，(03).

[142] 王卉. 适应性质量管理 [J]. 电子标准化与质量，2000，(4)：13－17.

[143] 王海燕. 合约化质量理念探析 [J]. 世界标准化与质量管理，2005，(4)：33－34.

[144] 毛景立，王建国. 基于复杂产品系统的合约化质量概念研究 [J]. 科技进步与对策，2009，26 (10)：6－11.

[145] 叶飞，孙东川. 面向全生命周期的虚拟企业组建与运作 [M]. 北京：机械工业出版社，2005，4：60.

[146] Nydick R. , Hill R. Using the AHP to structure the supplier selection procedure [J]. Journal of Purchasing and Materials Management，1992，28 (2)：31－36.

[147] Tam M. , Tummalavm. An application of AHP in vendor selection of a telecommunications system [J]. Omega，2001，29.

[148] 张炳轩，李龙洙，都忠诚. 动态供应链节点的评价体系及其模糊评价方法 [J]. 天津师范大学学报（自然科学版），2001，21 (3)：19－23.

[149] Mikhailov L. Fuzzy analytical approach to partnership selection in formation of virtual enterprises [J]. Omega，2002，30 (5)：393－401.

[150] 王有远，徐新卫，周日贵. 基于蚂蚁算法的协同产品设计链节点选择研究 [J]. 现代图书情报技术. 2006，11：81－84.

[151] 苏菊宁，陈菊红. 供应链物流节点选择的多层次灰色评价方法 [J]. 运筹与管理，2006，15 (3)：66－67.

[152] 邹辉，覃正等. 一种选择模块化设计合作伙伴过程及方法研究 [J]. 工业工程，2003，6 (1)：78－80.

[153] 陈菊红，汪应洛，孙林岩. 虚拟企业伙伴选择过程及方法研究 [J]. 系统工程理论与实践，2001，21 (7)：48－531.

[154] 戴毅茹，严隽薇. 基于市场驱动的虚拟企业伙伴选择方法 [J].

计算机集成制造系统，2002，8（9）：710－714.

［155］孟繁晶，邓家禔．合作伙伴的可拓综合评价方法［J］.计算机集成制造系统，2005，11（6）：869－874.

［156］徐贤浩，马士华，陈荣秋．供应链绩效评价特点及其指标体系研究［J］.华中理工大学学报，2000－05.

［157］倪现存，左洪福，刘明，陈凤腾．航材承修商可拓综合评价研究［J］.哈尔滨工业大学学报，2006，38（7）：1168－1172.

［158］杨春燕，蔡文．可拓工程［M］.北京：科学出版社，2007，8.

［159］李登峰．模糊多目标多人决策与对策［M］.北京：国防工业出版社，2003.

［160］熊伟．质量机能展开［M］.北京：化学工业出版社.2005，3.

［161］邵鲁宁，尤建新．基于QFD的生产性服务外包关系决策研究［J］.管理评论，2008（9）：33－38.

［162］尹建华．企业资源外包网络：构建、进化与治理［M］.北京：中国经济出版社，2005.

［163］彭本红，冯良清．现代物流业与先进制造业的共生机理研究［J］.商业经济与管理，2010，（1）：18－25.

［164］Rosenblatt M. J, Lee. H. L. Economic Production Cycles with imperfect Production Processes［J］.IIETransactions，1986，18（1）：48－55.

［165］Hau L. Lee, Meir J. Rosenblatt Optimal Inspection and Ordering Policies for Products with Imperfect Quality［J］.IIE Transactions，1985，17（3）284－289.

［166］Porteus E. Optimal lot sizing, Process quality improvement and setup cost reduction［J］.Operations Research，1986，（34）：137－144.

［167］孙莉梅．基于买方主导的供应链质量改进策略研究［D］.东北大学硕士学位论文，2008，7.

［168］王海燕．质量合约的定价理论及模型研究［J］.经济管理.新管理，2005，（6）：26－31.

［169］毛景立，王建国，李鸣．合约化质量的概念演变、内容构成与认知模型的探讨［J］.中大管理研究，2008，3（2）：1－15.

［170］毛景立．装备采购合约化质量理论研究［M］.北京：国防工业出版社，2008，11：168－198.

［171］易宪容．交易行为与合约选择［M］.北京：经济科学出版社，

1998：227 - 230，241 - 243.

［172］ Williamson, Oliver E. Transaction-Cost Economics: The Governance of Contractual Relations ［J］. Journal of Law and Economics. 1979 （22）: 233 - 261.

［173］彭正银. 网络治理、四重维度与扩展的交易成本理论 ［J］. 经济管理，2003 （18）：4 - 7.

［174］张维迎. 博弈论与信息经济学 ［M］. 上海：上海人民出版社，1997，397 - 403，46 - 49.

［175］李鸣，毛景立等. 装备采购理论与实践 ［M］. 北京：国防工业出版社，2003，47.

［176］让 - 雅克. 拉丰，梯若尔. 政府采购与规制中的激励理论 ［M］. 上海：上海三联书店，上海人民出版社，2004，175 - 204.

［177］赵泉午，张钦红，卜祥智. 不对称信息下基于物流服务质量的供应链协调运作研究 ［J］. 2008，22 （1）：58 - 61.

［178］ Langlois R. N. Modularity in Technology and Organization ［J］. Journal of Economic Behavior & Organization, 2000, （49）: 134 - 145.

［179］ T. D. Frank, M. Michelbrink, H. Beckmann, W. I. Schollhorn. A Quantitative Dynamical Systems Approach to Differential Learning: Self-organization Principle and Order Parameter Equations ［J］. BiolCyber, 2008, （98）.

［180］卜华白. 企业价值网络低碳共生演化的序参量控制机理研究——"后危机时代"工业发展模式转型研究 ［J］. 经济管理，2010，32 （10）：134 - 139.

［181］舒辉，林晓伟. 集成化物流资源整合的序参量分析 ［J］. 当代财经，2011，（6）：77 - 82.

［182］黄晓伟，何明升. 供应链资源协同的自组织演化模型 ［J］. 南京理工大学学报（自然科学版），2010，34 （1）：35 - 39.

［183］许国志. 系统科学 ［M］. 上海：上海科技教育出版社，2008，10：196.

［184］李纬澍. 关于供应链经济系统特性及其自组织过程的研究 ［D］. 上海：上海海事大学，2004：25 - 34.

［185］邹辉霞. 供应链协同管理理论与方法 ［M］. 北京：北京大学出版社，2007，4：57 - 66.

［186］波音中国，http://www.boeingchina.com.

［187］彭本红．模块化生产网络的形成机理与治理机制研究——以大型客机复杂产品为例［M］．北京：经济科学出版社，2011，6：172-175.

［188］中国空港网．波音747-8洲际客机成功首飞用中国制造的零部件［EB/OL］．www. chinaairport. ccm，2011/03/23.

［189］搜狐军事．波音公司与中国在航空等领域合作广泛［EB/OL］．http：//mil. news. sohu. com/20081026/n260249234_3. shtml.

［190］洪都航空工业集团．洪都公司波音787飞机短舱转包项目首批零组件顺利交付［EB/OL］．http：//www. hongdu. com. cn/news/hzjl_c. asp? id＝410.

［191］杨开天．我国转包生产难以发展的主要原因及改进［J］．国际航空，2002，（11）.

［192］中国机电进出口商会航空航天分会．我国转包生产难以发展的主要原因及改进［EB/OL］．http：//ccn. mofcom. gov. cn/spbg/show. php? id＝11750.

［193］鲁晓冬．中国飞机制造企业依靠自主技术为波音787掌舵［N］．世界新闻报，2007，07，14.

［194］洪都航空工业集团．洪都公司正式成为波音特种工艺全球供应商［EB/OL］．http：//www. hongdu. com. cn/news/hzjl_c. asp? id＝475.

［195］中航工业西安飞机工业（集团）有限责任公司．产品与服务［EB/OL］．http：//www. xac. com. cn/Corporation/infoDetail1. asp? cInfoId＝178&dInfoId＝160.

［196］中航工业哈尔滨飞机工业集团有限责任公司．波音项目［EB/OL］．http：//www. hafei. com/hezuo_1. htm.

后　　记

本书是在我的博士论文的基础上，结合教育部人文社会科学研究项目、江西省教育厅科技项目修改而成。

本书得到了我的博士生导师马卫教授的悉心指导。博士期间的学习，马老师对我学习上的严谨教导，工作上的无私帮助以及生活上的悉心关怀，我感恩不尽，铭记不忘。马老师严谨勤勉的治学风格，宽厚慈祥的育人胸襟，一丝不苟的工作方式，谦虚仁和的为人品格值得我永远学习，将使我受益终身。

本书的完成还得益于我的硕士生导师刘卫东教授。刘老师学术造诣深厚，将我带入了质量管理的研究领域，为科研工作中所取得的成绩奠定了很好的基础。还清晰记得硕士期间刘老师为我修改第一篇学术论文的情景，逐字斟酌，精细到每个标点符号，老师严谨的治学风格让我受益颇深。尤其要感谢刘老师在我博士期间以及工作中一如既往的鼓励与支持，关心与帮助。

很感谢南昌大学管理科学与工程博士点的所有导师。感谢贾仁安教授、胡振鹏教授、周绍森教授、甘筱青教授、黄新建教授、郑克强教授、彭迪云教授、尹继东教授、涂国平教授、何宜庆教授、邓群钊教授、朱传喜教授、龚循华教授、傅春教授、卢晓勇教授、陈斐教授等。老师们的管理学前沿、系统科学前沿以及经济学前沿的讲授，开阔了我的研究视野；老师们的指点及对我学习的关心，激发了我的研究动力。

感谢南昌航空大学经济管理学院的领导。在学习和工作过程中，我的领导和同事给了我很大的支持与帮助。他们是罗明处长、邓瑾处长、饶国宾部长、陶友青书记、谢奉军院长、黄蕾副院长、刘浪副院长。要特别感谢我的同事饶煊、胡剑芬夫妇，他们牺牲了许多休息时间给予了我在工作和学习上最大的帮助。感谢我的同事彭本红博士、周玲元博士、石岩博士等，与他们的学术讨论，开拓了我的研究思维，尤其是多项学术成果与彭本红博士一起完成，为我的研究工作奠定了基础。

感谢杨建仁、张新芝、胡俊南、付智、罗旭斌、丁雄、赵江勇、廖志娟、熊尉宏、许涵、曾志飞、周德才等同学的诸多帮助，与同学们的共处度过了很多快乐的时光。

感谢我的妻子许琴烨，本书的完成离不开她的支持、帮助与鼓励。感谢女儿籽宁在我开始攻读博士学位时来到这个世界，给了我无穷的动力。每当我在计算机旁敲击键盘或冥思苦想的时候，女儿拉着我的右手说："爸爸，陪我玩一会嘛"，我会生气地说："别拉我这个手"，而后女儿拉着左手说："那我拉这个手"，她的天真和可爱给了我诸多欢乐，缓解了许多压力。

本书的出版得到了教育部人文社会科学研究青年基金项目（10YJC630050）、江西省教育厅科技项目（GJJ10183）、南昌航空大学"卧龙之星"计划以及南昌航空大学学术出版基金资助，在此表示谢意。研究中参考了大量国内外文献，并尽可能一一做了标注，特向相关文献的原作者表示谢意！如有个别文献标注遗漏，在此特表歉意！

由于本人的学识和能力有限，书中可能存在不足与谬误，敬请各位读者批评赐教。

冯良清

2012 年 9 月